# 营销策划与会计管理在
# 供应链中的应用

高 伟 要亚玲 乔伦伦 ◎ 著

吉林出版集团股份有限公司

版权所有　侵权必究

图书在版编目（CIP）数据

营销策划与会计管理在供应链中的应用 / 高伟，要亚玲，乔伦伦著. -- 长春：吉林出版集团股份有限公司，2024.2
　　ISBN 978-7-5731-4660-1

Ⅰ.①营… Ⅱ.①高… ②要… ③乔… Ⅲ.①营销策划—应用—供应链管理—研究②会计管理—应用—供应链管理—研究 Ⅳ.①F252.1

中国国家版本馆CIP数据核字（2024）第052495号

# 营销策划与会计管理在供应链中的应用

YINGXIAO CEHUA YU KUAIJI GUANLI ZAI GONGYING LIAN ZHONG DE YINGYONG

| 著　　者 | 高　伟　要亚玲　乔伦伦 |
|---|---|
| 出版策划 | 崔文辉 |
| 责任编辑 | 侯　帅 |
| 封面设计 | 文　一 |
| 出　　版 | 吉林出版集团股份有限公司 |
|  | （长春市福祉大路5788号，邮政编码：130118） |
| 发　　行 | 吉林出版集团译文图书经营有限公司 |
|  | (http://shop34896900.taobao.com) |
| 电　　话 | 总编办：0431-81629909　营销部：0431-81629880/81629900 |
| 印　　刷 | 廊坊市广阳区九洲印刷厂 |
| 开　　本 | 787mm×1092mm　　1/16 |
| 字　　数 | 212千字 |
| 印　　张 | 13 |
| 版　　次 | 2024年2月第1版 |
| 印　　次 | 2024年2月第1次印刷 |
| 书　　号 | ISBN 978-7-5731-4660-1 |
| 定　　价 | 78.00元 |

如发现印装质量问题，影响阅读，请与印刷厂联系调换。电话：0316-2803040

# 前　言

在当今竞争激烈的商业环境中，企业面临着巨大的挑战和机遇。为了在市场中脱颖而出，企业需要综合运用各种管理工具和战略来提高其竞争力。供应链管理作为一个全面的业务战略，不仅涉及产品的生产和分销，还关系着市场营销、财务管理等多个方面。在供应链中，营销策划和会计管理的密切协同应用成为企业成功的关键因素之一。

在供应链中，营销策划不仅仅是产品销售的推动力，更是企业在市场中赢得竞争的关键。营销策划的目标是通过明确的市场定位、巧妙的推广手段和有效的销售渠道，满足消费者需求，提升品牌价值。在供应链的起始阶段，营销策划从产品设计和生产计划开始，通过了解市场需求和竞争对手，确定产品的差异化优势，为整个供应链的运作奠定基础。

与此同时，会计管理作为企业财务的守护者，为供应链的稳健运作提供了重要支持。会计管理通过精确的财务数据记录和分析，为企业提供了全面的财务信息，使企业能够做出明智的决策。在供应链中，会计管理不仅关注财务绩效，还关注整个供应链的成本结构和资金流动。

营销策划和会计管理作为供应链中不可或缺的两个环节，其协同应用不仅仅为企业提供了更全面的战略支持，也为整个供应链的高效运作打下了坚实的基础。通过深入理解市场需求、精确掌握财务信息，企业可以更好地应对市场挑战，实现供应链的协同发展，赢得可持续的商业成功。

# 目 录

## 第一章 营销策划的基础 ·············································· 1
- 第一节 营销的概念与定义 ·········································· 1
- 第二节 市场分析与市场定位 ········································ 6
- 第三节 目标市场选择 ············································· 10
- 第四节 竞争分析与 SWOT 分析 ····································· 14
- 第五节 营销策略制定 ············································· 17
- 第六节 产品定价策略 ············································· 21
- 第七节 渠道管理与分销策略 ······································· 25
- 第八节 市场传播与广告策略 ······································· 29
- 第九节 销售促进与客户关系管理 ··································· 34

## 第二章 会计管理的基础 ············································· 40
- 第一节 会计概念与定义 ··········································· 40
- 第二节 财务报表与财务分析 ······································· 46
- 第三节 成本会计与成本控制 ······································· 49
- 第四节 预算与预测 ··············································· 52
- 第五节 资本预算与投资决策 ······································· 56
- 第六节 资产管理与资产负债表 ····································· 60
- 第七节 财务风险管理 ············································· 66
- 第八节 税务管理与筹划 ··········································· 70

## 第三章 供应链基础 ················································· 75
- 第一节 供应链的概念与定义 ······································· 75
- 第二节 供应链战略规划 ··········································· 79
- 第三节 需求管理与规划 ··········································· 83
- 第四节 生产与运营管理 ··········································· 88
- 第五节 采购与供应商关系管理 ····································· 94
- 第六节 物流与运输管理 ··········································· 99
- 第七节 信息技术在供应链中的应用 ································ 105

第八节　供应链可持续性与环保 111

## 第四章　营销与会计的整合 114
　　第一节　营销与会计的联系 114
　　第二节　营销数据与财务数据的关联 117
　　第三节　营销预算与财务预算的协调 120
　　第四节　成本与价格策略的关系 123
　　第五节　销售与收入的会计处理 128
　　第六节　营销与会计的绩效评估 133
　　第七节　营销活动对财务绩效的影响 138
　　第八节　财务信息对营销决策的支持 142

## 第五章　市场调研与数据分析 147
　　第一节　市场调研方法与技巧 147
　　第二节　数据收集与分析工具 149
　　第三节　市场趋势分析 150
　　第四节　竞争分析 155
　　第五节　顾客行为分析 160
　　第六节　数据驱动的决策制定 164

## 第六章　供应链信息技术与财务系统集成 168
　　第一节　信息技术在供应链中的作用 168
　　第二节　ERP 系统与供应链管理 171
　　第三节　会计信息系统集成 174
　　第四节　数据分析与供应链决策 176
　　第五节　数字化供应链管理 179

## 第七章　供应链与营销策划的融合发展 182
　　第一节　供应链与营销策划融合的概述 182
　　第二节　市场导向的供应链设计 184
　　第三节　需求预测与库存优化 187
　　第四节　产品定价策略与成本管理 190
　　第五节　供应链与市场推广协调 193
　　第六节　渠道管理与分销策略 196
　　第七节　数据分析与决策支持 199

## 参考文献 202

# 第一章　营销策划的基础

## 第一节　营销的概念与定义

### 一、营销的本质与发展

营销是一种复杂而多层次的商业活动，其本质在于满足消费者需求、创造价值并促使交易的过程。营销的发展经历了漫长的历史，从最初的简单交换到如今的数字化时代，营销不断演变和创新，适应着社会、科技和经济的变革。本节将探讨营销的本质，追溯其发展历程，并分析当前营销领域的关键趋势和未来可能的发展方向。

#### （一）营销的本质

1. 满足消费者需求

营销的核心在于满足消费者的需求。了解目标市场的需求、喜好和期望是制定有效营销策略的基础。通过市场研究和消费者洞察，企业可以更好地了解消费者的行为模式和购买动机，从而提供更有针对性的产品和服务。

2. 创造价值

营销不仅仅是销售产品或服务，更是创造价值的过程。企业需要通过不断创新和提升产品质量、服务水平，为消费者提供真正有价值的解决方案。价值创造可以建立品牌忠诚度，使消费者更倾向于选择特定品牌的产品或服务。

3. 促使交易

营销的最终目标是促使交易的发生。通过有效的推广、定价、销售渠道等手段，企业可以引导潜在客户变成实际购买者。交易的成功不仅仅是单次购买，还包括建立长期客户关系，促使重复购买和口碑传播。

4. 建立品牌形象

品牌形象是企业在市场中的独特标识，也是消费者对企业的认知和印象。通过品牌建设，企业可以在竞争激烈的市场中脱颖而出，树立良好的企业形象，从而吸引更多消费者选择其产品或服务。

#### （二）营销的发展历程

1. 产品导向时代

早期的营销主要以产品为中心，企业关注如何提高生产效率和产品质量。消费者选择有限，竞争主要体现在产品的技术性能和价格上。企业通过生产优质产品来吸引消费者。

2. 销售导向时代

随着市场竞争的加剧，企业逐渐意识到需要积极推销产品，而不仅仅是生产。销售导向时代强调销售技巧和促销活动，企业通过主动推销来促使产品销售。

3. 市场导向时代

20世纪中期，市场导向的理念逐渐兴起。企业开始更加关注市场需求，强调通过了解和满足消费者需求来取得竞争优势。市场研究和市场定位成为营销的重要组成部分。

4. 客户导向时代

随着信息技术的飞速发展，消费者获得信息的途径更加多样化。企业逐渐认识到需要更加关注客户体验，建立长期的客户关系。客户导向时代注重品牌忠诚度、口碑传播和个性化服务。

5. 数字化时代

进入21世纪，数字技术的迅猛发展彻底改变了营销的格局。互联网的普及使得企业可以通过多种渠道与消费者直接互动，大数据分析为营销决策提供了更为准确的支持。社交媒体的兴起使得口碑传播更加迅速和广泛。

### （三）当前营销的关键趋势

1. 数字化和社交媒体营销

随着互联网的普及，数字化和社交媒体成为企业不可忽视的营销渠道。通过在线广告、社交媒体推广和内容营销，企业可以直接与消费者互动，提高品牌知名度和影响力。

2. 个性化营销

大数据技术的应用使得企业能够更精准地了解消费者的兴趣、偏好和行为模式。个性化营销通过定制化的推广内容和服务，增强了消费者的参与感和忠诚度。

3. 可持续发展和社会责任

消费者对企业的社会责任和环保意识逐渐增强。可持续发展和社会责任成为品牌建设的重要组成部分，企业需要在营销中展现对社会和环境的关切，以赢得消费者的信任。

4. 云营销和电子商务

云计算技术的发展使得企业可以更加灵活地进行营销活动。电子商务平台为企业提供了直接销售产品和服务的渠道，不仅拓展了市场覆盖范围，还提升了购物体验。通过云营销和电子商务，企业能够更迅速地适应市场变化，实现线上线下的融合。

5. 创意和体验营销

在信息过载时代，消费者更加注重品牌的独特性和创意性。创意和体验营销通过独特的广告创意、活动策划以及品牌故事讲述，帮助企业在市场中脱颖而出，吸引消费者的注意力。创造独特的购物体验也成为品牌吸引顾客的有效手段。

6. 移动营销

随着智能手机的普及，移动设备已成为人们生活的重要组成部分。移动营销通过短信营销、APP推广和移动广告等方式，更直接地触达消费者，提高营销信息的传递效率。移动支付的普及也促使企业在移动端进行更便捷的交易。

### （四）未来营销的发展方向

1. 智能化和人工智能

随着人工智能技术的不断发展，智能化营销将成为未来的趋势。通过人工智能算法分析大数据，企业可以更准确地预测消费者行为，制定个性化的营销策略。智能客服、聊天机器人等技术也将改变客户服务的方式。

2. 虚拟现实（VR）和增强现实（AR）

虚拟现实和增强现实技术有望为营销带来全新的体验。企业可以通过 VR 和 AR 技术提供沉浸式的产品展示、虚拟试衣间等服务，增强消费者与品牌的互动体验。这不仅可以提高购物的趣味性，还能够提升品牌形象。

3. 区块链技术

区块链技术的应用将提高市场的透明度和信任度。在供应链管理和消费者保护方面，区块链可以帮助企业建立可追溯的体系，确保产品的质量和真实性。这对那些注重品质和可持续发展的品牌来说，将成为一个有力的竞争优势。

4. 社交化购物

社交媒体的影响力不断扩大，未来社交化购物将成为主流趋势。通过社交媒体平台，消费者可以直接在品牌和其他消费者之间分享购物体验、评价和建议。企业需要加强在社交媒体上的存在，并积极参与用户互动，以推动社交化购物的发展。

5. 绿色营销和可持续性

环保和可持续性已经成为消费者关注的重要议题。未来，企业需要更加注重绿色营销，强调产品的环保特性和社会责任。消费者更愿意选择那些与环境友好、可持续发展价值观一致的品牌。

综合而言，营销的本质在于满足消费者需求、创造价值并促使交易。其发展历程经历了从产品导向、销售导向到市场导向和客户导向的演变，最终进入数字化时代。当前，数字化、社交媒体、个性化、可持续发展等成为营销的关键趋势。未来，智能化、虚拟现实、区块链等技术将引领营销的发展方向。企业需要不断创新和适应市场变化，以保持竞争力并赢得消费者的信任。

## 二、营销在企业战略中的地位

在当今激烈的市场竞争环境中，营销不仅仅是企业的一项单一活动，更是整个企业战略的核心组成部分。营销在企业战略中的地位愈发凸显，对企业的发展和成功至关重要。下面将深入探讨营销在企业战略中的关键地位，从战略制定、品牌建设、客户关系、竞争优势和创新等方面进行综合分析。

### （一）营销与战略制定

1. 定义战略方向

营销在企业战略中的首要任务之一是帮助企业明确战略方向。通过深入的市场分析和消费者洞察，营销团队能够识别市场机会和潜在威胁，从而协助企业确定适应市场需求的战略方向。这包括产品定位、目标市场的选择、竞争策略等。

2. 支持战略执行

战略的成功执行离不开有效的市场营销。营销团队需要将制定的战略转化为实际的营销计划和活动。通过明确的市场定位和差异化战略，企业能够更好地满足目标市场的需求，提高市场份额，实现战略目标。

3. 反馈战略效果

营销活动的实施提供了大量关于市场反应和消费者行为的数据。这些数据反馈对于战略的调整和优化至关重要。通过分析市场反馈，企业可以及时调整战略，更好地适应市场变化，提高战略执行效果。

### （二）营销与品牌建设

1. 塑造品牌形象

品牌是企业在市场中的身份和声誉，而品牌建设是营销的一个重要方面。营销活动通过广告、促销、公关等手段，塑造和传递企业的核心价值观、文化和形象。一个强大的品牌不仅能够吸引消费者，还有助于提高产品或服务的溢价能力。

2. 增强品牌忠诚度

通过建立积极的品牌关系，营销可以增强消费者的品牌忠诚度。品牌忠诚度意味着消费者更倾向于选择特定品牌的产品或服务，而不是转向竞争对手。通过有效的营销策略，企业可以在消费者心中树立品牌的价值和信任，促使他们成为忠实的品牌支持者。

3. 解决品牌危机

在竞争激烈的市场中，品牌危机可能随时发生。营销在品牌建设中不仅要强调积极的形象，还需要建立危机管理机制。当品牌面临危机时，营销团队需要迅速而有效地应对，通过公关和危机沟通来最小化负面影响，保护品牌声誉。

### （三）营销与客户关系管理（CRM）

1. 建立良好的客户关系

客户关系是企业成功的关键因素之一。通过有效的营销策略，企业可以建立起与客户之间的紧密联系。个性化的服务、定期的沟通和专业的客户支持都是营销在客户关系中的重要作用。良好的客户关系有助于提高客户满意度，增加客户忠诚度，从而促进业务的可持续增长。

2. 数据驱动的客户洞察

营销通过数据分析技术，获取客户行为数据，深入了解客户需求和偏好。这种数据驱动的客户洞察使企业能够更精准地制定针对性的营销策略，提供个性化的产品和服务，增加客户满意度和忠诚度。

3. 有效的客户沟通

营销在客户关系中的任务之一是通过多渠道的沟通方式与客户保持联系。社交媒体、电子邮件、短信等渠道为企业提供了直接与客户互动的机会。通过定期的沟通，企业可以传递新产品信息、促销活动和品牌故事，强化品牌形象，激发客户兴趣。

## （四）营销与竞争优势

1. 制定差异化战略

在竞争激烈的市场中，差异化是企业获取竞争优势的关键。营销通过明确定位、强调独特卖点，帮助企业在竞争中脱颖而出。营销团队需要了解市场需求，找到产品或服务的独特之处，并通过巧妙的市场定位和传播手段，使其在竞争对手中脱颖而出。

2. 营造持久性竞争优势

竞争优势不仅仅是一时的，更要具备持久性。通过建立强大的品牌、深厚的客户关系以及不断创新的产品和服务，营销可以帮助企业构建具有持久性的竞争优势。同时，不断优化营销策略以适应市场变化，也是保持竞争优势的关键。

3. 创新驱动的竞争

在快速变化的市场环境中，创新成为企业保持竞争力的关键。营销在引导和推动创新方面发挥着至关重要的作用。通过市场研究和消费者反馈，营销团队可以识别潜在的市场机会，推动产品和服务的创新，从而在竞争中占据领先地位。

## （五）营销与企业文化

1. 培养积极的企业文化

企业文化是组织内外部形象的反映，对于企业的成功至关重要。营销不仅是向外部传达企业文化的手段，更是培养和推动积极企业文化的力量。通过在营销活动中强调企业的核心价值观、社会责任以及员工的专业素养，企业能够树立积极的品牌形象，吸引更多共鸣的消费者。

2. 影响消费者的行为和态度

营销活动通过广告、宣传和社交媒体等渠道，直接影响着消费者的行为和态度。成功的营销策略不仅能够推动产品销售，更能够打造积极的品牌形象，激发消费者对企业的好感和忠诚度。通过塑造积极的品牌形象，企业能够获得更多的市场份额和口碑传播。

## （六）营销与社会责任

1. 倡导社会责任

随着社会的发展，企业社会责任（CSR）的概念越来越受到关注。营销在传递企业形象的同时，也是倡导社会责任的重要手段。通过参与慈善活动、环保倡议、社区建设等，企业可以在营销活动中展现对社会的关注，树立积极的企业形象。

2. 消费者越来越关注社会责任

现代消费者对企业的社会责任有着更高的期望。营销活动需要适应这一趋势，将企业的社会责任融入品牌建设和宣传中。积极的社会责任形象可以提高企业在消费者心中的形象和信任度，促使消费者更愿意选择支持社会责任感强的企业。

## （七）营销与全球化

1. 拓展市场

全球化是当今企业发展的趋势之一。营销在全球化中发挥着关键作用，其能帮助企业拓展国际市场。通过深入了解不同文化、市场需求和法规，企业可以调整营销策略，更好地适应不同国家和地区的特点。

### 2.建立全球品牌形象

全球市场的竞争要求企业建立统一的全球品牌形象。营销需要在不同国家和地区进行差异化的本土化策略，同时保持核心品牌价值的一致性。成功的全球品牌形象有助于提升企业在国际市场上的竞争力。

综上所述，营销在企业战略中的地位不可忽视，它是推动企业成功的关键力量。从战略制定、品牌建设、客户关系、竞争优势到企业文化、社会责任和全球化，营销贯穿于整个企业运营的方方面面。企业需要认识到营销不仅仅是一项支持性的功能，更是战略的核心，是推动企业可持续发展的引擎。只有将营销与战略紧密结合，充分发挥营销的综合作用，企业才能在竞争激烈的市场中取得优势，实现长期的成功。

## 第二节 市场分析与市场定位

### 一、市场分析的方法与工具

市场分析是企业制定战略和决策的关键步骤之一。通过深入了解市场情况，企业能够更好地把握机遇、应对挑战，从而提高竞争力。市场分析涉及多个方面，包括市场规模、竞争状况、顾客需求、趋势预测等。为了进行全面有效的市场分析，企业可以运用各种方法和工具。以下是一些常用的市场分析方法和工具，它们有助于企业深入了解市场，做出明智的战略决策。

1.SWOT 分析

SWOT 分析是一种评估企业内外部环境的方法，帮助企业识别其优势、劣势、机会和威胁。通过分析企业的优势和劣势，以及外部环境中的机会和威胁，企业可以更好地制定战略，发挥优势，弥补劣势，迎接挑战，抓住机遇。

2.PESTLE 分析

PESTLE 分析是对宏观环境因素进行综合分析的工具，包括政治、经济、社会、技术、法律和环境因素。通过了解这些因素的影响，企业可以更好地预测市场的变化趋势，制定相应的战略和计划。

3.市场调研

市场调研是通过收集和分析与市场相关的信息来获取洞察的过程。调研可以包括定性和定量研究，涉及问卷调查、深度访谈、焦点小组讨论等方法。市场调研可以帮助企业了解顾客需求、竞争对手、市场规模和趋势，为产品开发、定价和推广提供支持。

4.竞争分析

竞争分析是评估企业在市场中的地位和竞争对手的策略的过程。通过了解竞争对手的优势和劣势，企业可以制定更具针对性的战略。竞争分析可以包括对竞争对手产品、定价、市场份额、营销活动等方面的研究。

5. 市场份额分析

市场份额分析可以帮助企业了解其在特定市场中的地位。通过分析市场份额，企业可以评估自己相对于竞争对手的表现，识别潜在增长点，并调整战略以提高市场份额。

6. 趋势分析

趋势分析是对市场中发展趋势的观察和研究。这包括对消费者行为、技术创新、社会文化变化等方面的趋势进行分析。通过了解趋势，企业可以更好地预测未来的市场走向，调整战略以适应变化。

7. 五力分析

五力分析是由迈克尔·波特提出的一种分析产业竞争力的模型，包括对买方谈判能力、供应商谈判能力、潜在的替代品或服务威胁、新进入者的威胁以及现有竞争对手之间的竞争程度的分析。通过这些方面的分析，企业可以更全面地了解其所处行业的竞争情况。

8. 数据分析工具

随着大数据时代的到来，数据分析工具变得越来越重要。企业可以利用数据分析工具来挖掘大量数据中的模式和趋势，以做出更明智的市场决策。常用的数据分析工具包括Excel、Tableau、Python中的pandas和matplotlib等。

在实际应用中，企业通常会综合运用以上方法和工具，以获取更全面、深入的市场分析结果。这有助于企业在激烈的市场竞争中保持敏锐的洞察力，及时调整战略，提高经营效益。

## 二、目标市场的确定与细分

目标市场的确定与细分是市场营销策略中的关键环节，对企业的成功至关重要。一个明确定义且细致划分的目标市场可以帮助企业更有效地推广产品、定价、促销和分销，提高市场占有率和客户忠诚度。在确定目标市场时，企业需要进行细致入微的分析，以确保目标市场的准确性和有效性。

### （一）目标市场的确定

市场调研与分析：企业首先需要进行市场调研，深入了解潜在客户的需求、偏好、行为和购买决策过程。同时，要了解竞争对手的市场份额、定位和策略，以发现市场机会和挑战。通过对市场的全面了解，企业能够更准确地确定目标市场。

产品定位与差异化：企业需要明确其产品或服务的定位，并弄清其与竞争对手的差异。通过强调产品的独特卖点，企业可以更精准地吸引目标客户群体，并在市场中建立独特的品牌形象。

企业能力与资源：在确定目标市场时，企业需要考虑自身的能力和资源。不同的市场可能需要不同的资源投入，企业应根据自身的实际情况选择适合的目标市场，确保能够提供卓越的产品或服务。

市场增长与趋势：考虑市场的增长潜力和趋势对于确定目标市场至关重要。选择一个有望发展并与企业发展方向相契合的市场，有助于提高市场份额并获得更多的机会。

法规与环境因素：不同地区和行业可能有不同的法规和环境因素，这些因素可能对企业的发展产生影响。在确定目标市场时，要考虑这些因素，确保企业的经营符合法规，同时能够适应当地环境。

### （二）目标市场的细分

地理细分：根据地理位置进行市场细分是最常见的方式之一。这可以包括国家、地区、城市、气候等。企业可以根据不同地理区域的文化、经济状况和消费习惯来调整其市场策略。

人口统计细分：人口统计信息，如年龄、性别、收入水平、教育程度等，是进行市场细分的重要依据。这有助于企业更好地理解不同人群的需求和购买能力，从而调整产品、价格和宣传策略。

行为细分：根据消费者的购买行为进行市场细分是一种有针对性的方法。这可以包括购买频率、品牌忠诚度、购买动机等方面的分析。企业可以通过对消费者行为的深入了解，更好地满足其需求。

心理细分：消费者的心理特征，如价值观、兴趣爱好、生活方式等，也是市场细分的重要依据。通过理解目标客户的心理需求，企业可以更精准地制定宣传和推广策略。

利基市场细分：找到小而专注的利基市场是一种成功的细分策略。企业可以专注于特定的产品或服务，迎合某一小众群体，建立起强大的品牌忠诚度。

生命周期阶段细分：产品或服务在市场上的生命周期阶段也可以作为市场细分的依据。不同阶段的消费者可能对产品或服务有不同的需求和反应，企业可以根据生命周期阶段调整其市场策略。

### （三）目标市场的影响因素

市场规模和增长潜力：目标市场的规模和增长潜力将直接影响企业的发展空间。选择规模适中、有增长潜力的目标市场，有助于企业获取更多的机会。

竞争程度：目标市场的竞争程度对企业的市场份额和盈利能力有直接影响。在竞争激烈的市场中，企业需要更具创新性和竞争力，以脱颖而出。

消费者购买力：目标市场的消费者购买力决定了企业能够制定的价格范围。了解目标市场的消费者购买力，有助于企业合理定价，满足不同层次的需求。

市场进入难度：不同市场的进入难度有所不同，包括法规限制、行业门槛等因素。企业需要评估目标市场的进入难度，以确保能够克服各种挑战。

文化和社会因素：目标市场的文化和社会环境对产品或服务的接受程度产生深远影响。了解并尊重目标市场的文化特点和社会价值观，有助于企业更好地制定营销策略，提高产品的市场适应性。

技术和创新趋势：技术和创新的发展对不同市场产生重要影响。选择与技术趋势和创新密切相关的目标市场，有助于企业更好地跟上市场潮流，提供具有竞争优势的产品或服务。

供应链和分销网络：目标市场的供应链和分销网络对企业的产品推广和销售至关重要。选择与企业供应链和分销网络相适应的目标市场，有助于提高产品的流通效率，降低运营成本。

法规和政治环境：不同地区和国家的法规和政治环境变化巨大，会对企业经营活动产生直接影响。在确定目标市场时,要充分了解目标市场的法规和政治环境,以确保企业的经营合法合规。

### (四)目标市场的战略选择

**差异化战略**:通过在产品、服务、价格或品牌形象上进行差异化,企业能够在目标市场中脱颖而出,提高市场份额。这需要企业在创新和品牌建设上投入较大精力。

**专注战略**:专注于特定的市场细分,满足该细分市场的特殊需求。这种战略有助于建立强大的品牌形象,并在特定领域取得领先地位。

**成本领先战略**:通过提高生产效率和降低成本,企业可以在目标市场中实施成本领先战略。这有助于在价格竞争激烈的市场中保持竞争力。

**创新战略**:通过不断创新产品或服务,企业能够在目标市场中吸引更多的消费者。创新战略要求企业保持敏锐的市场洞察力和创新意识。

**国际化战略**:针对国际市场进行拓展,寻找具有增长潜力的目标市场。国际化战略需要企业充分考虑不同国家和地区的文化、法规、市场特点等因素。

**合作伙伴关系**:与其他企业或组织建立合作伙伴关系,共同开发目标市场。这有助于分担风险、共享资源,并加强在目标市场中的竞争力。

**社会责任战略**:在目标市场中实施社会责任战略,通过关注环保、公益事业等方面,赢得消费者的好感和信任,提高品牌形象。

### (五)目标市场的评估与调整

**市场绩效评估**:定期评估目标市场的绩效是确保市场战略有效性的关键步骤。通过收集和分析销售数据、市场份额、顾客满意度等信息,企业可以及时发现问题并调整战略。

**顾客反馈收集**:主动收集顾客反馈是了解目标市场满意度的重要途径。企业可以通过调查、客户服务反馈、社交媒体互动等方式获取顾客的意见和建议,从而更好地满足其需求。

**竞争对手监测**:持续监测竞争对手的动态对企业调整市场策略至关重要。了解竞争对手的新产品、促销活动、定价策略等信息,有助于企业更好地应对市场变化。

**市场趋势分析**:定期分析目标市场的趋势和变化,包括技术发展、消费习惯变化、经济状况等方面。这有助于企业及时调整策略,保持对市场的敏感性。

**调整市场细分**:随着市场和企业自身的变化,可能需要对目标市场进行重新细分。企业应根据市场的实际情况,灵活调整市场细分和定位策略,以保持竞争力。

综合而言,目标市场的确定与细分是制定市场营销策略的基础。企业需要通过深入的市场调研、对内外部环境的全面分析,以及对不同细分市场的评估,来确保目标市场的准确性和有效性。通过灵活运用不同的市场战略和不断调整,企业可以更好地适应市场变化,提高市场占有率,实现可持续发展。

# 第三节 目标市场选择

## 一、目标市场的关键要素

目标市场的确定是市场营销中至关重要的一环,它直接关系着企业如何精准定位、开发和满足目标客户群体的需求。为了有效地制定目标市场,企业需要考虑一系列关键要素,这些要素共同构成了一个全面而系统的目标市场策略。以下是目标市场的关键要素:

1. 潜在客户群体的定义和描述

潜在客户群体是企业将要针对的特定市场细分,因此对其进行明确定义和详细描述是目标市场策略的首要任务。这包括客户的人口统计信息(如年龄、性别、收入水平、教育程度等)、行为特征(购买行为、使用习惯等)、心理特征(兴趣、价值观、态度等)等方面。通过深入了解潜在客户,企业可以更精准地制定产品、定价、促销和分销策略,满足客户的实际需求。

2. 市场需求和趋势分析

了解目标市场的需求和趋势对企业的产品开发和市场营销至关重要。市场需求分析涉及对潜在客户的需求进行深入了解,包括他们的问题、痛点、期望等。同时,趋势分析要关注市场的发展方向,包括新兴技术、社会文化变革、经济状况等因素。这有助于企业预测市场的变化,提前调整策略以应对市场趋势。

3. 市场规模和增长潜力评估

目标市场的规模和增长潜力是企业选择目标市场的关键因素之一。市场规模的评估包括了解目标市场中潜在客户的数量和购买力。增长潜力评估涉及对市场的未来发展趋势进行推测。企业可以通过市场调研、数据分析等手段获取这些信息,以确保选择的目标市场有足够的商业机会和增长潜力。

4. 竞争分析

竞争分析是目标市场策略中不可或缺的一环。企业需要了解目标市场中的竞争对手,包括其产品或服务、市场份额、定价策略、市场定位等方面的信息。通过深入了解竞争对手,企业可以制定更有针对性的差异化策略,躲避竞争风险,提高市场份额。

5. 法规和政治环境

不同地区和国家的法规和政治环境可能对企业的市场进入和运营产生重大影响。企业在选择目标市场时,需要仔细考察目标市场的法规要求、政府政策、贸易条款等因素,以确保企业在目标市场中的经营是合法和合规的。

6. 地理和文化因素

地理和文化因素对目标市场的选择有着深远的影响。地理位置决定了物流、分销和市场推广的策略。文化差异影响产品的定位、宣传和消费者行为。企业需要充分了解目标市场的地理和文化特点,以适应不同地区和文化的需求。

#### 7. 品牌定位和差异化

品牌定位是企业在目标市场中建立独特形象的关键。企业需要明确自身的品牌定位，弄清与竞争对手的差异，明晰品牌的核心价值和个性，以吸引目标客户。通过差异化战略，企业可以在目标市场中脱颖而出，建立持久的竞争优势。

#### 8. 市场细分与定位策略

在确定目标市场时，企业需要进行市场细分，将市场划分为不同的部分，以更好地满足不同群体的需求。市场定位策略涉及企业在目标市场中的定位，确定自己在顾客心目中的位置。细致的市场细分和明确的市场定位可以帮助企业更精准地针对目标客户，提供符合其需求的产品或服务。

#### 9. 渠道和分销策略

选择适合的渠道和分销策略是确保产品能够迅速、有效地达到目标客户的关键因素。企业需要考虑目标市场中消费者购买渠道的偏好，选择合适的分销途径，确保产品能够顺利进入市场。

#### 10. 产品或服务的适应性和创新

产品或服务的适应性和创新是企业在目标市场中取得成功的重要因素。了解目标客户的需求，并确保产品或服务能够满足这些需求，是企业赢得客户信任的关键。此外，创新是保持竞争力和引领市场的重要手段。不断提升产品或服务的创新性，以满足市场对新颖性和独特性的需求，有助于企业在目标市场中获得竞争优势。

#### 11. 客户体验和关系管理

在目标市场中，建立良好的客户体验和关系管理是保持客户满意度和忠诚度的关键。企业需要注重提供高品质的服务、便捷的购物体验，同时通过定期沟通、客户反馈收集等手段建立与客户的良好关系。良好的客户体验可以促使客户再次购买，并在口碑传播中起到积极作用。

#### 12. 定价策略

定价是影响客户购买决策的关键因素之一。企业需要根据目标市场的价格敏感性、竞争对手的定价策略、产品或服务的独特性等因素来确定合适的定价策略。合理的定价不仅有助于企业提高销售额，还可以在市场中建立品牌形象。

#### 13. 营销和促销策略

制定有效的营销和促销策略对于在目标市场中取得成功至关重要。企业可以通过广告、促销活动、社交媒体营销等手段来提高品牌知名度，吸引潜在客户。此外，营销策略也需要根据目标市场的特点进行调整，确保传播的信息能够切实吸引目标客户。

#### 14. 数据分析和市场反馈

数据分析是一个不断优化目标市场策略的重要工具。通过收集和分析销售数据、市场趋势、客户反馈等信息，企业可以了解市场的反应和客户的需求，及时进行调整和优化策略。数据驱动的决策有助于企业更精准地洞察市场，提高市场竞争力。

#### 15. 目标市场的战略评估和调整

企业在进入目标市场后，需要不断评估市场的反应和竞争环境的变化，并根据评估结果及时调整市场策略。这包括对产品、价格、推广、分销等方面的调整。市场是一个动态变化的环境，企业需要具备灵活性，及时做出反应，以保持在目标市场中的竞争优势。

在实际操作中，这些关键要素相互交织，共同构成了一个完整的目标市场策略。企业需要综合考虑这些因素，根据自身的实际情况灵活运用，以确保目标市场的准确性、有效性和可持续性。同时，由于市场环境不断变化，企业还需要保持敏感性和适应性，随时调整战略以适应市场变化。只有在不断优化和调整的过程中，企业才能更好地实现目标市场的开发和经营。

## 二、市场选择的策略与考量

市场选择是企业制定市场营销策略的关键环节之一，涉及确定适合企业发展的市场细分，并制定相应的进入策略。在选择市场时，企业需要考虑一系列策略和因素，以确保选择的市场能够最大限度地满足企业的业务目标。以下是市场选择的策略与考量：

### （一）市场选择策略

专注战略：专注战略是选择在一个或少数几个特定的市场细分中进行深入开发，为这些市场提供专业化的产品或服务。这种策略要求企业在选择的市场中建立强大的竞争优势，通过精细化运营来吸引目标客户，从而实现在特定领域的市场领导地位。

成本领先战略：成本领先战略是企业通过提高生产效率、降低生产成本，以实现产品或服务的价格优势。在市场选择上，企业可以选择进入那些能够实现成本领先的市场，通过价格优势吸引更多的消费者，实现规模经济效应。

差异化战略：差异化战略强调通过独特的产品、服务或品牌形象，使企业在目标市场中与竞争对手有所区别。在进行市场选择时，企业可以选择那些对差异化战略有利的市场，以满足特定客户群体的特殊需求，建立品牌忠诚度。

多元化战略：多元化战略是企业选择进入多个不同的市场，以降低业务风险，扩大收入来源。在市场选择中，企业需要谨慎评估不同市场的发展潜力和风险，确保能够有效管理和整合多元化的业务。

国际化战略：国际化战略涉及进入国际市场，拓展跨国业务。在市场选择上，企业需要考虑不同国家和地区的文化、法规、市场规模等因素，选择适合自身发展的国际市场。

### （二）市场选择的考量因素

市场规模和增长潜力：企业在选择市场时，首先需要考虑市场的规模和增长潜力。选择一个有足够规模、有望持续增长的市场，有助于企业实现规模效益和长期可持续发展。

目标客户特征：了解目标市场的客户特征是市场选择的重要考量因素，包括客户的年龄、性别、收入水平、购买行为等方面。企业需要选择与其产品或服务最匹配的目标客户群体。

竞争程度和竞争对手：市场中的竞争程度直接影响着企业的市场份额和盈利能力。在市场选择时，企业需要考察目标市场中的竞争对手，评估其实力和策略，以选择具有较低竞争程度的市场。

法规和政治环境：不同地区和国家的法规和政治环境可能对企业的市场进入和运营产

生影响。在市场选择时，企业需要考虑目标市场的法规和政治环境，确保企业的经营活动是合法和合规的。

文化和社会因素：目标市场的文化和社会环境对产品或服务的接受程度产生深远影响。企业需要充分了解目标市场的文化特点和社会价值观，以调整产品定位和市场营销策略。

技术和创新趋势：技术和创新的发展对不同市场产生重要影响。在市场选择时，企业需要选择与技术趋势和创新密切相关的市场，以保持对市场潮流的敏感性。

供应链和分销网络：目标市场的供应链和分销网络对企业的产品推广和销售至关重要。在市场选择时，企业需要考虑目标市场中的供应链情况，选择能够高效运作的分销网络，确保产品能够迅速、有效地到达消费者手中。

经济状况和购买力：目标市场的经济状况和消费者的购买力对企业的定价策略和产品设计产生直接影响。企业需要选择与其产品价格水平相匹配，并能够满足目标消费者购买力的市场。

风险和回报评估：进入新市场涉及一定的风险，包括市场不确定性、竞争风险等。在市场选择时，企业需要进行风险和回报的综合评估，确保选择的市场潜在回报能够对风险进行合理的补偿。

市场进入难度：不同市场的进入难度有所不同，包括法规限制、行业门槛等因素。企业需要评估目标市场的进入难度，确保有足够的资源和能力克服各种挑战。

市场增长阶段：不同市场可能处于不同的增长阶段，包括成长期、饱和期等。在市场选择时，企业需要考虑目标市场所处的增长阶段，以制定相应的市场策略，满足市场的特定需求。

产品适应性和创新性：产品或服务的适应性和创新性是市场选择的重要考量因素。企业需要确保其产品或服务在目标市场中具有竞争力，能够满足目标客户的需求，并具备不断创新的能力以适应市场变化。

市场风险：不同市场存在不同的风险，包括市场竞争风险、市场需求不确定性等。企业需要对目标市场的风险进行评估，并制定相应的风险管理策略，以降低市场风险对企业的不利影响。

社会责任：社会责任在现代市场选择中变得越来越重要。企业需要考虑目标市场的社会责任标准和期望，通过积极参与社会责任活动，改善企业的社会形象，吸引更多的消费者和合作伙伴。

未来发展趋势：考虑目标市场的未来发展趋势对企业制定长远市场策略至关重要。了解行业未来的发展方向，有助于企业在市场选择时选择更具潜力的市场，避免市场衰退期的风险。

### （三）市场选择的流程

市场调研：进行全面而深入的市场调研，了解潜在市场的特点、规模、增长潜力、竞争情况等。

目标客户分析：定义目标客户，分析其特征、需求和购买行为，确保产品或服务与目标客户相匹配。

竞争分析：评估目标市场中的竞争对手，了解其实力、定位、市场份额等，为制定差异化战略提供依据。

法规和环境分析：了解目标市场的法规、政治环境、文化特点等，确保企业的经营活动合法合规。

风险和回报评估：对目标市场的潜在风险和回报进行综合评估，确保选择的市场符合企业的风险承受能力和预期回报。

市场增长阶段：分析目标市场所处的增长阶段，制定相应的市场战略，满足市场的发展需求。

产品定位和创新：根据目标市场的特点和需求，对产品进行定位，并确保产品具备竞争力和创新性，以吸引目标客户。

市场进入策略：制定适合目标市场的进入策略，包括市场渗透、市场发展、产品开发或多元化等策略，确保企业能够顺利进入市场并获得市场份额。

定价策略：根据目标市场的价格敏感度和竞争状况，确定合适的定价策略，保持竞争力并满足目标客户的购买力。

渠道和分销策略：选择适合目标市场的分销渠道，确保产品能够有效地到达目标客户，并制定合适的分销策略，促进产品的销售。

品牌建设和宣传：制定品牌建设和宣传策略，通过广告、社交媒体、公关等手段提升品牌知名度，吸引目标客户的关注和信任。

数据分析和监测：建立有效的数据分析和监测机制，通过收集和分析销售数据、市场反馈等信息，及时了解市场的反应和调整市场策略。

社会责任和可持续发展：考虑目标市场对社会责任的期望，通过积极参与社会责任活动，提升企业的社会形象，建立可持续发展的品牌形象。

市场调整和优化：定期评估目标市场的绩效，通过市场调整和优化策略，确保企业在市场中保持竞争优势，适应市场的变化。

战略执行和监控：落实市场选择的各项策略，并建立监控机制，确保战略的有效执行，及时调整战略以适应市场环境的变化。

## 第四节　竞争分析与 SWOT 分析

### 一、竞争分析的方法与步骤

竞争分析是企业制定战略和决策的重要步骤之一，它有助于了解市场上的竞争格局、竞争对手的优势和劣势，以及行业趋势。通过深入的竞争分析，企业可以更好地制定适应性战略，提高市场竞争力。以下是竞争分析的方法和步骤，以指导企业有效地进行这一关键过程。

## （一）竞争分析的方法

1. SWOT 分析法

SWOT 分析法是一种通过评估企业内部的优势（Strengths）、劣势（Weaknesses）、外部的机会（Opportunities）和威胁（Threats）来确定竞争地位的方法。这种方法有助于企业全面了解自身状况，并在此基础上采取相应的战略。

2. Porter 的五力模型

由迈克尔·波特提出的五力模型包括对竞争对手、供应商、买家、替代品和新进入者的分析。通过评估这五个力量，企业可以更好地理解市场的竞争格局，发现潜在的机会和威胁。

3. PESTEL 分析法

PESTEL 分析法关注外部环境的政治、经济、社会、技术、环境和法律因素。这种方法有助于企业了解行业的宏观环境，预测未来的市场趋势，并制定相应的战略应对。

4. 成本领先和差异化策略分析

企业可以通过分析成本结构和产品特性，判断自身在行业中是采取成本领先策略还是差异化策略。这有助于确定企业在市场中的竞争优势和定位。

5. 价值链分析

价值链分析关注企业内部活动的所有环节，从原材料采购到产品销售。通过分析价值链，企业可以找到降低成本和提高价值的机会，提高竞争力。

6. SWOT-PESTEL 综合分析

将 SWOT 和 PESTEL 两种分析方法结合起来，综合考虑内外部因素，有助于形成更全面的竞争分析。

## （二）竞争分析的步骤

1. 制定竞争分析的目标

明确竞争分析的目标，如识别市场机会、了解竞争对手的策略、评估企业的竞争地位等。

2. 收集数据

收集关键数据，包括市场份额、销售数据、竞争对手的财务报表、行业报告、消费者反馈等，以支持分析。

3. 确定竞争对手

识别主要竞争对手，并分析其市场地位、目标客户、产品特点、定价策略等。

4. 进行 SWOT 分析

评估企业的内部优势和劣势，以及外部的机会和威胁，形成全面的 SWOT 分析。

5. 应用 Porter 的五力模型

通过分析竞争对手、供应商、买家、替代品和新进入者的力量，确定行业的竞争格局和潜在威胁。

6. 进行 PESTEL 分析

分析政治、经济、社会、技术、环境和法律因素，了解外部环境的影响和趋势。

7. 进行成本领先和差异化分析

评估企业在成本和产品特性上的优势，确定适合的竞争战略。

8. 进行价值链分析

审查企业内部活动，找到降低成本和提高价值的机会，优化业务流程。

9. 制定竞争策略

基于分析的结果，制定相应的竞争策略，包括调整定价、改进产品、拓展市场份额等。

10. 定期更新分析

由于市场环境不断变化，定期更新竞争分析是至关重要的，以确保企业持续适应市场变化。

在进行竞争分析时，企业应灵活运用这些方法和步骤，结合实际情况，以制定出切实可行的战略，提高企业竞争力。

## 二、SWOT 分析的应用与局限

SWOT（Strengths, Weaknesses, Opportunities, Threats）分析是一种广泛应用于企业战略规划和决策制定的工具，它通过对企业内部和外部环境的评估，帮助企业识别并利用优势，克服劣势，抓住机会，规避威胁。然而，SWOT 分析也存在一些应用上的局限性。下面将详细探讨 SWOT 分析的应用及其局限。

### （一）SWOT 分析的应用

1. 制定战略

SWOT 分析为企业提供了制定战略的基础。通过识别内外部的优势和机会，企业可以明确未来发展的方向，制定能够最大限度利用自身优势的战略。

2. 问题识别和解决

SWOT 分析帮助企业发现内部存在的问题和外部潜在威胁。这有助于企业及早采取措施解决问题，防患于未然。

3. 资源分配

通过识别企业的优势和劣势，SWOT 分析有助于企业更合理地分配资源。企业可以集中资源发展优势领域，同时采取措施改善劣势，提高整体竞争力。

4. 制定营销策略

SWOT 分析有助于企业在制定营销策略时更好地了解市场环境。企业可以根据自身的优势和市场机会，制定有针对性的营销计划。

5. 提高组织沟通

SWOT 分析可以促使企业内部各部门更好地理解组织的整体状况。通过共享分析结果，企业可以实现更好的沟通与合作，推动整体业务目标的实现。

6. 制定危机管理计划

SWOT 分析有助于企业预测可能的威胁，从而制定危机管理计划，提高企业对不确定性的应对能力。

## （二）SWOT 分析的局限

1. 缺乏详细定量数据

SWOT 分析主要依赖于主观判断和定性分析，缺乏详细的定量数据支持。这可能导致分析结果不够客观，影响决策的准确性。

2. 静态分析

SWOT 分析往往是一次性的静态分析，未考虑到环境的动态变化。市场、技术、政治等方面的变化可能会使分析结果过时，需要定期更新。

3. 未考虑因素间的相互影响

SWOT 分析通常将 Strengths、Weaknesses、Opportunities、Threats 作为独立的因素进行分析，而未考虑这些因素之间的相互影响。现实情况中，这些因素可能相互交织，导致更为复杂的情况。

4. 主观性和个人偏见

SWOT 分析的结果受到参与者主观判断和个人偏见的影响。不同的团队成员可能对同一事物有不同的看法，从而影响分析结果的客观性。

5. 遗漏关键因素

SWOT 分析可能忽略一些关键因素，特别是那些难以被量化的因素，如企业文化、创新能力等。这可能导致对企业整体状况的不完整理解。

6. 无法提供详细的实施计划

SWOT 分析能够识别问题和机会，但未提供详细的实施计划。企业在实施阶段仍需要进一步制定具体的行动计划，以确保战略的顺利实施。

在实际应用中，企业可以克服 SWOT 分析的局限性，通过结合其他分析工具、定期更新分析、引入客观数据等手段，使 SWOT 分析更为准确、全面，为企业制定战略和决策提供更有力的支持。

# 第五节　营销策略制定

## 一、竞争战略的选择

竞争战略的选择是企业成功的关键组成部分，它直接影响着企业在市场中的表现和长期的可持续竞争力。在制定竞争战略时，企业需要深入了解外部环境、内部资源和能力，以及行业动态，以便做出符合其情境和目标的明智选择。以下是一些常见的竞争战略，它们可以根据企业的需要进行灵活组合和调整。

### （一）成本领先战略

成本领先战略是企业通过在生产、采购、供应链管理等方面实现成本效益，从而能够提供更具竞争力的产品或服务。成本领先战略的核心是追求低成本，通过规模经济、技术创新和效率提升来降低产品或服务的制造和交付成本。这种战略的优势在于能够以更低的价格吸引更多的客户，并在市场上获得更大的份额。

成本领先战略的关键要素包括：

规模经济：增加产量以降低单位产品成本。

技术创新：运用先进技术提高生产效率。

供应链管理：优化供应链，降低采购和运输成本。

过程优化：精益生产和六西格玛等方法，提高生产效率。

### （二）差异化战略

差异化战略强调企业通过提供独特、高品质或特殊特征的产品或服务，从而使其在市场中脱颖而出。差异化可以通过品牌形象、创新、设计、服务水平等多个方面实现。这种战略目标是吸引那些注重产品或服务特色的客户，并能够支持更高的定价水平。

差异化战略的关键要素包括：

独特产品特性：提供市场上独有或难以复制的产品特点。

品牌建设：建立强有力的品牌形象和品牌忠诚度。

创新：持续投入研发，推出新产品或服务。

高品质服务：提供卓越的客户服务和售后支持。

### （三）专注战略

专注战略要求企业集中精力在特定市场细分或产品领域，以满足特定类型的客户需求。这种战略分为两种主要类型：成本专注和差异化专注。成本专注意味着企业追求在特定市场细分中的成本领先地位，而差异化专注则侧重于在独特产品或服务领域中的差异化优势。

专注战略的关键要素包括：

目标市场定义：清晰地确定特定市场细分或产品领域。

深入理解客户需求：确保产品或服务与目标客户的需求高度匹配。

资源专注：集中资源以在特定领域实现卓越。

### （四）创新战略

创新战略强调企业通过不断引入新产品、服务或业务模式，以满足市场的不断变化和客户的新需求。创新可以涉及产品技术创新、过程创新、市场创新等多个方面。这种战略的优势在于能够在市场中保持竞争优势，并开辟新的增长机会。

创新战略的关键要素包括：

研发投资：持续投资于研发，推动产品和服务的创新。

市场敏感性：及时识别和适应市场变化和客户需求。

合作伙伴关系：与创新生态系统内的合作伙伴合作，共同推动创新。

### （五）联合战略

联合战略强调企业通过与其他组织建立战略合作伙伴关系，实现共同的利益和目标。这种战略形式可以包括联盟、合资企业、合作协议等。联合战略有助于分享风险、整合资源、拓展市场份额，并在竞争激烈的市场中更好地应对挑战。

联合战略的关键要素包括：
战略合作伙伴选择：精选与企业目标和文化相符的合作伙伴。
资源整合：充分整合各方资源，实现协同效应。
风险共担：明确各方在合作中的责任和风险分担。

### （六）国际化战略

国际化战略涉及将业务扩展到国际市场，以寻求新的增长机会。这可能包括出口、合资、跨国并购等方式，以加强企业在全球范围内的市场地位。国际化战略的实施需要深入了解不同国家和地区的市场特点、文化差异、法规要求等因素。

国际化战略的关键要素包括：
市场研究：对目标国家和地区市场进行全面研究，了解消费者行为、竞争格局和法规环境。
文化适应：在国际市场中，企业需要适应不同的文化、价值观和消费习惯。
风险管理：管理国际业务带来的政治、汇率、法规等方面的风险。
本地化策略：根据不同市场的需求，定制本地化的产品、营销和服务策略。

### （七）集中式与分散式战略

集中式战略强调在一个中心点集中资源和决策权，以实现规模效益和一致性。分散式战略则强调在多个地方分散资源和决策权，以更好地适应不同的地区性需求和市场变化。企业需要根据其业务性质、规模和市场特点选择适合的集中式或分散式战略。

集中式与分散式战略的关键要素包括：
决策中心：确定决策权在整个组织中的分布情况。
资源配置：确定资源是集中配置还是分散配置。
本地化需求：评估不同地区市场的特点和需求，决定是否需要本地化运营。

### （八）快速市场反应战略

在竞争激烈的市场中，快速市场反应战略变得至关重要。这包括快速调整产品组合、价格策略、市场推广等，以适应市场的即时变化。快速市场反应战略有助于企业更灵活地应对竞争压力、变化的客户需求和市场趋势。

快速市场反应战略的关键要素包括：
灵活的供应链：建立灵活、敏捷的供应链体系，以迅速满足市场需求。
数据驱动决策：利用数据分析快速识别市场趋势和客户反馈，以支持迅速决策。
团队协作：建立跨部门协作机制，确保信息的迅速传递和决策的迅速执行。

### （九）生态系统战略

生态系统战略强调企业与其他组织、创新生态系统的紧密合作。通过与供应商、合作伙伴、科研机构等建立战略性关系，企业能够共享资源、共同创新，以应对市场的复杂性和快速变化。

生态系统战略的关键要素包括：
合作伙伴选择：精选与企业愿景和目标相符的合作伙伴。

资源共享：在生态系统内共享关键资源，实现协同效应。

创新共同体：参与共同创新，推动整个生态系统的发展。

### （十）社会责任战略

社会责任战略注重企业在社会层面的可持续发展和贡献。通过关注环境、社会、治理等方面的责任，企业不仅能够提升企业形象，还能够满足越来越关注可持续发展的消费者和投资者的需求。

社会责任战略的关键要素包括：

环境可持续性：关注环境友好的生产和运营方式，降低企业的环境足迹。

社会公益活动：参与社区建设、教育、慈善等公益活动。

良好治理：建立透明、诚信的公司治理结构，符合社会伦理标准。

总体而言，企业在选择竞争战略时应根据自身的特点、目标和市场环境制定有针对性的策略。不同的战略选择可能在不同阶段产生不同的效果，因此需要不断评估和调整战略，以保持竞争力和适应市场变化。最终，成功的竞争战略是基于企业深刻理解市场和自身优势的基础上制定并灵活执行的。

## 二、制定差异化策略的关键因素

差异化战略是企业通过提供独特的产品或服务，从而在市场中与竞争对手区分开来的一种战略选择。通过差异化，企业能够吸引更广泛的目标市场，建立品牌忠诚度，并实现更高的定价水平。然而，成功的差异化战略并非简单的事情，它需要深入的市场洞察和在多个方面的协调。以下是制定差异化战略的关键因素：

### （一）深入市场洞察

在制定差异化战略时，深入了解目标市场是至关重要的。这包括理解目标客户的需求、偏好、价值观以及市场的潜在机会和威胁。通过市场洞察，企业可以更好地把握差异化的方向，确保差异化战略与目标市场的期望和趋势相符。

### （二）产品或服务独特性

制定差异化战略的核心在于提供独特、与众不同的产品或服务。这可能涉及独特的设计、功能、技术创新、品质或其他方面的特殊性。产品或服务的独特性是差异化战略的基础，它能够吸引消费者的关注并使其愿意选择企业的产品或服务而非竞争对手的。

### （三）品牌建设和品牌忠诚度

一个强大的品牌是差异化战略的关键支持因素。通过建立独特的品牌形象、传达独特的品牌价值观，企业可以在消费者心目中树立起与竞争对手不同的形象。品牌忠诚度是一种强大的竞争优势，因为忠诚的消费者更有可能持续购买企业的产品或服务。

### （四）创新能力

创新是差异化战略的重要动力。通过持续的研发和创新，企业能够不断推出新的产品、服务或业务模式，从而保持在市场上的独特性。创新可以涉及产品技术、生产过程、市场推广等多个方面。

### （五）卓越的客户体验

提供卓越的客户体验是差异化战略成功的关键因素之一。从购物体验到售后服务，企业需要在各个接触点上提供卓越的服务，使客户感受到与竞争对手不同的价值。这包括个性化服务、方便的购物体验、快速的响应速度等。

### （六）市场定位与目标客户群体

成功的差异化战略需要明确定位和明确的目标客户群体。企业需要选择与其独特性相匹配的市场细分，并明确哪些客户群体将最受益于其独特的产品或服务。这有助于企业更有针对性地开展差异化策略，提高成功的概率。

### （七）有效的营销和传播策略

有一个独特而强大的差异化优势是不够的，企业还需要有效地传达这个独特性。通过有针对性的营销和传播策略，企业能够向目标市场清晰地传递其独特的价值主张。这可能包括广告、社交媒体、公关活动等多种渠道。

### （八）灵活的反馈机制

市场和消费者的需求不断变化，因此企业需要建立灵活的反馈机制。这包括积极获取客户反馈、监测市场趋势和竞争动态，以及迅速调整差异化战略，以保持与市场的一致性。

### （九）供应链和运营效率

提供独特的产品或服务需要有一个高效的供应链和运营体系。企业需要确保能够在保持质量的前提下，高效地生产和交付产品或服务。供应链的协同和效率对于支持差异化战略至关重要。

### （十）法规合规性

确保产品或服务的法规合规性是制定差异化战略时的重要考虑因素。不合规的产品或服务可能带来法律风险和负面影响品牌形象。因此，企业需要在差异化战略的同时确保符合所有相关法规和行业标准。

总体而言，制定差异化战略是一项综合性的任务，需要企业在多个层面上进行协调和执行。这需要企业拥有深厚的行业知识、市场洞察力、创新能力、卓越的执行力以及对客户需求的敏感性。通过有效的结合上述关键因素，企业可以更好地实现在市场中的差异化，并取得长期竞争优势。

## 第六节 产品定价策略

### 一、定价策略的基本原则

定价策略是企业经营管理中至关重要的一环，直接影响着企业的盈利能力和市场竞争力。本节将探讨定价策略的基本原则,包括市场定位、成本考虑、竞争环境、消费者需求等方面,旨在为企业制定合理有效的定价策略提供指导。

### (一)概述

定价策略是企业管理中一项关键性的决策,不仅关系着企业的盈利状况,还直接影响着产品或服务在市场中的竞争地位。在制定定价策略时,企业需要考虑多方面的因素,确保定价的科学合理性。下面将重点探讨定价策略的基本原则,以便企业在竞争激烈的市场中保持竞争力。

### (二)市场定位与目标市场

1. 定位与差异化

企业在制定定价策略时首先要明确自己在市场中的定位,包括产品或服务的特点、目标消费群体等。通过差异化定位,企业可以更好地凸显产品的独特性,从而为合理定价提供基础。

2. 目标市场分析

了解目标市场的需求和消费能力对定价决策至关重要。企业需要深入了解目标市场的消费者特点、购买力、消费习惯等信息,以便灵活调整定价策略,满足市场需求。

### (三)成本考虑与利润最大化

1. 成本结构分析

企业在定价时必须全面考虑成本结构,包括生产成本、销售成本、分销成本等。通过深入分析成本,企业可以更准确地确定产品或服务的最低合理价格。

2. 利润最大化

定价的目标之一是实现利润最大化,但也需要考虑市场的价格敏感性。企业需要在追求高利润的同时,保持产品或服务的市场竞争力,确保定价水平既能吸引消费者,又能保障企业盈利。

### (四)竞争环境与竞争定价

1. 竞争对手分析

了解竞争对手的定价策略对企业定价决策至关重要。通过分析竞争对手的价格水平、促销活动等信息,企业可以更好地制定具有竞争力的定价策略。

2. 灵活应对市场变化

市场竞争环境常常发生变化,企业需要具备灵活应变的能力。及时调整定价策略,根据市场变化进行合理反应,是企业在激烈竞争中立于不败之地的关键。

### (五)消费者需求与心理定价

1. 消费者需求分析

了解消费者对产品或服务的需求是定价的重要依据。通过市场调研和消费者反馈,企业可以更准确地把握市场需求,制定更符合消费者期望的定价策略。

2. 心理定价策略

消费者在购买决策中受到心理因素的影响较大,因此心理定价策略是定价中的一项重要手段。例如,采用99元的价格而非100元,可以在心理上让消费者感觉价格更为亲民。

### (六)定价策略的执行与监控

1. 定价策略的执行

制定好的定价策略需要得到有效的执行。企业需要建立相应的定价机制,确保定价政策能够在销售过程中得到贯彻执行。

2. 定价策略的监控与调整

市场环境和消费者需求可能会发生变化,因此企业需要建立定期的定价策略监控机制。及时调整定价策略,以适应市场变化,是企业长期保持竞争力的必要手段。

定价策略的制定是企业管理中的一项重要任务,需要综合考虑市场定位、成本结构、竞争环境和消费者需求等多方面因素。合理科学的定价策略有助于企业在市场中保持竞争力,实现盈利最大化。企业在定价过程中需要保持灵活性,随时根据市场变化进行调整,以适应竞争激烈的商业环境。希望通过本节的探讨,读者能够更好地理解定价策略的基本原则,为企业的定价决策提供有益的参考。

## 二、动态定价与市场反应

动态定价作为一种灵活的定价策略,已经成为企业在面对不断变化的市场环境时的重要工具。下面将深入探讨动态定价的概念、实施方法以及其与市场反应之间的关系。通过分析动态定价的优势,揭示其在提高企业竞争力和适应市场变化中的作用。

### (一)概述

随着市场的不断发展和竞争的加剧,企业在定价策略上需要更加灵活和敏捷。动态定价作为一种基于市场需求、竞争状况和实时数据的策略,为企业提供了更多的决策空间。下面将深入探讨动态定价的定义、实施方法,以及与市场反应之间的关系,旨在为企业在不断变化的商业环境中制定更为智慧的定价策略提供参考。

### (二)动态定价的概念与特点

1. 动态定价的定义

动态定价是指企业根据市场条件、需求变化以及竞争状况,通过不断调整产品或服务的价格,以最大化盈利或市场份额的一种定价策略。相较于传统的固定定价模式,动态定价更加灵活,能够更及时地响应市场变化。

2. 动态定价的特点

敏捷性:动态定价允许企业更加灵活地调整价格,及时适应市场的变化。

数据驱动:动态定价依赖实时数据和市场信息,通过数据分析来支持决策。

个性化定价:企业可以根据不同客户、时间段或地区设定不同的价格,实现个性化定价策略。

目标导向:动态定价的目标是实现最大化盈利或市场份额,不断调整以适应市场需求。

### （三）动态定价的实施方法

1. 实时数据分析

动态定价的核心在于对实时市场数据的敏感性和分析能力。企业需要建立强大的数据分析体系，监测市场需求、竞争对手定价、消费者反馈等信息，以及时调整价格策略。

2. 弹性定价模型

采用弹性定价模型是实施动态定价的有效手段之一。该模型能够根据市场需求弹性变化，实现价格的动态调整，确保企业在不同市场条件下都能够保持竞争力。

3. 个性化定价策略

动态定价允许企业实施个性化定价策略，根据不同消费者的需求、购买历史等信息设定个性化价格，提高销售转化率和客户满意度。

4. 实施促销和奖励计划

通过灵活的促销和奖励计划，企业可以在不同时间段或销售季节性调整价格，吸引更多消费者。这种策略可以带动销售增长，同时提高品牌知名度。

### （四）动态定价与市场反应的关系

1. 市场敏感度

动态定价使企业更能够感知市场的实时变化，对市场的敏感度增强。企业可以通过动态调整价格，更好地满足消费者需求，提高市场反应速度。

2. 竞争力提升

通过实施动态定价，企业可以更好地把握竞争对手的定价策略，及时调整自身价格，提高竞争力。这有助于在激烈的市场竞争中脱颖而出。

3. 消费者忠诚度

动态定价允许企业根据消费者的需求和购买行为进行个性化定价，增加消费者的满意度和忠诚度。通过灵活的价格策略，企业能够更好地满足不同层次消费者的购买欲望。

4. 市场份额与盈利最大化

通过灵活的动态定价策略，企业可以更好地平衡市场份额与盈利之间的关系。在不同的市场环境下调整价格，实现市场份额和盈利的最大化。

### （五）动态定价的挑战与应对

1. 数据安全与隐私保护

动态定价对实时数据的需求较大，但在数据采集和分析过程中需要注意保护消费者的隐私，避免引发公众负面反应。

2. 竞争对手模仿

一旦企业采用了成功的动态定价策略，竞争对手可能会模仿，降低企业的独特性。因此，企业需要不断创新和改进动态定价策略，保持竞争优势。

3. 品牌形象与稳定性

频繁的价格变动可能对企业品牌形象和稳定性造成影响。消费者可能会感到困惑或不信任，因此企业在实施动态定价时需要注意平衡品牌形象和价格的关系，确保在提高灵活性的同时不影响品牌的稳定性。

4.市场预测的不确定性

市场环境变化复杂，有时难以准确预测。企业在实施动态定价时需要处理好市场预测的不确定性，通过建立灵活的调整机制，快速适应市场的实际变化。

5.消费者反馈的及时性

动态定价需要及时获取消费者的反馈，以便调整定价策略。因此，企业需要建立高效的反馈机制，积极倾听和理解消费者的意见，及时调整策略以提升市场响应。

### （六）动态定价成功案例分析

1.航空业

航空公司是动态定价策略的典型应用领域之一。航空公司通过实时监测机票销售情况、航班座位利用率以及竞争对手价格，灵活调整机票价格，以最大化收益。

2.电商行业

电商平台通过大数据分析用户行为、购物历史等信息，采用个性化定价策略。例如，通过向特定用户提供折扣券、促销信息等方式，引导用户更频繁地购物，提高用户忠诚度。

3.酒店业

酒店行业也广泛采用动态定价策略，根据季节性、周末与工作日、预订提前时间等因素进行灵活调整价格。这样的策略有助于提高酒店的出租率，实现盈利最大化。

动态定价作为一种灵活、数据驱动的定价策略，为企业在不断变化的市场环境中提供了更多的策略选择。通过实时数据分析、弹性定价模型、个性化定价策略等手段，企业能够更好地适应市场需求、提高竞争力、增加市场份额，并在盈利最大化和品牌形象稳定性之间找到平衡点。

然而，在实施动态定价时，企业需要认识到一些挑战，如数据安全与隐私保护、竞争对手模仿、品牌形象与稳定性的平衡等。成功的动态定价需要企业具备敏锐的市场洞察力、高效的反馈机制、创新的思维方式以及快速适应市场变化的能力。

总体而言，动态定价不仅是一种商业智慧的体现，也是企业适应快速变化市场的必然选择。通过不断改进和调整动态定价策略，企业可以更好地在竞争激烈的商业环境中立于不败之地，实现可持续发展。

## 第七节　渠道管理与分销策略

### 一、渠道选择与管理

渠道选择与管理在企业运营中起着至关重要的作用。本节将深入探讨渠道选择的原则、不同渠道类型的优劣势，以及渠道管理的关键要素。通过对渠道选择与管理的综合分析，旨在为企业构建高效的供应链、提升市场竞争力提供指导。

### （一）概述

渠道选择与管理是企业供应链的核心环节，直接关系着产品或服务的流通、销售及最终客户的满意度。随着市场的不断发展和消费者需求的变化，企业需要通过明智的渠道选择和有效的管理来适应这些变化。本节将深入讨论渠道选择的基本原则、不同类型渠道的优劣势，以及渠道管理的关键要素，以期为企业提升供应链效率和提高市场占有率提供实用建议。

### （二）渠道选择的基本原则

1. 市场分析与定位

在选择渠道之前，企业需要进行深入的市场分析，了解目标市场的规模、结构、竞争状况以及消费者行为。同时，明确产品或服务的定位，以便更好地选择适合的渠道。

2. 产品特性与目标客户群

不同的产品特性和目标客户群对渠道的需求也不同。高端产品可能更适合通过专业渠道销售，而中低端产品可能更适合通过大规模零售渠道推广。企业需要根据产品属性和目标客户群体选择最合适的销售渠道。

3. 成本与效益分析

渠道的建立和运营都需要一定的投入，企业需要仔细评估不同渠道的建设和运营成本，并与预期效益进行比较。选择能够实现成本效益平衡的渠道是一个重要的原则。

4. 渠道伙伴关系

渠道伙伴关系直接影响着产品的流通和销售。企业需要选择有稳定信誉、良好信用记录、合作愿望强烈的渠道伙伴，共同推动销售业绩的提升。

5. 法规合规性

不同国家和地区存在不同的法规和规定，企业需要确保所选择的渠道在法规合规性方面符合要求，以避免潜在的法律风险。

### （三）不同类型渠道的优劣势

1. 直销渠道

优势：

直接接触客户：能够建立直接的客户关系，了解客户需求，提供更好的售后服务。

更高的利润：省略中间环节，企业可以获得更高的销售利润。

劣势：

开销较大：需要投资建立和维护直销团队、渠道和售后服务。

覆盖面有限：相对于其他渠道，直销渠道的覆盖面较小，可能难以迅速达到大规模销售。

2. 零售渠道

优势：

较广覆盖面：零售渠道能够覆盖更广泛的消费者群体，提高产品的曝光度。

专业化服务：通过零售合作伙伴，产品能够在专业的销售场所中得到更好的展示和推广。

劣势：

利润较低：零售渠道通常对价格有一定的压力，企业可能需要放弃一部分利润以便更好地进入零售市场。

对伙伴依赖：企业的产品很大程度上依赖于零售伙伴的销售和宣传。

3. 分销渠道

优势：

覆盖面广：通过分销渠道，产品能够覆盖到更广泛的市场，提高销售量。

降低风险：分销商通常承担库存、物流和部分销售风险，减轻企业的负担。

劣势：

控制难度：分销渠道通常包含多个层级，难以对每个层级的销售过程进行精确的控制。

利润分成：分销商需要获得一定比例的利润，可能降低企业的销售利润。

4. 电子商务渠道

优势：

全天候销售：电子商务渠道可以全天候提供销售服务，不受时间和空间的限制。

低成本：相对于传统零售渠道，电子商务渠道的运营成本相对较低。

劣势：

激烈竞争：电子商务市场竞争激烈，需要投入更多的精力和资源进行市场推广。

依赖于物流：电子商务渠道对于物流和配送的要求较高，如果物流存在问题，可能会影响顾客体验。

### （四）渠道管理的关键要素

供应链协同管理：保障供应链的协同运作是渠道管理的基础。与供应商、分销商、零售商等渠道伙伴建立良好的合作关系，共同优化整个供应链，以确保产品的高效流通。

库存管理：精细的库存管理是渠道管理的关键。避免过度库存和缺货现象，通过合理的库存控制保持供应链的平稳运作，提高资金的周转效率。

物流与配送优化：高效的物流与配送体系是渠道管理不可或缺的一部分。通过优化物流网络、降低运输成本、提高配送效率，确保产品能够及时准确地到达目标地点。

信息技术支持：引入先进的信息技术，如供应链管理系统、订单处理系统、客户关系管理系统等，有助于提高渠道管理的效率。实时监测销售数据、库存情况和市场需求，为决策提供有力支持。

市场推广与销售培训：通过市场推广活动，提高产品的知名度和吸引力。同时，为渠道伙伴提供专业的销售培训，确保他们能够充分了解产品特点、优势以及有效应对客户需求。

售后服务：建立完善的售后服务体系，包括质量保证、维修服务、退货政策等，提高顾客的满意度，促进客户忠诚度。

市场监测与竞争分析：定期进行市场监测和竞争分析，了解市场动态和竞争对手的动向。通过深入了解市场反馈，及时调整渠道策略以适应市场变化。

渠道选择与管理是企业成功的关键因素之一。在快速变化的市场环境中，灵活而有效的渠道策略能够帮助企业更好地适应市场需求、提高产品的市场占有率。通过深入分析市场、选择适合产品特性和目标客户群的渠道类型、建立良好的渠道伙伴关系，以及强化渠道管理的各个环节，企业可以构建一个高效的供应链体系，提升企业的竞争力。随着科技的不断进步，未来渠道管理也将迎来更多创新与变革，企业需要不断调整策略以应对挑战，保持市场敏感性，实现可持续发展。

## 二、分销策略的优化与调整

分销策略在企业运营中占据着至关重要的地位，直接影响着产品的流通、销售和最终顾客的满意度。下面将深入研究分销策略的优化与调整，包括分销策略的基本原则、优化方法以及在市场变化中的调整策略。通过系统分析，旨在为企业构建更加高效灵活的分销体系提供实用指导。

### （一）概述

分销策略作为企业供应链中的关键环节，对产品的流通和销售起着至关重要的作用。随着市场的变化和消费者需求的不断演变，企业需要不断优化和调整分销策略以适应新的环境。下面将探讨分销策略的优化与调整，从基本原则、优化方法到市场变化中的调整策略，为企业提升供应链效率和市场竞争力提供实用建议。

### （二）分销策略的基本原则

市场定位与目标市场：在制定分销策略之前，企业需要明确自身的市场定位和目标市场。不同市场对分销策略的需求不同，因此企业应该根据产品特性和目标客户群体确定最合适的市场定位。

渠道伙伴关系：与渠道伙伴建立稳定、良好的合作关系至关重要。分销策略需要考虑到渠道伙伴的兴趣和需求，通过合作实现双方共赢。

产品特性和定价策略：产品的特性和定价策略直接影响着分销渠道的选择。高端产品可能更适合通过专业分销商销售，而中低端产品可能更适合通过零售渠道推广。

成本与效益分析：分销策略的制定需要充分考虑成本与效益的平衡。不同渠道的建设和运营成本不同，企业需要进行细致的分析，选择最符合企业利益的分销方式。

供应链管理与协同：分销策略需要与整个供应链进行有效协同管理。与供应商、生产部门和销售部门之间建立顺畅的沟通和协作，确保产品的高效流通。

### （三）分销策略的优化方法

数据驱动的决策：利用先进的数据分析工具，对市场进行深入分析，了解消费者的需求和行为。通过实时数据监控销售情况、库存水平和市场反馈，为决策提供科学依据。

渠道效益评估：定期对不同渠道的效益进行评估，包括销售额、毛利润、库存周转率等指标。了解每个渠道的贡献，及时发现问题并调整策略。

品牌形象的统一：统一品牌形象有助于提升产品在市场中的认知度和竞争力。确保在各个分销渠道中，产品的定位和品牌形象保持一致，以强化市场影响力。

渠道拓展与深耕：根据市场需求和产品特性，选择适宜的新渠道拓展，同时深耕原有渠道。在新市场尝试新的分销策略，加强与现有渠道伙伴的合作关系。

定价策略的优化：定期评估定价策略，根据市场反馈和竞争状况进行调整。灵活的定价策略有助于更好地适应市场变化，提高产品的市场竞争力。

物流与库存管理：优化物流和库存管理流程，确保产品能够在各个分销渠道中迅速流通。通过合理的库存控制和物流网络的优化，提高供应链的效率。

（四）市场变化中的分销策略调整

市场需求的变化：随着市场需求的不断变化，企业需要灵活调整分销策略以满足新的需求。通过市场研究，了解消费者的新需求，及时对产品进行调整，并相应地调整分销策略，以确保产品能够迎合市场趋势。

竞争环境的变化：时刻关注竞争对手的动向和市场竞争环境的变化。如果竞争对手采取了新的分销策略或进入新的渠道，企业需要及时调整自己的策略，以保持竞争优势。

新技术的影响：随着科技的不断进步，新的销售渠道和分销模式可能不断涌现。企业需要敏锐地察觉新技术对市场和分销的影响，及时采纳并调整分销策略，以适应新的商业环境。

消费者行为的变化：随着消费者行为的演变，购物渠道和偏好也可能发生变化。企业需要通过市场调研了解消费者的新趋势，根据调查结果对分销策略进行调整，以更好地满足消费者需求。

全球化趋势：如果企业面临国际市场的扩张，需要考虑全球化趋势对分销策略的影响。适应不同国家和地区的文化、法规和市场特点，调整分销策略以适应国际化的需求。

渠道伙伴变更：与渠道伙伴的关系可能受各种因素的影响，包括市场地位、运营能力和战略方向的变化。如果渠道伙伴发生重大变更，企业需要重新评估合作关系，并根据需要调整分销策略。

分销策略的优化与调整是企业持续发展不可或缺的一环。通过明确基本原则，采用数据驱动的决策方式，对渠道效益进行评估，不断进行市场调研和适应环境的变化，企业能够更灵活地调整分销策略，提高供应链效率和市场竞争力。

随着全球商业环境的变化，企业需要时刻保持敏锐的市场洞察力，灵活应对不同的市场趋势。成功的分销策略不仅需要对内部运营和渠道管理有深刻理解，还需要对外部市场和竞争环境有精准把握。通过不断优化和调整分销策略，企业能够更好地适应快速变化的商业环境，实现持续的业务增长和市场份额的提升。

# 第八节 市场传播与广告策略

## 一、市场传播的渠道与工具

市场传播是企业推广品牌、产品或服务的关键环节，有效的传播渠道和工具对于塑造品牌形象、吸引目标受众至关重要。本节将深入探讨市场传播的渠道和工具，包括传统媒体、数字媒体、社交媒体等各种形式，旨在为企业制定全面、有效的市场传播策略提供指导。

## （一）概述

市场传播是企业与外界沟通的桥梁，是推动品牌、产品或服务在市场中获得认知和接受的关键环节。随着科技的飞速发展和消费者行为的变化，市场传播的方式也在不断演变。下面将深入研究市场传播的渠道和工具，分析传统与数字媒体的优劣势，以及如何巧妙运用社交媒体等新兴渠道，为企业构建全面、高效的市场传播策略提供实用建议。

## （二）传统媒体渠道

电视广告：电视广告作为传统媒体渠道之一，具有广泛的覆盖面和强大的视觉冲击力。通过电视广告，企业能够在短时间内触达大量观众，传递清晰的品牌形象和产品信息。

广播：广播媒体是一种具有音频特点的传播方式，适用于各种场景，如汽车、家庭、办公场所等。企业可以通过广播传递品牌理念、产品特点，吸引听众的关注。

报纸与杂志广告：报纸和杂志作为印刷媒体，仍然在一定范围内保持着影响力。通过在报纸和杂志上刊登广告，企业能够精准地触达特定受众，传播品牌故事和产品信息。

户外广告：包括广告牌、公交车广告、地铁广告等形式。户外广告适用于各种场景，能够在人们的日常生活中引起视觉关注，提高品牌的曝光度。

直邮和传统宣传册：通过直邮和传统宣传册，企业能够直接将信息传递给目标客户，提供详细的产品介绍和促销信息，增强消费者的购买兴趣。

## （三）数字媒体渠道

搜索引擎营销（SEM）：通过在搜索引擎上购买关键词广告，使企业的广告在相关搜索结果中显示，提高网站流量和曝光度。

搜索引擎优化（SEO）：通过优化网站内容和结构，提高在搜索引擎中的排名，增加有机流量，提高品牌在搜索引擎中的可见性。

社交媒体广告：利用社交媒体平台，如微博、小红书、知乎等，发布有针对性的广告，以吸引目标受众，增加品牌曝光度。

内容营销：通过生产有价值的内容，如博客文章、视频、漫画等，以吸引并留住目标受众。内容营销有助于建立品牌权威性和专业形象。

电子邮件营销：利用电子邮件向潜在客户和现有客户发送有针对性的信息，包括产品促销、最新资讯等，以维系客户关系和促进销售。

网站和应用推广：通过定期更新网站内容、提高用户体验，以及通过应用推广提高在应用商店的下载量，增加品牌在数字领域的可见性。

## （四）社交媒体渠道

微博：作为国内最大的社交媒体平台之一，微博提供了广泛的广告投放选择，企业可以通过定向广告功能精准地触达目标受众。

小红书：以图像和视频分享为主的小红书是时下年轻人最喜欢的社交媒体之一，适合品牌展示和视觉营销。

贴吧：贴吧以短文本形式为主，适用于发布实时信息、参与热点话题，是建立品牌声音和与受众互动的好地方。

抖音：作为视频分享平台的抖音，适合发布品牌故事、产品演示和用户体验视频，吸引广泛的观众。

### （五）综合运用的市场传播策略

整合传播（IMC）：通过整合传播策略，将传统媒体与数字媒体、社交媒体有机结合，形成一个统一且协调的传播体系。IMC强调不同传播渠道之间的一致性，确保品牌信息在各个平台上的呈现是完整且统一的，从而提高品牌影响力。

目标受众定位：在选择传播渠道和工具时，企业需要明确定位目标受众。了解目标受众使用的媒体和社交平台，有针对性地选择最适合的传播渠道，提高传播效果。

定期分析和调整：市场环境和消费者行为不断变化，因此企业需要定期分析市场数据和传播效果。通过数据分析，及时发现问题并调整传播策略，确保传播活动的持续有效性。

创新和跟随趋势：随着技术和社会的不断进步，新的传播渠道和工具不断涌现。企业需要保持创新意识，积极尝试新的传播方式，并灵活调整策略以跟随市场趋势。

用户参与与互动：借助数字媒体和社交媒体，企业可以与用户建立更直接的互动关系。回应用户的评论、提问，积极参与社交媒体上的话题，增强用户与品牌之间的黏性和信任。

品牌故事讲述：通过传播品牌故事，使品牌更具人情味和情感共鸣。通过讲述品牌背后的故事，可以吸引受众的情感共鸣，加深他们对品牌的认知和喜爱。

社会责任传播：强调企业的社会责任和可持续发展，通过传播企业在环保、公益等方面的努力，提升品牌形象，引起社会的关注与认可。

影响者营销：利用社交媒体上的意见领袖和行业影响者，通过合作和合适的奖励机制，推动他们积极参与品牌传播，扩大品牌影响力。

数据安全与隐私保护：在利用数字媒体和社交媒体进行市场传播时，企业要注意用户数据的安全和隐私保护，合法合规地收集和使用用户信息，避免引发负面舆论。

市场传播的渠道与工具在企业品牌建设和推广中发挥着关键作用。传统媒体、数字媒体和社交媒体的结合，以及全面整合传播策略，能够更全面地覆盖不同受众，提高品牌在市场中的知名度和影响力。

## 二、广告策略的创新与效果评估

广告作为企业与消费者之间沟通的桥梁，其创新和效果评估对品牌的推广至关重要。下面将深入研究广告策略的创新与效果评估，探讨创新的广告形式、策略的设计原则，并介绍如何科学评估广告效果，为企业在竞争激烈的市场中取得突出成绩提供指导。

### （一）概述

在当今竞争激烈的商业环境中，品牌需要通过创新的广告策略来吸引目标受众的关注，塑造独特的品牌形象。同时，为了确保广告投放的有效性，必须进行科学的效果评估，以便及时调整和优化广告策略。下面将深入探讨广告策略的创新与效果评估，为企业在广告领域取得更好的市场表现提供指导。

## （二）广告策略的创新

情感共鸣的故事性广告：通过讲述富有情感的品牌故事，能够触发观众的共鸣，使品牌更具人情味。这种广告形式不仅仅是产品的展示，更是通过故事传递品牌核心价值，激发消费者的情感连接。

互动式广告：利用数字技术，创建更具互动性的广告形式。例如，通过社交媒体的投票、抽奖互动，使受众积极参与，增强品牌与消费者之间的互动体验。

虚拟现实（VR）和增强现实（AR）广告：利用 VR 和 AR 技术，创造更为沉浸式的广告体验。这种创新形式可以使受众更深度地参与广告内容，提高品牌在受众心中的记忆度。

用户生成内容（UGC）广告：鼓励用户创作和分享与品牌相关的内容。UGC 广告能够在社交媒体上引发更广泛的讨论，提高品牌的曝光度，并增加受众的参与感。

实时营销：及时把握热点事件和社会趋势，通过实时反应和创意表达，使品牌与时俱进。实时营销能够让品牌更敏锐地捕捉到消费者关注的焦点，提高广告的时效性和吸引力。

音频广告的创新：随着音频媒体的崛起，如播客和音频广告平台，品牌可以通过创新的音频广告形式，如品牌合作的原创音乐或幽默有趣的广播剧，来实现品牌形象的推广。

无线电广告的创新：利用创新的声音设计和音效，通过无线电广告营造独特的听觉体验。创新的语音广告策略能够在广告中引入更生动的元素，提高广告的记忆度。

社交媒体平台的创新广告形式：利用社交媒体平台的不断更新和创新，为品牌提供更多展示和互动的机会。

绿色广告：强调品牌的环保、可持续发展理念，通过传递环保信息来吸引越来越关注环保问题的消费者。这种创新形式有助于提高品牌的社会责任感，建立积极形象。

人工智能（AI）驱动的广告：利用人工智能技术分析用户行为和喜好，提供个性化的广告体验。通过智能化的广告投放，使广告更贴近用户需求，提高点击率和转化率。

## （三）广告策略的设计原则

明确广告目标：在制定广告策略时，首先要明确广告的目标。是提高品牌知名度、促进产品销售、改变消费者态度还是强化品牌价值观？明确目标有助于更有针对性地选择广告形式和内容。

深刻理解目标受众：广告的创意和效果评估的核心在于触达目标受众。深刻理解目标受众的特点、需求和心理，有助于制定更贴近受众心理的广告策略。

一致性的品牌形象：广告策略应该与品牌的整体形象一致。无论是广告的语言、图像还是音效，都应该传达品牌一致的形象，以加强受众对品牌的认知和记忆。

引起注意力的创意：在广告中使用引人注目的创意元素是成功的关键。这可以包括独特的视觉效果、幽默感、感人的情感故事等。创意要能够在瞬间引起受众的注意，使其对广告产生兴趣。

清晰简明的信息传递：避免广告信息过于复杂，要能够简洁明了地传递核心信息。消费者通常在有限的时间内接触广告，因此广告内容要能够迅速而清晰地传达品牌的核心价值和产品优势。

调动情感共鸣：利用情感共鸣是广告成功的关键之一。通过触动受众的情感，使其与广告内容建立深层次的连接。情感共鸣有助于提高广告的记忆度和影响力。

利用数据驱动：利用数据分析工具，深入了解受众的行为和反馈。通过分析广告效果数据，不断优化广告策略，确保投放的广告更符合受众的需求和期望。

社交分享和口碑传播：鼓励社交分享是提高广告影响力的有效手段。设计具有分享价值的广告内容，通过社交媒体等渠道引发用户的分享和口碑传播，扩大广告的影响范围。

适应不同平台：考虑到不同广告平台的特点，制定不同的广告策略。例如，社交媒体平台、电视广告和户外广告都有各自的规律和受众特点，广告策略要能够在不同平台上取得最佳效果。

频次和时机的把握：确保广告的频次适中，不至于引起受众的厌烦感。同时，选择合适的时机进行广告投放，使广告能够在受众最活跃、最容易接收信息的时段得到展示。

### （四）广告效果评估方法

曝光量和覆盖率：衡量广告在目标受众中的曝光量和覆盖率。通过广告投放平台提供的数据，分析广告触达的人数和频次，了解广告的覆盖效果。

点击率（CTR）：CTR是衡量广告效果的常用指标，表示广告被点击的次数与广告被展示的次数之比。较高的CTR通常表示广告引起了受众的兴趣。

转化率：转化率是指通过广告而实际完成预期目标的受众所占的比例。这可能是产品购买、注册、下载等具体行为，较高的转化率意味着广告成功地促使受众采取行动。

品牌知名度调查：通过在广告投放前后进行品牌知名度的调查，了解广告对品牌知名度的影响。这可以通过访谈、在线调查等方式进行。

情感共鸣度：通过分析受众对广告的情感反馈，了解广告在情感上的共鸣度。这可以通过情感分析工具、社交媒体上的用户评论等进行评估。

社交分享和口碑传播：通过监测广告在社交媒体上的分享量和用户生成的口碑内容，了解广告在社交网络中的传播效果。社交分享和口碑传播是广告成功的重要指标之一。

营销效果分析：在广告投放后，通过分析销售数据、市场份额变化等指标，评估广告对企业整体营销效果的影响。这需要综合考虑广告和其他市场因素的影响。

用户调查和反馈：进行用户调查，收集受众对广告的反馈和看法。这可以通过在线问卷、焦点小组讨论等方式进行，了解广告在用户心目中的印象。

竞争对比分析：将广告效果与竞争对手的广告进行比较，了解在同一市场环境下广告的相对表现。这有助于调整广告策略，保持竞争力。

ROI（投资回报率）：通过分析广告投入和产出的比例，计算广告的ROI。这是企业了解广告投资是否划算的关键指标。

广告策略的创新与效果评估是品牌成功推广的重要环节。通过创新，品牌能够在竞争激烈的市场中脱颖而出，吸引受众的关注。而通过科学的效果评估，企业能够了解广告的真实影响，及时调整策略，提高广告的效果和投资回报率。

# 第九节　销售促进与客户关系管理

## 一、销售促进活动的设计与实施

销售促进活动作为营销战略的重要组成部分，对于提升产品销售、培养客户忠诚度以及增强品牌影响力具有重要作用。本节将深入探讨销售促进活动的设计与实施，包括活动目标的设定、活动策略的选择、执行步骤的规划，以及效果评估的方法，为企业制定有效的销售促进活动提供指导。

### （一）概述

在激烈的市场竞争中，企业需要不断创新营销策略以吸引消费者，提升产品销售。销售促进活动作为一种直接而有力的手段，能够激发购买欲望、促进销售、增强品牌忠诚度。下面将深入探讨销售促进活动的设计与实施，为企业在竞争激烈的市场中脱颖而出提供实用建议。

### （二）销售促进活动的设计

设定明确的活动目标：在设计销售促进活动之前，企业需要明确活动的目标。是提升销售额、推动新品上市、清理库存、培养客户忠诚度还是增加市场份额？明确的目标有助于制定相应的策略和衡量活动效果。

了解目标受众：活动的设计需要充分考虑目标受众的特点、需求和购买行为。通过市场研究和数据分析，了解目标受众的心理预期，有助于制定更有针对性的促销策略。

选择适当的促销方式：销售促进活动有多种形式，包括折扣、赠品、满减、打折券、积分兑换等。企业需要根据产品性质、受众群体和市场环境选择适当的促销方式，确保活动的吸引力和有效性。

设计有吸引力的奖励机制：通过设计有吸引力的奖励机制，可以激发消费者的购买欲望。奖励可以是实物奖品、优惠券、积分兑换、抽奖机会等，要根据目标受众的偏好和价值观来确定奖励。

制定合理的活动周期：活动的周期需要考虑产品的季节性、市场的周期性以及竞争对手的动态。合理的活动周期能够更好地吸引受众的注意，提高活动效果。

整合线上线下资源：制定销售促进活动时，要充分考虑线上线下的整合。线上渠道可以通过电商平台、社交媒体进行推广，线下渠道可以通过门店陈列、促销人员进行活动宣传，形成更全面的传播。

建立合作伙伴关系：与其他企业或品牌建立合作伙伴关系，共同开展促销活动。通过合作，可以扩大活动的影响范围，吸引更多消费者的参与。

提前制定执行计划：在活动开始前，制定详细的执行计划，包括宣传方案、销售人员培训、库存准备、客服支持等。提前的准备能够确保活动的顺利进行。

制定清晰的活动规则：活动规则需要简明清晰，便于消费者理解。规则中包括活动时间、参与条件、奖励发放方式等，要避免引起消费者误解或不满。

预测潜在风险：在活动设计阶段，要提前预测潜在的风险，并制定相应的风险应对计划。这包括可能出现的库存问题、技术故障、消费者投诉等情况。

### （三）销售促进活动的实施

积极宣传与营销：在活动开始前，通过多种渠道积极宣传，包括广告、社交媒体、电子邮件、短信等。宣传内容要突出活动的独特性和吸引力，引起目标受众的兴趣。

培训销售人员：如果涉及线下门店的促销活动，要确保销售人员充分了解活动规则和奖励机制，能够有效地向消费者宣传和推荐参与活动。

优化线上购物体验：对于线上促销活动，要确保网站或电商平台的用户体验良好。包括活动页面的设计、购物流程的简便性、支付方式的多样性等，都能够影响消费者的购买决策。因此，优化线上购物体验是确保活动成功的关键步骤。

实时监控和调整：在活动进行中，要实时监控销售数据、参与情况以及用户反馈。这有助于及时发现问题并进行调整，确保活动的顺利进行。通过数据分析，可以评估活动的效果，了解哪些方面取得了成功，哪些方面需要改进。

及时发放奖励：对于奖励机制的活动，要及时发放奖励，以增加用户满意度。延迟或不准确的奖励发放可能导致用户不满，甚至影响品牌形象。因此，确保奖励发放的准确性和及时性是活动实施的重要一环。

强化客户互动：在活动期间，通过各种方式增强与客户的互动。这可以包括在线客服、社交媒体互动、用户评论和反馈等。积极参与互动能够加深用户对品牌的印象，提高品牌忠诚度。

激励参与和分享：在活动中引入激励机制，鼓励消费者参与活动并分享给其他人。例如，通过推荐有奖、分享返利等方式，扩大活动的传播范围，吸引更多的潜在客户。

追踪销售数据：活动结束后，要继续追踪销售数据，了解活动对销售业绩的影响。这不仅有助于评估活动的成功程度，还能为未来的促销活动提供经验教训。

总结经验教训：在活动结束后，进行全面的经验总结。分析活动的亮点和不足之处，总结成功的经验和失败的教训。这些经验教训能够为下一次销售促进活动提供宝贵的参考。

客户关系管理：活动结束后，要继续与参与活动的客户保持联系，建立长期的客户关系。这包括发送感谢邮件、提供会员权益、定期推送产品优惠等，以保持客户的关注和忠诚度。

### （四）销售促进活动效果评估

销售额增长：活动的最终目标是增加销售额。因此，通过比较活动前后的销售数据，可以直观地评估活动的效果。

参与人数和次数：分析活动参与人数和参与次数，了解活动的受欢迎程度。这可以通过注册人数、订单数量、促销代码使用次数等指标来衡量。

客户增长和留存：通过活动期间新客户的增加和老客户的回购率，评估活动对客户的吸引和留存效果。良好的活动不仅能吸引新客户，还能够留住老客户，建立稳定的客户基础。

品牌知名度提升：活动期间的宣传和推广对品牌知名度的提升有直接影响。通过测量活动期间品牌关键词在搜索引擎中的排名、社交媒体上的讨论数量等，来评估品牌知名度的变化。

用户互动和反馈：通过社交媒体上用户的互动、评论和反馈，了解用户对活动的整体评价。积极的用户互动和正面的用户反馈是活动成功的重要标志。

促销成本和ROI：评估活动的促销成本与销售增长之间的关系，计算投资回报率（ROI）。这有助于判断活动是否划算，为未来活动的预算提供参考。

市场份额提升：活动的成功应该能够带动市场份额的提升。通过与竞争对手的市场份额进行比较，可以评估活动对市场份额的影响。

用户忠诚度：活动是否能够促使用户成为忠诚客户是一个重要的评估指标。通过分析活动后用户的再购率和品牌忠诚度，了解活动对用户行为的长期影响。

品牌形象影响：活动期间的宣传和推广对品牌形象的影响也需要进行评估。通过用户调查、舆情监测等方式，了解品牌形象在活动期间的变化。

用户调查和反馈：进行用户调查，收集参与活动用户的反馈和看法。这可以通过在线问卷、焦点小组讨论等方式进行，了解用户对活动的满意度和建议。

## （五）成功销售促进活动的要点

清晰的目标设定：活动设计前，要明确活动的目标，包括销售增长、客户留存、品牌知名度等。明确的目标有助于活动设计的针对性和执行的有效性。

深入了解目标受众：活动的设计必须充分考虑目标受众的需求、兴趣和行为习惯。通过市场研究和用户分析，了解目标受众的特点，有助于制定更具吸引力的促销策略。

创新的促销方式：不同的促销方式对不同的产品和受众群体有不同的效果。创新的促销方式能够吸引消费者的注意，增加活动的新奇感和吸引力。

整合线上线下资源：充分发挥线上线下渠道的协同效应，使促销活动在多个渠道上能够覆盖更广泛的受众。线上线下的整合有助于提高活动的曝光度和参与度。

良好的宣传与推广：活动的宣传和推广是活动成功的关键。通过各种渠道和媒体，包括广告、社交媒体、电子邮件等，进行积极而有针对性的宣传，提高活动的知晓度。

奖励机制吸引消费者：奖励机制是促销活动的核心，设计有吸引力的奖励能够激发消费者的购买欲望。选择与产品相关性强的奖励，使其与活动目标更加贴合。

客户互动与参与：通过社交媒体、在线活动互动等方式，增加用户参与的机会。活动的互动性有助于提高用户参与度，加深用户对品牌的印象。

及时发放奖励与优惠：活动结束后，要及时发放奖励和优惠，以保持用户的满意度。延迟或不准确的奖励发放可能导致用户不满，影响品牌形象。

数据分析与效果评估：活动结束后，通过数据分析和效果评估，了解活动的整体效果。这不仅有助于总结经验，还能为未来的促销活动提供改进和优化的方向。

客户关系管理：活动结束并不代表与客户的关系结束，要继续与活动参与者保持联系。建立并维护长期的客户关系，有助于提高客户的忠诚度和品牌黏性。

销售促进活动作为提升产品销售、培养客户忠诚度的有效手段，其设计与实施需要经过谨慎的规划和执行。通过设定明确的目标、深入了解目标受众、选择创新的促销方式、整合线上线下资源等策略，企业能够制定出更具吸引力和效果的销售促进活动。在实施阶段，通过积极宣传、培训销售人员、优化线上购物体验等手段，确保活动的顺利进行。在活动结束后，通过数据分析、用户调查等方式，评估活动的整体效果，总结经验教训，为未来的促销活动提供参考。通过成功的销售促进活动，企业能够在市场竞争中脱颖而出，提高品牌知名度、用户忠诚度，并在销售业绩上取得显著成果。

在设计和执行销售促进活动时，企业需要根据具体情况进行灵活调整，因为市场环境、受众需求和竞争格局可能会发生变化。持续的市场监测和反馈机制是确保活动成功的重要环节。此外，不同行业、产品类型和目标受众可能需要采用不同的策略，因此企业需要在设计销售促进活动时充分考虑这些因素。

成功的销售促进活动不仅仅是短期销售增长的手段，更是建立品牌形象、培养客户忠诚度的过程。通过合理的活动设计和有效的执行，企业可以在竞争激烈的市场中脱颖而出，吸引更多的潜在客户，提高品牌在消费者心目中的地位。

在未来，随着科技的发展和市场竞争的不断升级，销售促进活动的形式和手段可能会发生变化。企业需要保持敏锐的市场洞察力，及时调整策略，以适应不断变化的市场环境。同时，关注消费者的新需求和新趋势，将创新融入销售促进活动的设计和执行中，将是未来成功的关键。

综上所述，销售促进活动的设计与实施是一个综合考虑市场、产品、受众等多方面因素的复杂过程。通过明确目标、深入了解受众、创新促销方式、整合资源、优化执行等步骤，企业能够制定出更具针对性和吸引力的活动方案。成功的销售促进活动不仅能推动销售业绩的提升，还有助于品牌形象的塑造和客户关系的深化。因此，企业在进行销售促进活动时，应当综合考虑各个方面的因素，确保活动的有效性和可持续性。

## 二、客户关系管理的关键环节

客户关系管理（Customer Relationship Management，CRM）是一种综合性的战略和业务流程，旨在建立和维护企业与客户之间的良好关系，以提高客户满意度、促进销售增长和确保业务持续成功。客户关系管理不仅仅是一种技术工具或软件系统，更是一种全面的管理理念和方法，涉及多个关键环节，需要企业全面、系统地考虑和实施。

### （一）客户识别与分类

1. 数据收集与整合

客户关系管理的第一步是对客户进行全面的识别。通过多渠道收集客户数据，包括线上购物记录、社交媒体活动、客户服务交流等。这些数据需要进行整合，以建立客户360度视图，全面了解客户的基本信息和行为。

2. 客户分析

通过数据分析工具，深入了解客户的购买行为、偏好和生命周期价值。客户分析有助于将客户细分为不同的群体，以实施更有针对性的营销和服务策略。

3. 客户细分

将客户根据其特征和需求进行细分，形成不同的客户群体。每个群体可能需要不同的营销手段和服务方式，因此有针对性地管理不同细分市场是关键。

## （二）沟通与互动

1. 多渠道沟通

企业需要通过多种渠道与客户进行沟通，包括电子邮件、社交媒体、电话、短信等。多渠道沟通确保信息能够及时、全面地传达给客户，并适应客户的多样化沟通偏好。

2. 个性化沟通

基于客户的历史数据和偏好，实施个性化的沟通策略。个性化沟通能够提高客户的参与度和响应率，增强客户对品牌的认同感。

3. 自动化沟通

利用客户关系管理软件（CRM 软件）等工具，实现沟通的自动化。自动化沟通包括自动发送定制化的营销邮件、提醒客户重要事件等，有助于提高效率，确保沟通的一致性和及时性。

4. 客户服务体验

提供优质的客户服务体验是建立良好客户关系的关键。及时解决客户问题、提供个性化的服务，可以有效提高客户满意度和忠诚度。

## （三）数据分析与预测

1. 数据挖掘与分析

利用数据挖掘技术，深入挖掘客户数据中的潜在信息。这包括对购买模式、消费趋势、产品偏好等方面的分析，有助于发现客户的隐藏需求。

2. 预测分析

基于历史数据和趋势，进行客户行为的预测分析。这可以帮助企业提前预知客户可能的需求变化，为产品开发和市场推广提供指导。

3. 智能决策支持

利用人工智能和机器学习技术，构建智能化的决策支持系统。这可以帮助企业在复杂的数据背景下，更准确地制定决策和策略。

4. 实时监控与调整

持续监控客户数据的变化，及时调整营销和服务策略。在快速变化的市场环境中，实时监控对保持竞争力至关重要。

## （四）客户反馈管理

1. 建立反馈渠道

提供多种反馈渠道，包括在线调查、客户服务热线、社交媒体反馈等。确保客户能够方便地表达他们的意见和建议。

2. 实时响应

对客户的反馈要进行及时响应，展现企业对客户意见的重视。及时解决客户的问题，增强客户对企业的信任感。

3. 数据整合与分析

将客户反馈的数据整合到客户关系管理系统中，进行系统性的分析。通过对反馈数据的分析，发现客户普遍关注的问题，及时做出相应调整。

4. 闭环反馈

在解决客户问题后，及时向客户反馈解决方案。闭环反馈可以让客户感受到他们的声音得到重视，增强客户的满意度。

### （五）客户保持与发展

1. 定制化服务

根据客户的需求和偏好，提供个性化、定制化的服务。通过了解客户的期望，满足其独特需求，建立长期的合作关系。

2. 客户教育与培训

通过教育和培训，帮助客户更好地使用和理解产品或服务。提供使用指南、培训课程等，增加客户对产品的认同感。

3. 定期回访与更新

定期对客户进行回访，了解他们的满意度和需求变化。同时，提供产品更新和升级的信息，促使客户继续选择企业的产品或服务。

4. 奖励计划与促销活动

设计奖励计划和促销活动，激励客户继续选择企业。这可以包括折扣、积分兑换、会员专属活动等，增加客户的忠诚度。

5. 建立社群与共同体

通过建立客户社群或共同体，促进客户之间的互动与交流。这不仅可以增加客户黏性，还能够形成品牌的口碑效应。

客户关系管理的关键环节是一个复杂而综合的过程，涉及客户识别、沟通与互动、数据分析、客户反馈管理、客户保持与发展、技术支持与创新及法律合规与安全保障等多个方面。企业在构建强大的客户关系体系时，需要全面考虑这些环节，并根据实际情况进行灵活调整。通过有效的客户关系管理，企业可以提高客户满意度、促进销售增长，建立长期稳定的客户关系，从而在激烈的市场竞争中脱颖而出。

# 第二章 会计管理的基础

## 第一节 会计概念与定义

### 一、会计信息的基本概念

会计信息是企业财务管理中的核心组成部分，它不仅对企业内部的决策起到关键作用，也为外部利益相关方提供了了解企业财务状况的途径。在现代经济中，会计信息的产生、处理、报告和使用已成为企业经济活动的必备环节。本节将围绕会计信息的基本概念展开，深入探讨会计信息的定义和特征、目的、基本要素以及在企业管理中的作用等。

#### （一）会计信息的定义

1. 会计信息的概念

会计信息是指通过会计程序加工处理后的、以货币为计量单位，以及在其他计量单位下可转换为货币的经济业务和财务状况的记录、报告和分析。简而言之，会计信息是通过会计手段对企业经济活动进行量化、记录、分析和报告的结果。

2. 会计信息的特征

会计信息具有以下几个显著的特征：

（1）货币性

会计信息以货币为计量单位，这是因为货币在经济活动中普遍接受，能够方便地进行比较和分析。通过将各种经济资源和业务活动转化为货币表达，使不同性质和规模的企业之间能够进行比较和评估。

（2）可比性

会计信息具有可比性，即同一种会计信息在不同时间和不同企业之间具有可比性。这为企业内外部的决策提供了基础，使得利益相关方能够更好地了解和评估企业的财务状况。

（3）可靠性

会计信息要求具有可靠性，即信息的真实性、完整性和可验证性。这是确保信息对决策者有用的前提，只有可靠的信息才能够为正确的决策提供支持。

（4）持续性

会计信息是一个连续的过程，它涵盖了企业成立至今的所有经济活动，形成一个完整的财务历史。这为企业的发展提供了沿时间轴的全面记录。

## （二）会计信息的目的

1. 决策支持

会计信息的首要目的是为企业内部管理者提供决策支持。通过对企业财务状况、经营绩效等方面的信息进行分析，管理者能够做出更加科学、明智的决策，从而实现企业的战略目标。

2. 对外报告

会计信息同时也为外部利益相关方提供了企业财务状况的透明度。通过编制财务报表，企业向股东、债权人、监管机构等外部利益相关方传递关于企业经济活动的信息，增加了企业的透明度，提升了外部信任度。

3. 资本市场交流

对上市公司而言，会计信息是其与资本市场进行交流的桥梁。公司的财务报表成为投资者研究和决策的重要依据，而信息的透明度和真实性直接关系到公司的市值和投资者的信心。

4. 税收管理

会计信息在税收管理中也扮演着重要的角色。企业通过合理的财务报表编制和会计政策选择，合法地降低应纳税额，实现税收规划的目的。

## （三）会计信息的基本要素

1. 资产

资产是企业所拥有的、由过去的交易或事项所形成的对未来经济利益的权益。资产是企业运作的基础，包括货币、存货、固定资产等。

2. 负债

负债是企业对外的债务或义务，是企业应付的经济利益的来源。负债包括短期借款、长期借款、应付账款等。

3. 所有者权益

所有者权益是企业所有者对企业净资产的权利。它包括股本、资本公积、留存收益等。所有者权益反映了企业净资产的规模和结构。

4. 收入

收入是指企业在正常经营活动中形成的、能够增加所有者权益的经济利益流入。收入包括销售商品、提供劳务、资产处置等方面的收入。

5. 费用

费用是指企业在正常经营活动中发生的、能够减少所有者权益的经济利益流出。费用包括销售费用、管理费用、财务费用等。

## （四）会计信息在企业管理中的作用

1. 决策支持

企业管理者通过对会计信息的分析，能够更好地了解企业的财务状况、盈利能力、偿债能力等关键指标，从而为战略制定、经营计划、投资决策等提供科学依据。会计信息的及时、准确、全面的提供，有助于管理者制定明智的经营策略，优化资源配置，提高企业整体竞争力。

2. 监控经营绩效

会计信息是监控企业经营绩效的重要工具。通过对各项财务指标的分析，管理者可以了解企业的盈亏状况、资产负债状况、现金流量等，及时发现问题，采取相应措施，确保企业经营的稳健性和健康性。

3. 评估财务风险

通过会计信息的披露，企业的财务状况和经营状况得以公开透明，为内外部利益相关方评估企业的财务风险提供了依据。这对投资者、债权人、供应商等利益相关方来说是至关重要的，能够有效降低交易风险，提高合作的信任度。

4. 制定激励政策

会计信息也为企业制定员工薪酬、激励政策提供了依据。通过对企业绩效的评估，能够为员工提供合理的薪酬水平，激发其积极性，提高工作效率。此外，也可以通过绩效奖金、股权激励等方式，与员工利益相挂钩，增强员工对企业的忠诚度。

5. 合规经营

会计信息的准确性和及时性对企业的合规经营至关重要。通过规范的会计核算和报告，企业能够遵循法律法规的规定，减少可能的法律风险，提高企业在市场中的声誉和信誉。

（五）会计信息的伦理与规范

在处理会计信息的过程中，涉及众多利益相关方，因此必须遵循一定的伦理规范，确保信息的真实、客观和完整。

1. 信息真实性

会计人员在处理会计信息时，应当确保信息的真实性，不得故意歪曲事实，不能通过虚报收入、隐瞒费用等手段美化财务状况。真实性是会计信息的基本要求，也是维护利益相关方权益的关键。

2. 信息客观性

会计信息的编制应当客观公正，不受主观因素的干扰。会计人员在制定会计政策、核算经济业务时，应当遵循公允原则，确保信息的客观性，不偏向任何一方，使信息对内外部利益相关方都具有普适性和可信度。

3. 信息完整性

会计信息应当保持完整性，不得故意遗漏重要信息，使得用户能够全面了解企业的财务状况。遗漏重要信息可能导致利益相关方做出错误决策，损害其合法权益。

4. 保密性与透明度

会计人员在处理企业信息时，需要保守商业秘密，确保敏感信息不被泄露。但在遵循法律法规的前提下，也要保持透明度，及时向利益相关方公开必要的信息，增强企业的透明度和信任度。

5. 遵循法律法规

在处理会计信息的过程中，会计人员必须遵循国家相关法律法规和会计准则，不得违法违规。遵循法律法规是维护企业经营合法性的基本要求，也是社会责任的体现。

综上所述，会计信息在企业管理中扮演着不可或缺的角色。它不仅为企业管理者提供了决策支持，监控经营绩效，评估财务风险的依据，也为外部利益相关方提供了透明的财务信息。同时，会计信息的处理和报告需要遵循伦理规范，确保信息的真实、客观、完整，维护各方利益的合法权益。在日益复杂多变的经济环境中，会计信息的及时、准确、可靠，对企业的可持续发展具有重要意义。

## 二、会计在企业管理中的作用

会计是企业管理中不可或缺的一部分，其作用不仅体现在财务报告和纳税申报上，更在于为企业管理者提供决策支持、监测经营状况、评估财务风险等方面。本节将深入探讨会计在企业管理中的多重作用，包括财务报告、决策支持、资源配置、风险评估等方面。

### （一）财务报告与透明度

1. 财务报告的作用

财务报告是会计的一个重要产出，它向内外部利益相关方提供了企业财务状况和经营成果的全面信息。财务报告主要包括资产负债表、利润表、现金流量表等。

（1）资产负债表

资产负债表反映了企业在某一特定日期的资产、负债和所有者权益的状况。通过资产负债表，企业管理者可以清晰了解企业的资产结构和负债情况，为未来的经营决策提供依据。

（2）利润表

利润表显示了企业在一定时期内的销售收入、成本支出和净利润等关键财务数据。利润表反映了企业的盈利能力，为企业管理者提供了经营绩效的重要参考。

（3）现金流量表

现金流量表记录了企业在一定时期内的现金收入和支出情况，有助于管理者了解企业的现金流动状况，及时调整资金运作策略。

2. 财务报告与透明度

透明度是企业经营的基本原则之一，而财务报告是提高企业透明度的关键工具。通过向股东、债权人、员工、监管机构等各类利益相关方公开财务信息，企业能够建立信任，增强市场声誉，吸引更多的投资和合作机会。

### （二）决策支持

1. 财务分析与决策

会计信息在企业管理中的一个主要作用是提供决策支持。通过对财务报表的分析，管理者可以深入了解企业的经济状况、盈利能力、资产负债结构等方面的情况，为制订战略、经营计划提供科学依据。

（1）资本预算决策

在进行投资决策时，企业管理者需要评估不同投资项目的财务回报和风险。会计信息通过提供项目现金流、投资回收期等数据，为资本预算决策提供重要参考。

（2）成本管理与控制

会计信息帮助企业管理者进行成本分析，确定产品成本结构，为产品定价提供依据。通过成本控制，企业能够提高生产效益，实现成本最小化，提升盈利水平。

（3）经营业绩评估

利用财务报表中的盈利能力、偿债能力等指标，管理者能够对企业的经营绩效进行全面评估。这有助于发现经营中的问题，及时调整经营策略，保持企业的竞争优势。

2. 预算与规划

会计在预算和规划中扮演着重要角色。通过编制预算，企业能够明确经营目标、分配资源、设定绩效指标，为实现长期战略提供了指导。会计信息是预算制定和执行的基础，它帮助企业管理者合理分配资源，降低经营风险。

### （三）资源配置与效益分析

1. 资金管理

会计信息在企业的资金管理中起到了关键作用。通过对企业现金流量的监测和分析，管理者可以合理安排企业的资金运作，确保流动性充足，提高资金利用效率。

2. 资产管理

资产是企业经营的重要组成部分，会计信息有助于企业有效管理其资产。通过资产负债表和相关财务数据的分析，管理者可以了解不同资产的价值和贡献，合理配置资源，提高资产利用效率。

3. 投资决策

会计信息对企业投资决策起到了决定性的作用。通过对潜在投资项目的财务分析，企业管理者能够判断投资的回报和风险，从而做出明智的投资决策。

4. 效益分析

通过会计信息的分析，企业可以评估不同业务部门、产品线的经济效益，找出盈利的关键点和亏损点。这有助于企业调整战略、集中资源、提高盈利水平，确保企业长期发展的可持续性。

### （四）财务风险评估与控制

1. 评估财务风险

会计信息在评估企业的财务风险方面发挥了重要作用。通过对财务报表的分析，管理者可以识别出潜在的财务风险，包括流动性风险、信用风险、市场风险等。这有助于及时采取措施，防范潜在的危机。

2. 财务控制与内部控制

会计信息在财务控制和内部控制中有着直接的关联。通过建立有效的财务控制制度和内部控制机制，企业可以确保会计信息的真实性、准确性和完整性，防范内部失误和欺诈行为，提高财务管理的效率和可靠性。

3. 风险管理决策

基于会计信息的分析，企业可以制定相应的风险管理决策。这包括通过保险来转移风险、建立紧急应对预案、优化财务结构以降低财务风险等。会计信息是风险管理决策的依据，有助于企业更好地应对市场变化和外部环境的不确定性。

### （五）遵循法规与合规经营

1. 遵循会计准则

在会计信息的处理和报告过程中，企业需要严格遵循国家和地区的会计准则。合规的会计信息处理有助于提高报表的可比性和透明度，增强利益相关方对企业财务状况的信任。

2. 纳税筹划

会计信息为企业纳税筹划提奠定了基础。通过合理运用会计手段，企业可以合法合规地降低纳税负担，提高财务效益。会计信息对税收管理起到了指导和支持的作用。

3. 合法合规

企业在会计信息的处理过程中需要确保合法合规，包括但不限于遵循财务报告的时间表、履行信息披露的法定义务、保持透明度等。合法合规的会计信息处理有助于维护企业的声誉和社会责任。

### （六）员工薪酬激励

1. 绩效评估

会计信息对员工薪酬激励起到了关键的作用。通过对企业经营绩效的评估，可以为员工提供公正合理的薪酬水平，确保员工的辛勤劳动得到应有的回报。

2. 股权激励

企业通过股权激励计划吸引和留住优秀的人才。会计信息提供了企业的财务状况和业绩数据，为制订股权激励计划提供了依据，确保激励计划的合理性和有效性。

### （七）科技与创新

1. 科技手段的运用

在信息技术迅速发展的时代，会计信息系统的建设和应用已成为企业管理中不可或缺的一部分。科技手段的运用使得会计信息的收集、处理和报告更加高效和准确，提高了管理者对企业状况的实时了解。

2. 数据分析与预测

通过数据分析工具，企业能够更好地利用会计信息进行预测和规划。数据分析不仅能够帮助企业发现潜在趋势，还能够预测未来市场走向，为企业的战略决策提供更加科学的依据。

综上所述，会计在企业管理中发挥着多重作用。其财务报告提供了企业财务状况和经营绩效的全面信息，提高了企业的透明度，为内外部利益相关方提供了决策的依据。会计信息在决策支持、资源配置、财务风险评估、合规经营等方面都发挥着关键作用。

# 第二节 财务报表与财务分析

## 一、财务报表的基本结构与内容

财务报表是企业向利益相关方（如股东、投资者、债权人等）展示其财务状况和经营绩效的主要工具之一。一份完整的财务报表通常包括资产负债表、利润表、现金流量表和股东权益变动表。下面将详细介绍这些报表的基本结构与内容。

### （一）资产负债表（Balance Sheet）

资产负债表是企业在特定日期的财务状况的总结，它反映了企业的资产、负债和股东权益。资产负债表的基本结构如下：

1. 资产（Assets）

资产按照流动性和长期性分为两大类：

流动资产（Current Assets）：包括现金、应收账款、存货等，这些资产在短期内能够转化为现金。

长期资产（Non-current Assets）：包括固定资产、投资、无形资产等，这些资产在较长时间内使用，不容易转化为现金。

2. 负债（Liabilities）

负债也按照流动性和长期性分为两大类：

流动负债（Current Liabilities）：包括短期借款、应付账款等，在一年内需要偿还。

长期负债（Non-current Liabilities）：包括长期借款、应付债券等，偿还期限超过一年。

3. 股东权益（Owner's Equity）

股东权益是企业资产减去负债后剩余的部分，包括普通股、优先股、留存收益等。股东权益反映了股东对企业的投资情况。

### （二）利润表（Income Statement）

利润表反映了企业在一定期间内的经营绩效，展示了收入、成本和利润的关系。利润表的基本结构如下：

1. 收入（Revenue）

收入包括销售收入、服务收入等，是企业在经营活动中实现的总收入。

2. 成本（Expenses）

成本包括直接成本、销售费用、管理费用等，是企业在生产和销售过程中发生的各项费用。

3. 利润（Profit）

利润是收入减去成本后的余额，包括毛利润和净利润。毛利润是销售收入减去直接成本，净利润是扣除所有费用后的最终利润。

## （三）现金流量表（Cash Flow Statement）

现金流量表反映了企业在一定期间内现金的流入和流出情况，分为经营活动、投资活动和筹资活动三大部分。

1. 经营活动（Operating Activities）

经营活动现金流量包括与日常经营相关的现金收入和支出，如销售商品、支付供应商等。

2. 投资活动（Investing Activities）

投资活动现金流量包括与资产投资相关的现金流动，如购买和出售固定资产、投资股票等。

3. 筹资活动（Financing Activities）

筹资活动现金流量包括与资本结构相关的现金流动，如发行股票、偿还债务等。

## （四）股东权益变动表（Statement of Changes in Equity）

股东权益变动表展示了在特定期间内股东权益的变动情况，包括净利润、股利分配、股票发行等。

1. 净利润（Net Income）

净利润是利润表中的净利润项，用于计算股东权益的变动。

2. 股利分配（Dividends）

股东权益变动表会显示公司向股东支付的股利，这是股东权益减少的一部分。

3. 股票发行与回购（Issuance and Repurchase of Stock）

股东权益变动表还包括股票发行和回购的情况，这直接影响到股东权益的规模和结构。

以上是财务报表的基本结构与内容，其通过全面而系统的数据展示，帮助利益相关方更好地了解企业的财务状况和经营绩效。对投资者、管理层和监管机构而言，理解和分析这些报表是进行决策和监管的重要依据。

# 二、财务分析方法与工具

财务分析是评估企业财务状况和经营绩效的过程，以便做出明智的商业决策。进行有效的财务分析，有多种方法和工具可供使用。本节将探讨一些常用的财务分析方法和工具，并深入了解它们的原理和应用。

## （一）比率分析

比率分析是通过对不同财务项目之间的关系进行比较，揭示企业财务健康状况和运营效率的方法。以下是一些常见的比率：

1. 流动比率（Current Ratio）

流动比率计算为流动资产除以流动负债，用于评估企业支付短期债务的能力。

2. 速动比率（Quick Ratio）

速动比率是通过排除存货等相对不太流动的资产，计算企业支付短期债务的能力。

3. 毛利率（Gross Profit Margin）

毛利率衡量销售产生的毛利润占总销售收入的百分比。

4. 净利率（Net Profit Margin）

净利率是净利润占总销售收入的百分比，用于评估企业的盈利水平。

### （二）财务比较分析

财务比较分析通过对同一企业在不同期间或与同行业竞争对手进行比较，揭示财务趋势和相对绩效。

1. 横向分析

横向分析比较同一企业在不同年度的财务数据，揭示财务数据的变化趋势。例如，比较两年的利润表和资产负债表，找出关键项目的增长或下降趋势。

2. 纵向分析

纵向分析将企业的财务数据与同行业竞争对手进行比较，以了解企业在行业中的相对地位。这有助于揭示企业在市场上的优势和劣势，为制定战略提供参考。

### （三）现金流量分析

现金流量分析关注企业现金的生成和使用情况，为企业的偿债能力和经营活动提供关键信息。

自由现金流表示企业在经营活动和资本开支后可用于分配给股东的现金。自由现金流可以用来还债、支付股息或进行投资。

### （四）财务模型

财务模型是一种通过数学和统计方法模拟企业财务状况和未来走势的工具。常见的财务模型包括财务计划、财务预测和估值模型。

1. 财务计划

财务计划是通过对企业未来的收入、成本和投资进行合理的估计，建立未来财务状况的模型。这有助于企业制订长期战略和规划。

2. 财务预测

财务预测是对企业未来财务状况的定量估计，通常基于历史数据和市场趋势。预测可以帮助企业做出预防性决策，避免潜在的财务问题。

3. 估值模型

估值模型用于确定企业的公允价值，从而帮助投资者做出投资决策。常见的估值方法包括贴现现金流量法、市盈率法等。

### （五）SWOT分析

SWOT分析结合企业的内部优势和劣势以及外部机会和威胁，帮助理解企业在竞争环境中的位置。财务部分的SWOT分析关注财务健康和资金管理等方面。

财务分析是企业管理和投资决策的基石，各种方法和工具的使用有助于全面、深入地了解企业的财务状况和经营绩效。这些方法和工具的选择取决于具体的分析目的和背景，通常需要综合运用多种手段以得出更全面的结论。在实际应用中，财务分析往往是一个动态的过程，需要不断更新和调整，以适应不断变化的市场环境和经济条件。

## 第三节　成本会计与成本控制

### 一、成本会计的基本原则

成本会计是财务会计的一个重要分支，其主要目的是记录、核算和分析企业生产产品或提供服务所发生的成本。成本会计的基本原则是为了确保对企业的成本进行准确、全面的记录和分析，为管理层提供决策支持。下面将详细介绍成本会计的基本原则。

#### （一）历史成本原则

历史成本原则是成本会计的基本原则之一，它规定企业应该以购入或生产资产时的实际成本为基础进行会计核算。这意味着在财务报表中，资产和负债的价值应该反映它们获得时的历史成本，而不是市场价值或替代成本。

这个原则的优势在于确保会计信息的可靠性和客观性，同时也减少了估算和主观判断的干扰。然而，历史成本原则可能会导致财务报表不够反映当前市场条件，因此在一些情况下，市场价值或替代成本也可能被用于评估资产和负债。

#### （二）实体分离原则

实体分离原则要求将不同的业务实体或部门视为独立的个体进行核算。这意味着每个业务实体的成本应该与其他实体分开计算，以确保每个实体的成本与其经营活动相关联。

实体分离原则的目的是提高成本控制和核算的精度，确保每个实体的财务状况都能够独立反映。这对企业拥有多个产品线或多个业务部门的情况尤为重要，因为它能够揭示每个实体的盈利能力和效率水平。

#### （三）期间分隔原则

期间分隔原则要求将一个会计期间的成本与该期间相关的收入相匹配。这意味着企业应该在发生成本的同时，将这些成本与相应的收入进行关联。这有助于确保财务报表能够准确地反映企业在每个会计期间的盈利状况。

这一原则的运用通常涉及两个基本的会计方法：费用计提和产权法。费用计提将一部分成本在发生时计入财务报表，而将另一部分成本延迟到将来的会计期间。产权法则将成本直接与相关的收入进行匹配，通常用于直接与产品生产相关的成本。

#### （四）全面成本原则

全面成本原则要求在计算产品或服务的成本时，考虑所有直接和间接的生产成本。这包括直接材料、直接人工和制造费用，以及与生产相关的间接费用，如管理费用和销售费用。

全面成本原则的目的是提供全面、真实的生产成本，以便在定价、利润分析和决策制定中提供准确的信息。这种方法通常与作业成本法或过程成本法结合使用，以确保所有成本都能够合理地分配给产品或服务。

## （五）直接成本与间接成本的区分

直接成本是能够直接与产品或服务相关联的成本，如直接材料和直接人工。这些成本可以直接追溯到具体的产品或服务，因此很容易分配给特定的成本对象。

间接成本是不能直接与产品或服务相关联的成本，如制造设备的折旧、工厂管理人员的薪酬等。这些成本需要通过一定的分配方法，如制定费用分配率或使用成本驱动因素，来分配到产品或服务。

## （六）分部分项成本原则

分部分项成本原则要求企业在进行成本核算时，应该将各个产品、服务或生产部门的成本分别计算，以便更好地了解各个部分的盈亏状况。这有助于管理层更好地制定业务决策，提高效益。

这一原则的运用涉及分部分项成本核算方法，如作业成本法和过程成本法。通过精确核算各个部分的成本，企业能够更灵活地调整生产和经营策略，以实现更有效的资源利用和盈利最大化。

成本会计的基本原则为企业提供了一个系统、准确地核算和管理成本的框架。这些原则的应用有助于企业更好地了解自身的经济状况，为经营决策提供支持。然而，随着经济环境和商业模式的不断变化，成本会计也在不断演进，以适应新的挑战和需求。因此，企业需要灵活运用这些原则，结合实际情况，以确保成本信息的准确性和可靠性。

# 二、成本控制与效益提升

成本控制与效益提升是企业管理中至关重要的一环。在竞争激烈、市场环境不断变化的背景下，企业需要通过有效的成本控制来确保资源的合理利用，同时通过提升效益来实现盈利增长。本节将详细探讨成本控制和效益提升的概念、方法和实施策略。

## （一）成本控制的概念

成本控制是指企业采取一系列管理手段和方法，以达到降低和控制生产、运营和管理活动中的成本的目的。成本控制的核心目标是在维持产品或服务质量的前提下，最大限度地减少资源的使用成本，提高企业的竞争力和盈利能力。

1. 成本控制的重要性

提高竞争力：成本控制有助于企业在市场上提供更有竞争力的价格，从而吸引更多的客户。

提升盈利水平：有效的成本控制可以提高企业的毛利润，从而增强企业的盈利水平。

应对市场波动：在市场环境不断变化的情况下，成本控制使企业更能灵活应对市场波动，保持稳健经营。

2. 成本控制的方法

精细化管理：通过对生产过程和经营活动的精细化管理，识别和消除浪费，降低不必要的成本。

供应链管理：优化供应链，与供应商建立紧密的合作关系，降低采购成本，并确保物流的高效运作。

技术创新：引入新技术和自动化设备，提高生产效率，降低人力成本。

成本核算：实施成本核算，清晰解各项费用的来源和去向，有针对性地进行成本控制。

### （二）效益提升的概念

效益提升是指企业通过提高资源利用效率、提升产品或服务质量及优化管理流程，最终实现更好的综合效果。效益提升的核心是通过不断优化各方面的运作，使企业能够在同等或更少资源的情况下，获得更大的经济利益。

1. 效益提升的重要性

提高资源利用效率：通过提升效益，企业能够更充分地利用有限的资源，提高生产效率。

增加客户满意度：提升产品或服务质量，满足客户需求，从而提高客户满意度，培养忠诚客户。

降低生产成本：通过优化生产流程和提高生产效率，可以在不降低产品质量的前提下，降低生产成本。

2. 效益提升的方法

质量管理：实施全面的质量管理体系，通过提高产品或服务的质量，减少因质量问题而导致的成本和损失。

员工培训：通过对员工进行专业培训，提高其技能水平和工作效率，为企业带来更大的价值。

流程优化：对企业内部的各项流程进行全面分析和优化，提高流程效率，减少不必要的环节和浪费。

技术升级：引入新技术和工艺，提高生产效率，减少资源浪费，降低生产成本。

### （三）成本控制与效益提升的策略

1. 战略定位与差异化竞争

在成本控制和效益提升的过程中，企业需要明确自身的战略定位。一方面，通过成本控制，企业可以在价格上具备竞争优势，吸引更多的成本敏感客户。另一方面，通过效益提升，企业可以通过提供更高质量的产品或服务来实现差异化竞争，吸引更注重品质的客户。

2. 技术创新与数字化转型

技术创新和数字化转型是成本控制和效益提升的重要手段。引入先进的生产技术、信息技术和数据分析工具，可以提高生产效率、降低成本，并为企业提供更准确、全面的决策支持。

3. 供应链优化与合作伙伴关系

优化供应链和建立紧密的合作伙伴关系，有助于降低采购成本、减少库存和缩短交货周期。与供应商和分销商建立战略性的合作关系，共同分享信息和风险，有助于形成一个更加高效的供应链体系。

4. 员工激励与培训

员工是企业最重要的资产之一，因此通过激励和培训来提高员工的绩效和效益是至关重要的。通过设立激励机制，如奖金、提成和福利，企业可以激发员工的工作积极性，使其更加专注和努力地为企业创造价值。同时，通过培训计划，提高员工的技能水平和专业知识，使其更适应公司的需求，提高工作效率和品质。

5. 成本效益分析与投资决策

在成本控制和效益提升的过程中，进行成本效益分析是至关重要的。企业需要审慎评估各项投资和改进措施的成本与效益，以确定其是否值得实施。通过对不同项目的成本效益进行分析，企业可以选择最具有经济效益的方案，并确保投资的可持续性和长期收益。

6. 持续改进与反馈机制

成本控制和效益提升是一个不断优化的过程，而不是一次性的任务。因此，建立一个持续改进的文化至关重要。企业应设立定期的评估机制，收集反馈意见，及时调整和优化相关策略。通过引入持续改进的理念，企业可以逐步提升自身的管理水平和绩效。

成本控制与效益提升是企业在竞争激烈的市场环境中生存和发展的关键。通过合理的成本控制，企业能够在价格上具备竞争优势；而通过效益提升，企业能够在质量和客户满意度上取得优势。在不断变化的商业环境中，企业需要灵活应对，采取全面的战略和措施，不断优化自身的管理和运营，以实现可持续的发展和盈利增长。同时，企业需要时刻关注市场变化、技术趋势和人才管理，保持敏锐的洞察力，以应对各种挑战和机遇。

## 第四节 预算与预测

### 一、预算编制的步骤与要点

预算编制是组织管理中的一项重要活动，通过合理规划和分配资源，确保组织能够有效地实现其目标和战略。预算编制的过程需要系统性的规划和细致入微的考虑，以确保制订出符合实际情况和战略方向的预算计划。下面是预算编制的一般步骤和要点，供参考。

（一）准备工作

明确目标和战略方向：在开始预算编制之前，组织需要明确其目标和战略方向。这将有助于确保预算计划与组织的长期愿景相一致。

收集数据和信息：收集与预算编制相关的数据和信息，包括过去的财务报表、市场趋势、经济指标等。这有助于在编制预算时基于实际情况做出准确的估算。

建立预算编制团队：组建一个专业的预算编制团队，团队成员应包括财务专业人员、业务经理和其他相关领域的专家，以确保预算计划的全面性和可行性。

（二）编制预算

制定销售预算：根据市场趋势和销售计划，制定销售预算。这包括销售目标、价格策略、市场份额等。

制定生产预算：基于销售预算和生产能力，制定生产预算，确定生产数量、原材料需求、生产成本等。

制定人力资源预算：根据业务规模和生产计划，制定人力资源预算，包括员工数量、薪资、培训成本等。

制定资本预算：考虑到长期投资，制定资本预算，包括购买固定资产、扩大生产能力等的成本估算。

编制费用预算：制定各项费用的预算，包括行政费用、销售费用、研发费用等。

制定现金流预算：考虑到资金流动性，制定现金流预算，确保组织有足够的资金支持业务运营。

### （三）审核和调整

审核预算：通过对编制好的预算进行审核，确保各个方面的数据合理、准确，没有漏洞。

调整预算：根据审核结果和实际情况，对预算进行调整。这包括对销售计划的修订、费用的调整等。

### （四）执行和监控

执行预算：将预算付诸实践，确保组织的各项活动按照预算计划进行。这需要有效的沟通和协调。

监控预算执行：建立有效的监控机制，跟踪实际业绩与预算计划的差异。及时发现问题并采取措施进行调整。

### （五）反馈和学习

收集反馈意见：从各个层面收集关于预算执行情况的反馈意见，包括财务部门、业务部门和其他相关团队。

学习和改进：基于实际执行情况和反馈意见，总结经验教训，不断改进预算编制的方法和流程。

### （六）总结和报告

总结经验：对整个预算编制过程进行总结，评估其效果，为下一轮预算编制积累经验。

报告管理层：向管理层提交详细的预算报告，包括执行情况、差异分析、调整措施等。

以上步骤和要点涵盖了预算编制的整个过程，从准备工作到最终总结和报告。在实际操作中，预算编制的具体步骤和要点可能因组织的特点和行业的不同而有所调整。因此，预算编制需要灵活性，以适应不同组织的需求和情况。

## 二、预测在企业管理中的应用

预测在企业管理中的应用是一项关键而又复杂的活动，它涵盖了多个领域，包括财务、市场、生产、人力资源等。随着技术的不断发展和数据的大量积累，预测方法变得更为精密和可靠，为企业提供了更好的决策支持。以下是预测在企业管理中的应用的一些重要方面。

### （一）财务预测

企业需要进行财务预测，以便规划和管理资金流动，确保财务稳健。在这个领域，预测涉及以下几个方面。

收入预测：基于市场趋势、销售数据等因素，企业可以预测未来的收入。这对预测盈利能力、投资计划以及财务计划都至关重要。

成本预测：预测未来的生产成本、运营成本和其他费用，帮助企业合理制定价格策略、控制成本，并提前做好应对可能的挑战。

现金流预测：通过预测收入和支出的时间和量，企业可以确保有足够的现金流来满足日常运营需求，避免资金短缺。

### （二）市场预测

市场预测对企业的市场定位、产品策略和市场份额的提升至关重要。在市场预测方面，企业可以关注以下几个方面。

需求预测：基于市场研究和趋势分析，预测产品或服务的需求。这有助于生产计划、库存管理以及市场营销策略的制定。

竞争对手分析：通过数据分析和市场研究，预测竞争对手的动向，从而制订更具竞争力的战略。

新产品推出预测：预测新产品或服务推出后的市场反应，以便制订有效的市场推广计划和供应链管理策略。

### （三）生产预测

在生产领域，准确的生产预测可以帮助企业合理安排生产计划，优化供应链，提高效益。

产量预测：预测未来一段时间内的产品需求，以便调整生产计划，确保足够的产品供应，同时避免过剩。

原材料需求预测：基于产品生产计划，预测所需原材料的数量和时间，以便优化采购计划，控制库存成本。

生产效率预测：利用数据分析，预测生产线效率和员工产能，有助于提前发现潜在问题并采取措施优化生产流程。

### （四）人力资源预测

人力资源是企业发展的核心因素之一，通过预测人力需求和人才市场变化，企业可以更好地管理人力资源。

人员招聘预测：根据业务发展计划，预测未来所需的人才数量和类型，以制订招聘计划和培训计划。

员工离职率预测：基于员工满意度调查和市场薪酬水平，预测员工的离职率，有助于采取措施提高员工保留率。

绩效评估预测：利用数据分析，预测员工绩效和发展趋势，为人才管理和激励提供支持。

### （五）技术和创新预测

预测技术趋势和创新方向对企业保持竞争力至关重要。

技术发展趋势预测：分析行业内的技术趋势，预测未来的技术发展方向，帮助企业及时调整产品研发方向和战略规划。

创新管理预测：预测创新的潜在机会，以便企业能够在市场上引领潮流，提前准备好迎接未来的挑战和机遇。

### （六）风险管理预测

预测有助于企业更好地了解和管理风险，避免潜在的经营困境。

市场风险预测：通过对市场变化和竞争状况的分析，预测市场风险，制定相应的市场战略应对不确定性。

供应链风险预测：预测可能对供应链产生负面影响的因素，如原材料短缺、运输问题等，以便采取预防和应对措施。

财务风险预测：利用数据分析，预测财务风险，包括利润变化、现金流问题等，以便及时调整财务策略以缓解潜在的财务风险。

### （七）数据分析和机器学习在预测中的应用

随着大数据和机器学习技术的不断发展，它们在预测中的应用变得日益重要。

数据驱动的决策：利用大数据分析，企业可以更全面地了解市场、客户和业务运营，从而做出更明智的决策。

机器学习模型：利用机器学习算法，企业可以建立更准确的预测模型，对复杂的关系进行分析，提高预测的准确性和精度。

实时预测：数据实时性的提高使得企业能够进行更及时的预测，及时调整策略应对市场变化。

### （八）营销和销售预测

在市场竞争激烈的环境中，准确的营销和销售预测对企业至关重要。

销售额预测：通过分析历史销售数据、市场趋势和消费者行为，预测未来销售额，有助于制订销售目标和计划。

客户行为预测：利用数据分析，预测客户购买行为和偏好，帮助企业更好地定位目标客户，提高市场营销效果。

市场份额预测：预测企业在特定市场中的份额，有助于调整市场策略，提高市场竞争力。

### （九）环境和社会趋势预测

企业不仅需要关注市场和内部因素，还需要考虑外部环境和社会趋势的影响。

法规和政治风险预测：预测法规和政治环境的变化，以便企业合规经营并及时应对政策风险。

社会趋势预测：分析社会趋势，包括人口变化、社会价值观等，有助于企业更好地适应市场需求和消费者期望。

### （十）整体业务战略预测

最终，预测在企业管理中的应用超越了单一领域，成为整体业务战略制定的关键因素。

战略规划：基于全面的预测分析，企业能够更好地制订长期战略规划，适应市场变化并捕捉新的商机。

灵活性和应变能力：预测使企业更具灵活性，能够在快速变化的市场环境中做出迅速应对，提高应变能力。

长期可持续发展：通过不断改进和优化预测模型，企业能够实现长期可持续发展，避免受到外部变化的冲击。

预测在企业管理中的应用是一项复杂而多层次的任务，它涵盖了财务、市场、生产、人力资源等多个方面。随着技术的不断进步和数据的大量积累，预测方法变得更为精密和可靠，为企业提供了更好的决策支持。从财务规划到市场营销，从人力资源管理到整体战略规划，预测都发挥着不可替代的作用。企业在预测中的成功应用需要建立强大的数据分析团队、采用先进的技术工具，并不断优化和改进预测模型。通过合理的预测，企业能够更好地应对未来的挑战，提高决策的准确性，实现可持续发展。

# 第五节　资本预算与投资决策

## 一、资本预算的概念与目的

### （一）概念

1. 资本预算的定义

资本预算是企业对长期投资项目的筛选、计划和决策过程，旨在确定何时、何地以及以何种方式投资资本。它是管理层为了实现企业战略目标而对潜在投资项目进行的全面性和长远性的财务规划。

2. 资本预算的重要性

资本预算在企业管理中具有重要的地位，主要体现在以下几个方面。

长远决策：资本预算主要涉及长期投资，对企业的长远发展和竞争力具有关键性影响。这些决策通常涉及大量资金，对企业未来的经济状况和市场地位有着深远的影响。

资源分配：通过资本预算，企业能够合理分配有限的资源，确保投资项目的优先级得到妥善处理。这有助于提高资金利用效率，降低资金的成本。

风险管理：资本预算需要对潜在投资项目进行风险评估，从而帮助企业降低不确定性和风险。通过系统性的分析，企业可以更好地了解投资项目可能面临的风险，从而做出明智的决策。

业绩评估：资本预算为企业提供了对潜在投资项目的全面评估框架，有助于在投资周期结束后对项目的实际表现进行评估。这有助于改进未来的预测和决策过程。

### （二）资本预算的目的

1. 最优化资源配置

资本预算的核心目的之一是最优化资源配置。企业通常面临有限的资源，包括资金、人力、时间等，而这些资源必须在不同的潜在投资项目之间进行合理分配。资本预算通过对投资项目的系统分析和比较，帮助企业确定最具吸引力和最有利可图的项目，从而确保资源得到最优的利用。

2. 实现战略目标

资本预算与企业的战略目标紧密相关。通过仔细选择符合企业长期战略的投资项目，资本预算有助于确保企业的资本支出与战略一致。这意味着投资决策应该对实现企业长期目标和愿景具有战略意义，而非简单地满足短期利润或市场压力。

3. 提高经济效益

资本预算的一个重要目的是提高企业的经济效益。通过对投资项目进行综合评估，包括现金流量分析、收益率计算等，资本预算有助于确保投资项目在经济上是可行的、有利可图的。这有助于降低不良投资决策的风险，提高企业的盈利能力和财务健康。

4. 降低财务风险

资本预算也有助于降低企业面临的财务风险。通过对潜在投资项目的风险评估，企业可以更好地了解投资项目可能面临的挑战和不确定性。这有助于采取适当的风险管理措施，避免因投资项目失败而对企业的财务状况造成严重影响。

5. 改善企业竞争力

资本预算有助于改善企业的竞争力。通过选择符合企业核心竞争力和战略定位的投资项目，资本预算有助于确保企业在市场上保持竞争优势。这可能包括扩大生产能力、推出新产品、提升技术水平等方面的投资，以满足市场需求并适应行业变革。

6. 履行企业社会责任

资本预算还可以作为履行企业社会责任的手段。企业在做出投资决策时，可以考虑投资项目对环境、社会和治理层面的影响。通过选择符合可持续发展原则的投资项目，企业可以在社会上建立更为良好的声誉，满足社会对企业责任感的期望。

7. 持续盈利和增长

最终，资本预算的目的之一是确保企业的持续盈利和增长。通过选择具有战略意义、经济效益和风险可控的投资项目，企业能够保持竞争力，提高盈利水平，并为未来的扩张和发展奠定良好的基础。

### （三）资本预算的方法和工具

1. 静态投资评价方法

会计回报率（Accounting Rate of Return，ARR）：衡量投资项目的盈利能力，计算投资项目的平均年净利润与平均投资额之比。ARR是一种相对简单的方法，但可能存在不考虑时间价值的缺陷。

回收期（Payback Period）：衡量项目回本的时间，即投资回收到初始投资额所需的时间。回收期短暂通常被视为投资风险较低，但忽略了项目整体现金流的时间价值。

2. 动态投资评价方法

净现值（Net Present Value，NPV）：计算项目所有现金流的现值减去初始投资的总额。如果NPV为正，说明项目有潜在的盈利性。NPV考虑了现金流的时间价值，是一种综合性的投资评价方法。

内部收益率（Internal Rate of Return，IRR）：IRR 是使项目的净现值为零的折现率。IRR 是项目的期望收益率，如果 IRR 高于企业的机会成本或要求收益率，那么该项目是可行的。

修正内部收益率（Modified Internal Rate of Return，MIRR）：其考虑了资金再投资的因素，相较于 IRR 更为现实，尤其适用于不同现金流再投资的情况。

3. 敏感性分析和场景分析

敏感性分析：通过改变关键变量（如销售量、成本、折现率等）的数值，评估这些变化对投资评价指标的影响。这有助于了解项目对不同市场条件的敏感性。

场景分析：基于不同的假设和情景，对投资项目进行分析。通过设定不同的预测条件，企业可以评估在不同情况下项目的表现，有助于制定更为全面的决策。

4. 线性规划和风险管理

线性规划：将投资决策纳入企业整体规划，以优化资源配置。通过线性规划方法，企业可以在有限资源下做出最佳决策，实现整体最大效益。

风险管理：通过识别、评估和处理投资项目可能面临的风险，采取措施降低风险对项目的不利影响。风险管理是资本预算过程中不可或缺的一环，有助于提高投资决策的可靠性和稳健性。

## 二、投资决策的风险与回报分析

### （一）概述

投资决策是企业管理中至关重要的一环，涉及对有限资源的配置以期望未来获得可观的回报。然而，投资并非毫无风险，风险与回报是紧密相连的。本节将深入探讨投资决策中的风险与回报分析，探讨这一主题的概念、重要性、相关工具和方法，并提供一些实际案例进行说明。

### （二）风险与回报的基本概念

1. 投资风险的定义

投资风险是指投资者在实施投资活动时，由于不确定因素导致投资损失的可能性。这些不确定因素涵盖市场变化、经济波动、政治风险、技术风险等多个方面。投资风险是不可避免的，但可以通过适当的风险管理来减轻其影响。

2. 投资回报的定义

投资回报是投资者为了获得未来经济利益而做出的付出与投入之间的比率。回报可以以不同形式呈现，包括资本增值、股息、利息等。在投资决策中，投资者通常追求最大化回报，同时要考虑与之相关的风险。

3. 风险与回报的关系

风险与回报之间存在着密切的关系，通常表现出"高风险高回报，低风险低回报"的特点。较高的潜在回报通常伴随着较高的风险，而较低的风险则可能对应较低的潜在回报。这种关系被称为投资者的风险偏好，即投资者对承担风险的程度。

## （三）风险分析工具与方法

1. 敏感性分析

敏感性分析是一种评估投资项目对关键变量变化的敏感程度的方法。通过调整关键变量，如销售量、成本、折现率等，分析这些变化对投资回报的影响。这有助于投资者更好地理解项目在不同情景下的表现。

2. 风险评估矩阵

风险评估矩阵是一种将不同风险因素与其可能性和影响程度相结合的方法。每个风险因素被分配一个可能性和影响的得分，从而形成一个矩阵。这有助于识别和优先处理最重要的风险因素，以减轻其对投资决策的潜在影响。

3. 蒙特卡洛模拟

蒙特卡洛模拟是一种通过随机模拟不同可能性的数值结果，以评估投资项目风险的方法。通过引入随机性，模拟可能出现的多种情况，从而更全面地了解投资项目的风险分布和回报潜力。

4. 灵活性分析

灵活性分析旨在评估投资项目在面临不同决策和市场情境下的表现。通过模拟项目在不同假设下的表现，灵活性分析有助于投资者更好地了解项目在不同条件下的应对能力，为决策提供更多信息。

## （四）回报分析工具与方法

1. 财务指标分析

净现值（NPV）：衡量项目未来现金流的现值与初始投资的差额。正值表示项目具有潜在的盈利性。

内部收益率（IRR）：IRR 是使项目的净现值为零的折现率。IRR 较高的项目通常被认为更具吸引力。

会计回报率（ARR）：表示投资项目的平均年回报与平均投资的比率。ARR 高于预期收益率时，项目可能被认为是有吸引力的。

2. 比较分析

与行业标准比较：将投资项目的财务指标与行业标准进行比较，以评估其相对表现。

与竞争对手比较：分析竞争对手的类似项目，了解项目在市场竞争中的地位。

3. 情景分析

情景分析是通过构建不同的假设和情景，对项目进行多方面的分析。这有助于了解项目在不同市场条件下的表现，为制定合理的预测和决策提供依据。

4. 投资组合分析

对投资者来说，除了单个项目的回报分析外，还需要考虑整个投资组合的表现。投资组合分析涉及对多个投资项目的权衡，以实现整体投资组合的最优化。

## （五）风险与回报的平衡

1. 风险与回报的权衡

投资者在进行投资决策时必须平衡风险与回报，以确保获得适当的回报同时控制风险水平。以下是一些平衡风险与回报的关键策略。

设定明确的投资目标：在制定投资策略之前，投资者应该明确定义自己的投资目标，包括预期的回报和可接受的风险水平。这有助于确保投资决策符合个人或机构的长期战略。

多元化投资组合：分散投资组合是降低特定风险的有效手段。通过将资金分配到不同资产类别、行业和地区，投资者可以降低整个投资组合的波动性。

理性的风险承受力：投资者需要根据自身的风险偏好和财务状况来确定适当的风险承受水平。过度谨慎可能导致较低的回报，而过度冒险可能带来意外损失。

定期评估和调整：投资者应该定期审查投资组合的表现，并根据市场条件和个人目标调整投资策略。灵活性和适应性是平衡风险与回报的关键。

2. 长期投资策略与短期波动

关注长期趋势：长期投资策略有助于降低短期市场波动对投资决策的影响。通过关注企业基本面和长期趋势，投资者可以更好地应对市场的短期波动。

避免过度频繁交易：频繁交易可能导致过高的交易成本和税收负担，同时增加了市场波动对投资组合的影响。长期投资者通常更注重基本面，减少对短期波动的过度反应。

3. 考虑通货膨胀和机会成本

通货膨胀保值：考虑到通货膨胀的影响，投资者应该选择能够保值并在通货膨胀环境下获得实际回报的资产。这有助于确保投资组合在时间推移中仍能够维持其实际价值。

机会成本分析：投资者在做决策时应该考虑机会成本，即放弃一种投资机会而选择另一种可能更有利的机会的成本。这有助于确保投资决策在整体上最大化潜在回报。

投资决策的风险与回报分析是复杂而关键的任务，需要综合考虑多个因素。通过使用不同的分析工具和方法，投资者可以更全面地评估投资项目的潜在风险和回报，制定合适的投资策略。平衡风险与回报是投资决策的核心，而长期投资策略、适度的风险承受能力以及对通货膨胀和机会成本的敏感性都是成功投资的关键要素。未来，随着金融市场的不断发展和投资环境的变化，投资者需要保持灵活性和适应性，不断优化投资决策策略，以适应不断变化的市场条件。

# 第六节 资产管理与资产负债表

## 一、资产管理的目标与手段

### （一）概述

资产管理是企业或个人对其资产进行有效配置、运作和监控的过程。在这个过程中，通过设定明确的目标和采用合适的手段，资产管理旨在实现投资者的财务目标、最大化资产价值并降低风险。本节将深入探讨资产管理的目标与手段，以帮助投资者更好地理解如何有效管理其资产。

## （二）资产管理的目标

1. 最大化回报

资产管理的首要目标之一是最大化回报。投资者希望通过对不同资产的投资，获得可能最高的经济利益。最大化回报需要在投资组合中选择具有潜在增长性的资产，并采取适当的风险管理策略。

2. 控制风险

与回报相辅相成的是控制风险。资产管理旨在通过分散投资、风险评估和适度杠杆等手段，降低投资组合的整体风险水平。有效的风险管理有助于在市场波动时保护投资者的资本，并确保稳健的财务表现。

3. 实现长期增值

资产管理的目标之一是实现长期增值，使投资者的财富在时间的推移中稳步增长。这需要持续的投资策略、对市场的深刻洞察力以及对宏观经济和行业趋势的敏感性。

4. 满足财务目标

每个投资者都有特定的财务目标，这包括购房、子女教育、退休生活等。资产管理的目标之一是通过有效的投资和财务规划，实现投资者的个人财务目标，提供所需的资金支持。

5. 提高资产的流动性

资产管理还关注资产的流动性，即资产在需要时能够迅速变现。通过确保投资组合中包含具有不同流动性特征的资产，资产管理有助于满足投资者对资金的灵活需求。

## （三）资产管理的手段

1. 投资组合分散

投资组合分散是降低投资组合整体风险的关键手段。通过将资金投资于不同资产类别、行业、地区和证券，投资者可以分散特定风险，提高投资组合的韧性。分散投资还有助于充分利用不同资产类别之间的相关性，从而降低整体波动性。

2. 风险评估与管理

资产管理中的风险评估与管理是确保资产安全的关键步骤。通过定期评估投资组合的风险，投资者可以及时发现潜在问题并采取相应的措施。风险管理手段包括制定适当的止损策略、使用金融衍生品进行对冲和保险购买等。

3. 选股和证券选择

在股票投资中，选股是实现最大化回报的重要手段之一。通过深入分析公司的基本面、财务状况、管理团队和行业前景，投资者可以选择具有增长潜力和稳定财务状况的股票。

4. 定期再平衡投资组合

随着市场的波动和投资组合中各项资产表现的变化，定期再平衡投资组合是确保投资策略保持有效性的关键手段。通过定期调整资产的权重，投资者可以使投资组合保持与目标配置相符，并及时应对市场变化。

5. 利用杠杆和融资工具

杠杆是通过借款来增加投资规模，以期望在回报方面获得更高的收益。然而，使用杠杆也伴随着更高的风险，因此需要谨慎使用。融资工具可以用于短期资金需求，提高资产的流动性。

6. 采用先进的科技和分析工具

随着科技的不断发展，资产管理领域涌现出各种先进的科技和分析工具，包括人工智能、机器学习、大数据分析等。通过运用这些工具，投资者可以更全面、迅速地分析市场趋势，做出更准确的投资决策。

7. 税务规划

税务规划是资产管理中容易被忽视但极为重要的一环。通过合理规划投资和资产配置，投资者可以最大限度地减少税负，增加实际收益。

### （四）资产管理策略

1. 价值投资策略

价值投资策略是基于对股票或其他资产的内在价值的深入分析。投资者寻找被低估的资产，相信这些资产的市场价格低于其实际价值，以期待未来价格上涨。这需要深入的基本面分析和对市场错误估价的敏感性。

2. 成长投资策略

成长投资策略侧重于寻找有潜在增长性的资产，通常是高增长行业或公司。投资者关注企业的盈利增长、市场份额扩大和创新能力。这种策略追求的是未来的潜在回报，因此需要对行业和公司的前景有深刻的洞察。

3. 趋势跟随策略

趋势跟随策略基于市场趋势的方向进行投资。投资者追踪市场价格的趋势，买入表现良好的资产，卖出表现不佳的资产。这需要对技术分析有一定的了解，以看清市场的短期或长期趋势。

4. 均衡投资策略

均衡投资策略的核心思想是在不同资产类别之间保持相对稳定的权重，以平衡回报和风险。投资者通过定期的再平衡来确保投资组合的配置符合预设的目标，避免对某一资产类别的过度暴露。

5. 量化投资策略

量化投资策略基于数学和统计模型，利用大量的数据进行决策。这种策略通过算法和计算模型来分析市场的历史和当前数据，以制定投资决策。量化投资侧重于消除主观性，提高投资决策的客观性和效率。

6. 社会责任投资（ESG投资）策略

社会责任投资考虑企业的环境、社会和治理（ESG）因素。投资者选择那些在可持续性、社会责任和道德经营方面表现良好的公司或资产。ESG投资策略旨在实现经济回报，以及社会和环境方面的可持续性目标。

### （五）资产管理的挑战与应对策略

1. 市场不确定性

挑战：市场经常面临不确定性，包括经济波动、政治事件、自然灾害等。这些因素可能对资产的价值和回报产生不可预测的影响。

应对策略：建立弹性投资组合，采用分散投资策略，同时关注市场的动态变化，及时调整投资组合以适应新的市场情境。

2. 利率风险

挑战：利率的变动可能对债券和其他固定收益资产的价值产生重大影响。利率上升可能导致债券价格下跌，而利率下降可能降低固定收益投资的回报。

应对策略：采用灵活的利率敏感度管理策略，包括定期评估投资组合的平均到期期限和调整固定收益资产的配置。

3. 技术风险

挑战：随着科技的迅速发展，投资者面临着与技术相关的新兴资产和创新工具的复杂性和不确定性。

应对策略：保持对技术趋势的敏感性，定期更新投资组合以纳入新的科技驱动的资产，同时采取适当的风险管理措施。

4. 法规和政策变化

挑战：政府法规和政策的变化可能对不同行业和资产类别产生影响，从而影响投资组合的表现。

应对策略：密切关注法规和政策的变化，定期评估其对投资组合的潜在影响，并灵活调整配置以适应新的法规环境。

5. 不良的经济环境

挑战：经济衰退或不利的宏观经济环境可能对多个资产类别造成负面影响，影响回报和流动性。

应对策略：建立防御性投资策略，包括增加对避险资产的配置，提高现金储备，以便在经济不利环境下保持资产的相对稳定性。

资产管理作为一项关键的财务活动，旨在最大化回报、降低风险、实现长期增值，并满足投资者的财务目标。在实现这些目标的过程中，资产管理者可以采用多种手段和策略，根据投资者的风险偏好、财务目标和市场环境进行灵活调整。然而，资产管理也面临着来自市场不确定性、利率风险、技术风险、法规变化和经济环境等多方面的挑战。

## 二、资产负债表的重要性与分析方法

### （一）概述

资产负债表是企业财务报表中的重要组成部分之一，它提供了对企业财务状况和经济健康状况的关键洞察。资产负债表通过对企业的资产、负债和所有者权益进行全面记录，为投资者、管理层、债权人等利益相关方提供了评估企业稳健性、流动性和盈利能力的基础。下面将深入探讨资产负债表的重要性，以及分析资产负债表的方法，帮助读者更全面地了解和利用这一财务工具。

## （二）资产负债表的重要性

1. 提供全面的财务状况

资产负债表为企业的财务状况提供了全面的概览。通过列示企业的资产和负债，它清晰地展示了企业在某一特定时间点的财务状况。资产负债表反映了企业的规模、实力以及财务稳定性，为外部观察者提供了重要的参考信息。

2. 评估流动性和偿债能力

资产负债表是评估企业流动性和偿债能力的关键工具。通过资产负债表，可以清楚地看到企业的流动资产和流动负债，进而评估企业在短期内清偿债务的能力。这对债权人和投资者来说是至关重要的，因为它直接关系到他们的资金安全。

3. 揭示资本结构

资产负债表提供了有关企业资本结构的重要信息。通过资产负债表，可以了解企业是如何融资的，包括长期负债、短期负债和所有者权益的比例。这对于投资者评估企业的财务杠杆和偿债风险至关重要。

4. 支持决策制定

管理层使用资产负债表来制定战略和决策。通过对企业资产的了解，管理层能够更好地规划未来的投资和扩张计划。此外，资产负债表还为管理层提供了调整财务结构和优化资本配置的数据基础。

5. 提供投资决策依据

投资者依赖于资产负债表来做出投资决策。通过分析企业的资产构成，投资者可以了解企业的商业模式和资产质量。此外，资产负债表还提供了计算财务比率的基础，如杠杆比率、流动比率等，帮助投资者更全面地评估投资机会。

## （三）资产负债表的主要部分

资产负债表分为两个主要部分：资产和负债与所有者权益。每个部分都包含了多个重要的子项，这些子项共同构成了对企业财务状况的全面了解。

1. 资产部分

（1）流动资产：包括现金及现金等价物、应收账款、存货等。流动资产是企业在短期内能够变现或消耗的资产，用于支持日常运营活动。

（2）非流动资产：包括长期投资、固定资产、无形资产等。非流动资产是企业拥有并长期使用的资产，它们通常不容易变现。

2. 负债与所有者权益部分

（1）流动负债：包括短期借款、应付账款、应付职工薪酬等。流动负债是企业在短期内需要偿还的债务。

（2）非流动负债：包括长期借款、递延所得税负债等。非流动负债是企业在相对较长时间内需要偿还的债务。

（3）所有者权益：包括普通股、优先股、资本公积、留存收益等。所有者权益是企业归属于股东的资金，表示企业的净资产。

## （四）资产负债表的分析方法

1. 财务比率分析

财务比率是通过对资产负债表的数据进行计算而得出的指标，用于评估企业的财务状况和经营绩效。常用的财务比率包括：

（1）流动比率：流动比率＝流动资产/流动负债。该比率用于评估企业短期偿债能力，理想情况下，流动比率应该大于1。

（2）速动比率（快速比率）：速动比率＝（流动资产－存货）/流动负债。该比率排除了存货，更加关注企业在清偿短期债务时的实际可用资金。

（3）负债比率：负债比率＝负债总额/资产总额。该比率表示企业的资产中有多少是通过借款融资的，是评估企业财务杠杆的指标。

（4）杠杆比率：杠杆比率＝资产总额/所有者权益。该比率表示企业通过债务融资相对于股东权益的程度，高杠杆可能增加风险但也可能提高回报。

2. 资产构成分析

通过对资产负债表中各项资产的构成进行详细分析，可以更好地了解企业的业务模型和运营状况。例如，存货占比较高的企业可能面临库存积压的风险，而高比例的应收账款可能暗示着收款难度较大。

3. 负债结构分析

同样，负债结构的分析也是关键的。识别企业的主要债务来源，了解债务的还款期限和利率水平，有助于评估企业的偿债风险。高比例的短期债务可能增加流动性风险，而高比例的长期债务可能增加未来的财务负担。

4. 所有者权益分析

对所有者权益的分析有助于了解企业的净资产状况。留存收益的增长可能表明企业持续盈利，而资本公积的变动可能与股本结构的调整有关。通过深入分析所有者权益的构成，投资者可以更好地了解企业的盈利能力和股东权益变动。

5. 趋势分析

对资产负债表进行趋势分析，比较不同时间点的财务数据，有助于识别企业的财务走势。例如，资产总额的逐年增加可能表明企业扩张和成长，而负债总额的增长可能暗示着债务水平的上升。趋势分析可以帮助投资者更好地预测未来的财务表现。

资产负债表作为企业财务报表的核心之一，对于投资者、管理层、债权人等各方都具有重要的意义。通过对资产负债表的详细分析，可以深入了解企业的财务状况、偿债能力、资本结构等多个方面。财务比率、资产构成分析、负债结构分析等方法为投资者提供了深入洞察企业财务状况的途径。在未来，随着企业经营环境的不断变化和财务报表的不断演变，对资产负债表的分析方法也将不断拓展和深化，为各方提供更全面、准确的财务信息。

# 第七节 财务风险管理

## 一、财务风险的类型与评估

### (一)概述

财务风险是指企业在经营活动中由于市场波动、资金结构、外汇变动等因素所引发的一系列潜在损失的可能性。财务风险的管理对企业的长期稳健经营至关重要。下面将深入探讨财务风险的类型与评估方法,以帮助企业更好地识别、量化和管理潜在的财务风险。

### (二)财务风险的类型

1. 汇率风险

汇率风险是由于汇率的波动导致企业在进行跨国贸易或持有外币资产时面临的风险。企业可能在外币贸易中遭受汇率波动带来的损失,影响企业的盈利能力和现金流。为了管理汇率风险,企业可以采用套期保值工具,如远期合同或期权。

2. 利率风险

利率风险涉及企业因市场利率的变动而遭受的损失。企业可能会面临两种类型的利率风险:固定利率和浮动利率。对企业而言,选择适当的融资结构、使用利率互换等工具,可以有效地管理利率风险。

3. 流动性风险

流动性风险是指企业在面临资金短缺时难以及时、有效地筹措足够的流动性资金的风险。这可能导致企业无法履行债务、支付应付账款,甚至威胁企业的生存。为了应对流动性风险,企业需要建立健全的现金管理政策、保持适度的流动性储备,并定期进行流动性压力测试。

4. 信用风险

信用风险是指企业在交易中对方未能按时履行合同义务而导致的潜在损失。这种风险涉及客户、供应商或金融机构的违约风险。为了评估和管理信用风险,企业可以建立信用评级体系、采用信用担保、进行定期的信用风险评估等措施。

5. 操作风险

操作风险是由于内部流程、系统故障、人为失误等因素引起的风险。这可能导致财务损失、声誉受损以及业务中断。企业可以通过建立健全的内部控制体系、定期进行风险评估、进行培训和技术投资等方式来降低操作风险。

6. 市场风险

市场风险包括股票市场、债券市场和商品市场的风险。企业可能因为市场价格波动而遭受投资损失。为了管理市场风险,企业可以采用多元化投资策略、建立风险管理团队,并定期进行市场风险评估。

## （三）财务风险的评估方法

1. 风险定性分析

风险定性分析是通过对风险的特征、原因和潜在影响进行描述和分析，来识别和理解财务风险的一种方法。这包括对风险的来源、发生的可能性以及可能带来的损失的定性评估。定性分析有助于管理层更全面地理解潜在风险，并制定相应的风险管理策略。

2. 风险定量分析

风险定量分析是通过使用数学和统计工具来量化风险的概率和影响，从而更精确地衡量潜在的损失。这可以通过模型、模拟和历史数据等方法来实现。风险定量分析为企业提供了更具体的数据支持，有助于制定更精细化的风险管理计划。

3. 风险矩阵分析

风险矩阵分析将概率和影响两个维度结合起来，形成一个二维矩阵，用于识别和优先处理潜在的财务风险。这种方法将风险分为高、中、低等级别，有助于企业确定应对策略的紧迫性和重要性。

4. 敏感性分析

敏感性分析通过对不同因素进行变动，评估其对企业财务状况的影响，从而确定关键的风险因素。企业可以通过调整关键参数，了解这些参数对财务绩效的敏感性，有助于更好地制定风险管理策略。

5. 压力测试

压力测试是一种通过模拟不同极端情况来评估企业对外部冲击的抵抗能力的方法。这种方法可以帮助企业了解在不同的经济环境或市场条件下，其财务状况和稳健性的表现。通过设定不同的压力测试场景，企业可以评估其在面对不同挑战时的表现，并采取相应的风险管理措施。

6. 价值 -at- Risk (VaR) 分析

VaR 是一种常用的金融风险评估方法，用于度量一定时间内、一定置信水平下的最大可能损失。VaR 分析通过考虑多种风险因素，包括市场风险、汇率风险等，为企业提供了一种综合性的风险评估手段。然而，需要注意的是，VaR 也有其局限性，例如它假定市场风险的分布是正态的，而实际市场可能存在非正态的波动。

7.Monte Carlo 模拟

Monte Carlo 模拟是一种基于概率统计的方法，通过随机生成大量可能的风险情景，模拟企业未来的财务表现。这种方法考虑了多种不确定性因素，并可以提供对多种可能性的全面评估。Monte Carlo 模拟对于理解潜在风险和优化风险管理策略提供了有力的支持。

## （四）财务风险管理策略

1. 多元化投资组合

多元化投资组合是一种有效的财务风险管理策略，通过在不同资产类别、行业和地理区域分布投资，降低整个投资组合面临的市场风险。多元化有助于抵消某些资产类别的损失，提高整体投资组合的稳健性。

## 2. 财务衍生品的使用

财务衍生品，如远期合同、期货合同、期权等，可以用于对冲汇率风险、利率风险等。通过适当使用这些工具，企业可以锁定或限制特定风险，从而减轻其对这些风险的敏感性。

## 3. 保险策略

保险是传统的风险管理工具，企业可以购买不同类型的保险来对冲潜在的财务损失。例如，企业可以购买财产保险、责任保险、信用保险等，以降低因不可控事件而导致的风险。

## 4. 现金流管理

良好的现金流管理可以帮助企业有效应对流动性风险。这包括建立充足的现金储备、优化应收账款和应付账款的管理，以确保企业在面对短期资金需求时能够灵活应对。

## 5. 管理层的战略决策

管理层的战略决策对于财务风险管理至关重要。管理层应制定明确的财务风险管理政策，确保其与企业的整体战略目标一致。此外，及时的信息披露和沟通也是有效的风险管理手段，有助于提高市场和投资者的透明度。

财务风险管理是企业持续经营和发展的重要组成部分。通过深入了解财务风险的类型和采用科学有效的评估方法，企业能够更好地识别潜在风险、量化风险水平，并采取相应的管理策略。在充分认识风险的基础上，通过多元化投资、使用财务衍生品、保险策略、现金流管理和战略决策等手段，企业可以更全面、灵活地管理和降低财务风险。然而，面对不断变化的市场环境和复杂性，企业在财务风险管理方面仍然面临挑战，需要不断创新和适应。

# 二、风险管理策略与工具

## （一）概述

在商业和金融领域，风险管理是企业和组织成功运营的关键组成部分。有效的风险管理不仅能降低潜在损失，还能提高组织的适应性和竞争力。下面将深入探讨风险管理的策略与工具，着重介绍如何识别、评估和处理各种类型的风险。

## （二）风险管理策略

### 1. 风险规避

风险规避是通过采取措施来避免潜在的风险或不利事件的发生。这可以通过拒绝承担某些风险、改变业务模型、选择不同的供应商或市场，以及在战略上避免潜在的负面影响来实现。风险规避的优势在于能够直接避免损失，但缺点是可能会错失一些潜在的机会。

### 2. 风险转移

风险转移是将风险责任转移给其他实体，通常通过购买保险或与其他组织签订合同的方式来实现。这样，一旦风险发生，损失将由保险公司或合同方承担。风险转移的优势在于分担了潜在的财务损失，但企业仍然需要支付保费或为服务付费。

### 3. 风险缓解

风险缓解是通过采取措施来减轻风险的潜在影响。这可以包括实施更严格的控制措施、加强安全程序、进行培训和教育，以及改善业务流程。风险缓解的目标是降低风险事件的发生概率或减轻其影响，以减少潜在损失。

4. 风险接受

风险接受是指组织有意愿接受某些风险，通常是因为规避、转移或缓解风险的成本太高，或者风险的影响相对较小。在这种情况下，企业会做好准备应对潜在的负面影响，并采取措施以降低潜在损失。

5. 风险管理文化建设

风险管理文化建设是一种全员参与的管理策略，强调将风险管理融入组织的价值观和日常操作中。通过建设良好的风险管理文化，组织可以更好地培养员工对风险的敏感性，促进信息的分享与沟通，从而提高组织对潜在风险的感知和应对能力。

### （三）风险管理工具

1. 财务衍生品

财务衍生品是一类金融工具，可以用于对冲或管理不同类型的风险，如汇率风险、利率风险、大宗商品价格波动等。期货合同、远期合同和期权是常见的财务衍生品，它们使企业能够锁定或限制特定风险，从而降低潜在的财务损失。

2. 保险

保险是一种传统的风险管理工具，企业可以购买各种类型的保险来对冲潜在的损失。财产保险、责任保险、业务中断保险等多种保险产品可以有效覆盖不同方面的风险。企业可以根据业务特点和潜在风险选择适当的保险方案，以降低可能的经济损失。

3. 风险评估与模型

风险评估与模型是一种通过定量分析来评估和量化风险的工具。这可能包括使用统计模型、概率分布和数学方法来识别和衡量潜在风险。通过建立风险模型，企业可以更准确地了解各种风险的概率和影响，为决策提供科学依据。

4. 风险指标和仪表板

风险指标和仪表板是用于监测和报告风险状况的工具。企业可以制定一系列的关键风险指标，通过仪表板实时追踪和呈现这些指标的变化。这有助于管理层及时了解组织面临的风险，并能够迅速做出反应，以减少潜在的不利影响。

5. 环境扫描与趋势分析

通过对外部环境的扫描和趋势分析，企业可以更好地了解潜在的风险来源。这可能包括政治、经济、社会、技术、法律和环境等方面的因素。通过对行业和市场趋势的深入分析，企业能够更早地识别和应对即将到来的风险。

6. 操作控制和内部审计

操作控制和内部审计是用于确保组织内部流程和程序符合规定标准的工具。通过建立有效的内部控制，企业可以降低内部操作风险，减少因人为错误或失误导致的潜在损失。内部审计能够定期评估内部控制的有效性，为管理层提供关于组织运营状况的反馈。

7. 危机管理计划

危机管理计划是一种在不可避免的风险事件发生时，帮助企业迅速做出反应、减轻损失的工具。这可能包括建立紧急应对团队、制定沟通计划、准备好备用设施等。危机管理计划有助于组织在面对突发事件时保持冷静、迅速做出决策，并最大限度地减轻负面影响。

风险管理作为组织管理的核心要素，对企业长期的可持续发展至关重要。通过运用各种风险管理策略和工具，企业能够更好地识别、评估和应对多样化的风险。然而，挑战依然存在，特别是在全球化、科技创新和可持续性发展的变革中。

未来，企业需要不断提升风险管理的敏感性和适应性，将风险管理整合到组织文化中，使其成为日常经营和决策的一部分。同时，积极采用新技术、关注全球趋势、重视可持续性发展，将有助于企业更全面、科学地应对未知的风险挑战，实现更加稳健和可持续的业务运营。

## 第八节 税务管理与筹划

### 一、税务法规与企业税务筹划

#### （一）概述

税务法规是国家对纳税人征税的法定规定，涵盖了各种税种、纳税义务、减免政策等方面。企业税务筹划则是指企业在合法的前提下，通过调整经营活动、税收结构等方式，合理降低税负，实现税收优化的过程。下面将深入探讨税务法规对企业的影响以及企业在法规框架内进行税务筹划的原则与方法。

#### （二）税务法规对企业的影响

1. 税收体系与税种

税收体系是国家财政体系的重要组成部分，主要包括直接税和间接税。直接税如企业所得税、个人所得税直接征收于纳税人的收入和利润，而间接税如增值税、消费税则是通过商品和服务的销售环节征收。不同的税种对企业的经营活动和财务状况有着不同的影响，企业需要根据自身情况合理规划税务策略。

2. 税收政策与减免措施

税收政策和减免措施直接影响企业的税负水平。国家可能根据宏观经济状况、行业特点等因素，出台不同的税收政策，包括减免、优惠税率、税收退还等。企业需要密切关注相关政策，合理利用减免措施降低税负，提高竞争力。

3. 税务合规与风险防范

税务合规是企业应尽的法定义务，违反税法规定可能面临罚款、滞纳金等风险。税务法规的不断更新和变化，使得企业需要不断调整自己的财务和税务管理体系，以确保符合法规要求，降低面临法律责任的风险。

4. 国际税收与跨境业务

对跨国企业来说，国际税收往往涉及多个国家的税法规定，企业需要合理规划国际税务策略，以降低全球范围内的整体税负。同时，应关注各国之间的双重征税协定、转让定价等国际税收原则，防范潜在的税务风险。

### （三）企业税务筹划原则

1. 合法合规原则

企业税务筹划应始终遵循合法合规原则，即在不违反法规的前提下，通过合理合法手段降低税负。遵循法规不仅是企业社会责任的体现，也是防范法律风险的重要途径。

2. 经济效益原则

税务筹划的目标是提高企业的经济效益，而非仅仅为了降低税负。筹划方案应当符合企业的经营战略和财务目标，对企业整体经济效益有积极影响。

3. 税负均衡原则

企业税务筹划不应将税负过度集中在某个税种或某个地区，应实现税负均衡。这有助于降低企业在某一方面可能面临的风险，保障企业的可持续经营。

4. 风险防范原则

企业在进行税务筹划时，应当审慎评估潜在的法律、财务和经济风险，避免采用过于激进或存在法律漏洞的筹划方案，以防止因此带来的潜在法律责任和财务损失。

5. 信息透明原则

企业在进行税务筹划时应保持透明度，确保有充分的文档和记录证明筹划方案的合法性和合理性。这有助于在税务审计或调查时提供充分的证据，降低法律风险。

### （四）企业税务筹划方法

1. 合理选择企业形态

企业的组织形式直接关系到其税务状况。不同的企业形态，如有限公司、合伙企业等，涉及不同的税收制度和税率。企业应根据自身业务特点和税收优惠政策选择合适的企业形态。

2. 合理安排资本结构

企业的资本结构直接影响其财务费用的水平，而财务费用又与企业所得税息息相关。通过合理安排资本结构，企业可以调整债务和股本的比例，最大限度地减少财务费用，降低所得税负担。

3. 合理利用税收优惠政策

企业可以根据税收法规中的优惠政策，合理规划业务活动以获得更多的税收优惠。这可能包括根据产业政策享受特殊减免、参与技术创新获得研发税收优惠，或者通过地方政府的支持措施来减轻税负。企业需要密切关注税收政策的变化，灵活调整业务结构以最大化税收优惠的利用。

4. 合理安排利润分配

对跨国企业来说，合理安排利润分配是重要的税务筹划手段。通过设立合理的跨国利润分配机制，企业可以在不同国家间实现税负的优化。这包括合理定价跨国交易、使用合理的利润分配模型，以确保在合规范围内最小化整体税负。

### 5. 避免转移定价风险

在跨国业务中，企业可能面临转移定价风险，即在不同国家间的关联交易可能被税务机关质疑。为降低这一风险，企业需要建立完善的转移定价文件，确保关联交易符合公平市场价值，并能够提供充分的证据证明其合理性。

### 6. 合理运用税收递延工具

税收递延工具是指企业可以合法使用的一些手段，将部分税收负担推迟到未来。例如，企业可以运用递延所得税资产、递延所得税负债等工具，灵活调整会计政策，以在符合法规的前提下优化税务状况。

### 7. 注重企业家个人税务筹划

企业家个人的税务筹划同样重要。合理安排个人薪酬、福利待遇、股权激励等，有助于降低个人所得税负担。此外，考虑个人财务规划，包括资产配置、遗产规划等，对于整体财务状况也具有积极意义。

税务法规与企业税务筹划密切相关，对企业经营活动和财务状况有着重要的影响。企业需要根据合法合规原则，灵活运用各种税务筹划方法，以实现税收的最优化。在未来，企业应积极应对技术的发展、国际税收合作的深化、法规的变化等挑战，建立全面、科学的税务筹划体系，为可持续发展打下坚实基础。

## 二、税收政策对企业的影响

### （一）概述

税收政策是国家财政政策的重要组成部分，直接关系到企业的税负水平、经济活动和竞争力。税收政策的调整和变化对企业经营产生深远影响，下面将深入探讨税收政策对企业的各个方面产生的影响，包括企业经济行为、投资决策、创新发展等。

### （二）税收政策的基本框架

#### 1. 税制和税种

税收政策的基本框架包括税制和税种。税制是指一国为获得财政收入所实施的各项税收制度，主要包括直接税和间接税。直接税如企业所得税、个人所得税，直接征收于纳税人的收入和利润；而间接税如增值税、消费税则是通过商品和服务的销售环节征收。税制的调整直接影响到企业的税收负担。

#### 2. 税率和税收优惠

税收政策还涉及税率和税收优惠的设定。税率的高低直接关系到企业的纳税金额，而税收优惠则可以通过降低企业的实际纳税负担，鼓励企业投资、创新和发展。税收优惠通常与国家的产业政策、创新政策等紧密相关，对企业的经营和发展方向有着直接引导作用。

#### 3. 税收征管和合规要求

税收政策不仅包括税收制度和税率，还包括税收征管和合规要求。税收征管是指税务机关对纳税人实施的管理和监督，包括纳税申报、税收核算、审计等环节。合规要求是指企业在税收征管过程中需要遵守的法规和规定，包括及时申报、合规纳税等。税收征管和合规要求的加强对企业而言是一种约束,也是保障国家财政稳定运行的手段。

### (三)税收政策对企业的直接影响

1. 企业经济行为

税收政策直接影响到企业的经济行为。税负的高低决定了企业的盈利空间,高税负可能抑制企业投资、拓展市场、提高生产效率;相反,合理的税收政策可以刺激企业积极开展经济活动,促进产业升级和创新。

2. 投资决策

税收政策是企业投资决策中的关键因素。不同的税收政策会直接影响到企业的资本成本、投资回报率等。例如,一些地区或行业可能推出税收优惠政策,吸引企业增加投资;而高税率则可能导致企业对投资的谨慎态度,选择寻找更低税负的地区进行投资。

3. 创新发展

税收政策与创新发展密切相关。一些国家和地区通过设立研发费用抵扣、高新技术企业税收优惠等政策,鼓励企业加大对创新的投入。这有助于提高企业的技术水平、产品质量,促进经济结构的升级。

4. 人力资源管理

税收政策也对企业的人力资源管理产生直接影响。税收政策的不同可能导致企业的薪酬水平、福利待遇等方面的差异。企业在制定薪酬政策时需要考虑税收政策的影响,以吸引和留住优秀的人才。

### (四)税收政策对企业的间接影响

1. 行业结构和竞争格局

税收政策对不同行业的税负有差异性影响,可能导致不同行业的竞争格局发生变化。一些行业可能因为税收优惠而吸引更多企业投入,从而加剧市场竞争;而一些行业由于高税收而陷入竞争的困境。

2. 企业战略调整

企业在面对不同的税收政策时,可能需要进行战略调整。例如,税率的提高可能促使企业加大成本控制力度,寻找更加高效的生产方式;而税收优惠可能会促使企业增加对研发、创新的投资,以谋求竞争优势。

3. 资本结构和融资选择

税收政策的变化也会对企业的资本结构和融资选择产生间接影响。例如,税率的降低可能使得企业更愿意选择债务融资,以减少利润纳税;而高税率可能使得企业更倾向于股权融资,以降低财务费用。

4. 国际竞争和投资吸引力

税收政策对国际企业来说更具有竞争性。一些国家通过降低税率、提供税收优惠,吸引外国企业在其境内投资和经营。因此,税收政策的变化可能影响一个国家或地区的国际投资吸引力,影响跨国公司的决策,从而塑造全球经济的竞争格局。

5. 社会责任和可持续发展

税收政策还与企业的社会责任和可持续发展目标相关。一些国家可能通过税收政策激励企业参与社会责任活动,如环保、公益事业等。企业在制定可持续发展战略时,需要考虑税收政策的相关因素,以更好地融入社会责任履行。

### (五)企业如何应对税收政策的影响

1. 密切关注税收政策变化

企业需要保持对税收政策变化的敏感性,及时了解国家和地区的税收法规调整。这可以通过建立专业的税务团队、参与行业协会、与税务机关保持沟通等方式实现。了解税收政策的最新动态,有助于企业更好地应对变化。

2. 制定灵活的财务和税务战略

企业需要制定灵活的财务和税务战略,以适应不同税收政策下的经营环境。在高税负环境下,企业可以加强成本控制、优化业务结构;而在税收优惠政策下,企业可以更加积极地进行投资和创新。

3. 多元化的国际布局

对跨国企业来说,多元化的国际布局有助于分散税收政策的风险。在选择投资地点时,企业可以综合考虑税收政策、政治环境、市场规模等因素,避免集中过多资源在一个国家或地区,降低可能的税收波动风险。

4. 提高企业自身的税收合规水平

企业应当提高自身的税收合规水平,确保遵守相关法规和规定。建立完善的财务和税务管理制度,及时申报纳税,积极配合税务机关的审计工作,防范潜在的法律责任和罚款风险。

5. 加强社会责任与可持续发展

考虑到税收政策与社会责任和可持续发展的关系,企业可以通过主动参与社会责任活动、关注环保和社会问题等方式,提升企业的社会形象,更好地适应税收政策的变化。

税收政策对企业的影响是复杂而深刻的,不仅关系到企业的经济行为、投资决策,还牵涉到企业的战略调整、人力资源管理等多个方面。企业在面对税收政策的变化时,需要保持敏感性,采取积极的应对策略,以最大限度地降低税收带来的负面影响,同时充分利用税收政策的积极方面。

# 第三章 供应链基础

## 第一节 供应链的概念与定义

### 一、供应链的基本结构与特点

#### （一）概述

供应链是一个跨足多个环节的复杂网络系统，贯穿产品或服务的生产、运输、储存和销售等各个环节。下面将深入探讨供应链的基本结构与特点，以帮助读者更好地理解和应对现代商业环境中的供应链挑战。

#### （二）供应链的基本结构

1. 供应链的定义

供应链是一系列有序的、相互关联的活动，这些活动旨在将原材料转化为最终产品，然后将产品交付给最终用户。供应链包括了从供应商、生产商、分销商到零售商等各个环节。

2. 供应链的主要环节

采购与供应商管理：供应链的起始点通常是采购环节，涉及从供应商那里获取原材料、零部件等所需资源。

生产与制造：这个环节包括将原材料转化为最终产品的生产过程，其中可能涉及工厂、生产线、生产计划等方面。

物流与运输：物流环节负责将生产好的产品从生产地点运送到仓库或分销中心，再到零售商或最终用户手中。

库存管理：库存管理环节涉及对产品和原材料的储存、管理和控制，以确保在需要时能够满足市场需求。

分销与零售：这一环节包括将产品推向市场，通过分销商或零售商将产品提供给最终用户。

售后服务：供应链的最后一个环节是售后服务，包括产品维护、保修、退货等服务，以满足客户的需求并维护客户关系。

3. 供应链的层次结构

战略层次：这是供应链的最高层次，涉及整体战略的制定，包括供应链设计、定位和整体规划。

战术层次：在这个层次上，涉及更具体的计划和决策，如生产计划、库存管理和供应商选择。

操作层次：这是最底层的层次，关注供应链的日常运作，包括订单处理、运输和库存控制等操作性的活动。

### （三）供应链的特点

1. 复杂性与多层次性

供应链是一个高度复杂的系统，涉及多个层次、多个环节的协同运作。从原材料采购到最终用户，每一个环节都可能涉及多个参与方，包括供应商、生产商、分销商等。因此，供应链的管理需要考虑到多层次的复杂性。

2. 不确定性与风险

供应链管理面临的一个主要挑战是不确定性。市场需求、原材料价格、交通状况等因素都可能发生变化，导致供应链中断或者成本增加。因此，供应链管理者需要能够灵活应对这些不确定性，降低潜在风险。

3. 全球化与国际化

现代供应链通常是全球化的，涉及不同国家和地区的生产和流通。这带来了跨文化、跨时区、跨语言的管理挑战。国际供应链需要应对不同国家的法规、贸易政策、文化差异等因素。

4. 技术驱动与数字化

技术在供应链中的应用日益普及，数字化技术如物联网、人工智能、大数据分析等，为供应链管理提供了更多的工具和手段。数字化使得供应链更加实时、可见，帮助提高效率和减少错误。

5. 环境可持续性与社会责任

随着社会对环境可持续性的关注增加，供应链管理也要考虑到可持续发展和社会责任。这包括对环保原材料的选择、减少碳排放、社会责任的履行等方面。

### （四）供应链管理的关键要点

1. 实时可见性

实时可见性是供应链管理的基石。通过利用先进的信息技术，企业能够在整个供应链中实时追踪产品和信息，从而更好地应对突发事件、优化库存和提高运营效率。

2. 合作伙伴关系

供应链中的各个环节需要紧密合作。建立稳固的合作伙伴关系，包括与供应商、分销商、物流公司等的紧密协作，有助于提高整个供应链的效率。

3. 库存管理

库存管理是供应链中的关键环节。过多的库存会增加成本，而过少的库存可能导致缺货。有效的库存管理需要综合考虑市场需求、生产能力、供应链可靠性等多方面因素，采用先进的库存管理技术和方法，以实现最佳的库存水平。

4. 风险管理

供应链管理涉及各种风险，包括市场风险、供应链中断风险、质量问题等。有效的风险管理需要建立灵活的计划和响应机制，通过多样化供应商、建立备货计划、制定危机应对预案等方式，降低潜在风险对供应链的影响。

5.成本优化

供应链管理的一个核心目标是实现成本优化。这包括降低生产成本、优化物流运输成本、合理利用仓储空间等方面。采用先进的成本分析工具和方法，帮助企业找到成本优化的潜在点。

6.可持续性和社会责任

现代供应链越来越关注可持续性和社会责任。企业需要考虑环境友好的供应链实践，选择可再生资源、减少碳足迹、推动绿色制造等。同时，关注社会责任，确保供应链中的各个参与方遵循道德和法规要求。

7.技术创新的应用

现代供应链越来越依赖于技术创新。物联网、人工智能、大数据分析等先进技术的应用，使得供应链更加智能化、自动化。这包括预测性分析、智能库存管理、自动化生产等方面，帮助企业更好地应对市场变化和提高运营效率。

供应链作为现代商业活动的核心，其基本结构和特点影响着企业的运营效率和竞争力。了解供应链的复杂性、不确定性、全球化等特点，以及应对挑战的关键要点，有助于企业制定更加有效的供应链战略。未来，数字化、智能化、绿色化等趋势将对供应链管理产生深远影响，企业需要不断适应和创新，以保持在竞争激烈的市场中的领先地位。通过科技的应用、合作伙伴的紧密协作、可持续发展的实践，企业将能够建立更加强大、灵活和可持续的供应链体系，迎接未来商业环境的挑战。

## 二、供应链管理的发展历程

### （一）概述

供应链管理是现代企业管理中至关重要的一个领域，它涵盖了从原材料采购到最终产品交付的整个过程，贯穿了生产、物流、库存、分销等多个环节。下面将追溯供应链管理的发展历程，从其初期阶段到如今的数字化和智能化时代，探讨其演变过程中的关键里程碑和发展趋势。

### （二）供应链管理的初期阶段

1.产业革命初期

供应链管理的雏形可以追溯到产业革命初期，当时的企业主要面临的问题是生产效率的提升。企业开始注重原材料的采购、生产流程的优化以及产品的分销。然而，当时的供应链仍然相对简单，多数企业主要关注自身的生产和销售环节。

2.物流管理的兴起

20世纪初，随着交通和通信技术的进步，物流管理逐渐成为供应链管理的重要组成部分。企业开始更加关注产品的运输、仓储和分销，以提高整体的物流效率。这一时期主要注重的是如何更有效地将产品从生产地点送到消费者手中。

3."二战"后的供应链演进

"二战"后，全球经济的复苏和国际贸易的增加推动了供应链的国际化。企业开始面临更复杂的供应链网络，需要协调跨国的生产、运输和分销活动。这一时期，供应链管理开始崭露头角,但仍然处于初级阶段,主要关注生产计划和物流协调。

## (三)供应链管理的成熟阶段

1. 20 世纪 70—80 年代的发展

20 世纪 70—80 年代,供应链管理逐渐成为企业管理中的独立领域。企业开始关注供应链中更多的环节,包括采购、生产计划、库存管理等。这一时期,计算机技术的普及和应用,使得企业能够更好地进行信息管理和决策支持,提高供应链的整体效率。

2. ERP 系统的应用

随着企业资源计划(ERP)系统的出现和应用,供应链管理迈入了数字化时代。ERP 系统整合了企业内部的各个部门和功能,使得信息能够更加流畅地在企业内部传递。这为供应链管理提供了更全面、实时的数据支持,增强了对整个供应链的可见性和控制力。

## (四)供应链管理的数字化和智能化时代

1. 互联网的崛起

20 世纪末和 21 世纪初,互联网的崛起彻底改变了供应链管理的格局。电子商务的兴起使得企业能够更直接、高效地与供应商和消费者进行沟通和交易。在线采购、电子支付等技术的应用使得供应链更加快速、透明。

2. 物联网和智能制造

物联网技术的发展为供应链管理带来了全新的可能性。物联网使得各种设备和物品能够互相连接和通信,实现了对整个供应链的实时监测和控制。智能制造的概念强调通过先进技术实现生产过程的智能化和自动化,提高生产效率和质量。

3. 大数据和分析

大数据分析成为供应链管理的一项重要工具。通过对海量数据的分析,企业能够更好地理解市场趋势、优化生产计划、预测需求变化等。大数据技术为供应链管理提供了更深层次的见解和决策支持。

4. 人工智能的应用

人工智能在供应链管理中的应用日益增多。机器学习算法可以用于预测性分析、需求预测、库存优化等方面,帮助企业更好地应对市场的变化。智能物流系统能够提高运输效率,减少成本。

5. 区块链技术的探索

近年来,区块链技术引起了供应链管理领域的关注。区块链的分布式账本和不可篡改性使得供应链中的信息更加安全、透明。区块链可以用于确保供应链中的数据的真实性和可追溯性,有助于减少信息不对称和欺诈风险,提高供应链的整体信任度。

6. 供应链数字孪生

供应链数字孪生是数字化和智能化时代的新兴概念。它通过数字化模型实时反映实际供应链的状态和运行情况,提供虚拟的供应链环境。这使得企业能够更加精准地模拟和优化供应链的各个环节,从而更灵活地应对市场需求和变化。

## （五）未来趋势和挑战

1. 智能供应链的全面推进

未来，供应链管理将更加智能化，通过整合物联网、大数据、人工智能等技术，构建具有自适应性和自学习能力的智能供应链。这将使得供应链更具灵活性，能够更迅速地适应市场需求的变化。

2. 网络化和数字化供应链

未来供应链将更加网络化和数字化，通过云计算等技术，实现供应链中各个环节的高效协同。数字化供应链将进一步提高信息的可见性和透明度，降低信息传递的时间成本，提高整个供应链的运作效率。

3. 持续关注可持续性和社会责任

未来供应链管理将更加注重可持续性和社会责任。企业将更积极地选择环保材料、推动绿色制造，以满足消费者对可持续发展的需求。透明度将成为关键，企业需要向外界展示其供应链中的社会责任履行情况。

4. 风险管理和应急响应的提升

随着全球化的不断深化和供应链复杂性的增加，未来供应链管理将更加注重风险管理和应急响应。企业需要建立更为灵活的供应链体系，具备快速适应市场变化和抵御外部风险的能力。

5. 人才培养和数字化素养的重视

未来，供应链管理者需要具备更强的数字化素养，熟练掌握新技术的应用。企业需要加强对人才的培养和引进，以满足数字化和智能化时代对人才的新需求。

供应链管理的发展经历了从简单的物流协调到数字化、智能化的演变过程。在不同阶段，技术的进步、全球化的影响以及市场需求的变化都推动了供应链管理理念和实践的不断创新。未来，随着智能技术的日益成熟和应用，供应链将进一步朝着数字化、智能化、可持续化的方向发展。企业需要不断学习和适应新的技术和理念，以更好地应对未来供应链管理的挑战和机遇。通过整合先进技术、强化合作伙伴关系、持续关注可持续性，企业将能够建立更为强大、灵活和可持续的供应链，迎接未来商业环境的变化。

# 第二节 供应链战略规划

## 一、供应链战略的目标与制定

### （一）概述

供应链战略是企业在全球化和竞争激烈的市场环境中取得竞争优势的关键之一。通过明确供应链战略的目标，企业能够更好地组织和协调供应链中的各个环节，提高运营效率，满足客户需求，并在市场中保持竞争力。下面将深入探讨供应链战略的目标与制定，旨在帮助企业更好地理解和运用供应链战略。

### （二）供应链战略的基本概念

1. 供应链战略的定义

供应链战略是指企业在供应链管理中明确的长期目标和计划，以实现对产品和服务的生产、交付和支持的全面管理。它涵盖了从原材料采购到最终产品交付的整个过程，并强调在这一过程中的协同与优化。

2. 供应链战略的重要性

在全球化和数字化的时代，供应链战略对企业的成功至关重要。一个明确的供应链战略有助于企业更好地应对市场变化、降低成本、提高效率、满足客户需求。通过制定合理的供应链战略，企业可以在激烈的市场竞争中找到自己的位置，并在全球范围内建立竞争优势。

### （三）供应链战略的目标

1. 提高运营效率

一个明确的供应链战略的首要目标是提高运营效率。这包括生产过程的优化、库存水平的管理、物流和分销的协同等方面。通过降低生产和运输成本，企业可以更有效地利用资源，提高生产效率，从而在市场中获得成本优势。

2. 降低供应链成本

降低供应链成本是供应链战略的核心目标。企业需要通过合理的采购、精细的库存管理、优化的物流运输等手段，降低整个供应链的运作成本。这有助于提高企业的盈利能力，并在市场中更具价格竞争力。

3. 提高产品和服务质量

供应链战略的目标之一是提高产品和服务的质量。通过优化供应链中的各个环节，确保生产过程的质量控制、减少产品缺陷和服务问题，企业可以建立良好的品牌声誉，提升客户满意度，从而赢得市场份额。

4. 实现市场敏捷性

市场敏捷性是指企业能够迅速适应市场变化、灵活调整生产和供应链的能力。供应链战略的目标之一是建立敏捷的供应链体系，通过实时数据分析和快速决策，使企业能够更灵活地满足客户需求，应对市场变化。

5. 提高供应链可持续性

可持续性是当前供应链战略中越来越重要的目标。企业需要关注环境友好的供应链实践，选择可再生资源、推动绿色制造，以满足社会对可持续性发展的要求。通过建立可持续性的供应链，企业不仅能降低环境影响，还能提升企业形象。

### （四）供应链战略的制定

1. 分析外部环境

制定供应链战略的第一步是分析外部环境。企业需要了解市场趋势、竞争对手的行为、政策法规变化等因素，以准确把握市场机会和挑战。这有助于企业制定与外部环境相适应的供应链战略。

2. 确定企业目标

明确企业的长期目标是制定供应链战略的基础。企业目标可能包括市场份额的增加、盈利水平的提高、产品创新等。供应链战略需要与企业整体战略相一致，以确保所有活动都朝着实现企业目标的方向发展。

3. 确定供应链结构

根据企业的产品类型、市场需求和生产能力，确定供应链的结构。这包括供应商的选择、生产流程的设计、物流和分销网络的建立等。一个合理的供应链结构有助于提高整体运营效率。

4. 选择供应链合作伙伴

供应链的成功不仅仅依赖于企业自身的运营，还与供应链合作伙伴的选择和协同关系密切相关。企业需要与可靠的供应商、物流合作伙伴建立紧密的关系，共同实现供应链的目标。

5. 制定风险管理计划

制定风险管理计划是供应链战略制定的关键环节。企业需要识别潜在的风险，包括市场风险、供应风险、物流风险等，然后制定相应的风险缓解策略。这有助于提高供应链的稳定性和抗风险能力。

6. 技术和信息系统的建设

在数字化时代，技术和信息系统是支撑供应链战略实施的关键。企业需要投资于先进的信息技术、物联网、大数据分析等工具，以提高供应链的可见性、协同性和决策效率。这有助于实现供应链的数字化和智能化。

7. 定期评估和调整

供应链战略的制定不是一次性的任务，而是需要不断评估和调整的过程。企业应建立监测和评估机制，定期对供应链绩效进行审查，发现问题及时调整战略，以适应市场和内外部环境的变化。

供应链战略的目标与制定是企业在全球化竞争环境中取得竞争优势的关键。通过明确提高运营效率、降低供应链成本、提高产品和服务质量、实现市场敏捷性、提高供应链可持续性等目标，企业能够更好地应对市场挑战。在制定供应链战略时，企业需要深入分析外部环境、明确企业目标、确定供应链结构、选择合适的合作伙伴等。成功的供应链战略不仅能够提高企业的竞争力，还能够适应市场的不断变化，实现可持续发展。面对挑战，企业需要灵活应对，不断优化供应链战略，以确保在竞争激烈的市场中保持领先地位。

## 二、供应链战略与业务战略的协同

### （一）概述

在现代商业环境中，供应链战略和业务战略的协同发挥着至关重要的作用。供应链战略强调如何有效地组织和协调供应链中的各个环节，而业务战略则关注企业在市场中的定位和核心竞争力。两者的协同关系对于实现企业长期发展目标、提高运营效率和应对市场变化至关重要。下面将深入探讨供应链战略与业务战略的协同关系，以及如何实现它们之间的有机融合。

## （二）供应链战略与业务战略的定义

1. 供应链战略

供应链战略是企业为了实现其业务目标而明确制定的，关于如何协调、整合和优化供应链活动的计划。它涵盖了从原材料采购到最终产品交付的整个供应链过程，强调了在这一过程中的协同和优化。

2. 业务战略

业务战略是企业为了实现其长期目标而制定的计划，涉及产品和市场定位、核心竞争力、客户价值提供等方面。业务战略是企业整体经营的框架，决定了企业在市场中的竞争优势和发展方向。

## （三）供应链战略与业务战略的协同关系

1. 共同目标的一致性

供应链战略和业务战略协同关系的核心在于它们共同服务于企业的整体目标。如果企业的业务战略侧重于差异化和创新，那么供应链战略就需要支持这一点，确保供应链的灵活性和响应速度。如果业务战略的核心是成本领先，供应链战略就需要强调降低成本、提高效率。

2. 供应链的定制化支持业务战略

不同的业务战略需要不同的供应链支持。企业采用市场扩张战略可能需要建立更广泛、灵活的供应链网络，以满足不同地区和不同客户的需求。而采用成本领先战略的企业可能更注重供应链的精益化和成本控制。

3. 供应链的灵活性和敏捷性

在竞争激烈、市场变化快速的环境中，业务战略的成功与否常常取决于企业供应链的灵活性和敏捷性。供应链需要能够快速适应市场变化、调整产能、处理紧急订单，从而支持业务战略的实施。

4. 信息流和协同的关键性

信息在协同供应链和业务战略方面发挥着关键作用。信息的流通需要快速、准确，以支持供应链中各个环节的决策。协同也需要信息的共享，使得供应链中的各个部分能够协同工作，响应市场变化。

## （四）实现供应链战略与业务战略的协同

1. 明确业务战略的要求

首先，企业需要明确业务战略的要求。这包括业务战略的核心目标、市场定位、产品差异化等方面。了解业务战略的要求是协同制定供应链战略的基础。

2. 建立跨部门协同机制

协同需要不同部门之间的合作和协调。建立跨部门协同机制，确保供应链团队与业务战略制定团队之间有效的沟通和信息共享。这有助于使供应链战略更贴合业务战略的实际需求。

3. 整合信息技术支持

信息技术是协同的关键驱动力之一。企业可以投资于先进的信息系统，如ERP（企业资源计划）系统、SCM（供应链管理）软件等，以实现信息的实时共享和流通。这有助于提高供应链的可见性和协同性。

4.共同制定关键绩效指标（KPIs）

共同制定关键绩效指标是确保供应链和业务战略协同的有效手段。业务战略的成功需要通过具体的指标来衡量，而供应链战略需要对这些指标产生积极影响。共同制定KPIs有助于确保双方的目标一致。

5.持续的评估和调整

协同关系需要不断的评估和调整。企业应建立定期的评估机制，通过回顾业务战略的执行情况和供应链绩效，及时调整供应链战略，确保它仍然与业务战略保持一致。

供应链战略与业务战略的协同是企业取得竞争优势、实现长期发展的关键。通过确保共同目标的一致性、建立跨部门协同机制、整合信息技术支持、共同制定关键绩效指标以及持续的评估和调整，企业可以实现这两者之间的有机融合。

## 第三节　需求管理与规划

### 一、需求管理的概念与流程

**（一）概述**

需求管理是现代企业管理中至关重要的一个环节，它涵盖了产品或服务从提出想法到交付给客户整个生命周期的各个阶段。需求管理不仅关乎项目管理，更涉及组织内部的各个层面，包括战略规划、产品开发、市场营销等多个方面。下面将深入探讨需求管理的概念、重要性以及相关的流程。

**（二）需求管理的概念**

1.需求管理的定义

需求管理是指在整个产品或服务生命周期中，有效地识别、规划、分析、记录、追踪和管理需求的过程。这包括从初步概念到项目交付的需求识别，以及在整个项目或产品生命周期中对需求的变更和优化。

2.需求的层次

需求可以分为多个层次，包括业务需求、用户需求、系统需求和项目需求。

业务需求：涉及组织战略目标和整体业务流程。业务需求通常是高层次的，与组织的长期目标紧密相连。

用户需求：是从最终用户的角度定义的，关注用户对产品或服务的期望、愿望和体验。用户需求直接影响产品或服务的设计和交付。

系统需求：是从技术和系统的角度定义的，包括软件、硬件、网络等方面的要求。系统需求是为了满足用户需求而产生的，将用户需求转化为技术规范。

项目需求：关注项目的具体范围、计划、资源等方面的要求。项目需求是为了实现系统需求而产生的，涵盖了项目管理的方方面面。

3. 需求管理的关键原则

综合性：需求管理需要考虑到产品或服务整个生命周期，从战略层面到项目实施，综合考虑不同层次的需求。

变更管理：需求是动态变化的，需求管理应具备灵活性，能够适应需求的变更，并进行有效的变更管理。

参与性：需求的收集和管理不是一个孤立的过程，而是需要各个相关方的积极参与，包括业务部门、用户、开发团队等。

追踪性：在整个项目或产品生命周期中，需要对需求进行追踪，以确保它们在设计、开发、测试和交付的过程中得到满足。

### （三）需求管理的重要性

1. 实现业务目标

需求管理是实现业务目标的桥梁。通过清晰地识别和管理业务需求，组织能够更好地对战略目标进行规划和实施，确保项目或产品的最终交付符合组织的战略愿景。

2. 提高项目成功率

项目成功与否很大程度上取决于对需求的有效管理。清晰、明确、可跟踪的需求能够避免项目在后期阶段的变更，提高项目的可控性，从而提高项目的成功率。

3. 降低开发成本

有效的需求管理有助于降低开发成本。通过在项目初期准确把握需求，可以避免在后期因为需求变更引起的重大调整和修复，从而降低开发成本。

4. 提升产品质量

良好的需求管理有助于提升产品或服务的质量。通过对用户需求和系统需求的详细分析和定义，可以确保产品或服务在设计和实施过程中满足用户的期望，提供高质量的成果。

5. 加强团队协作

需求管理促使不同团队之间的有效沟通和协作。各个团队在需求管理的过程中共同参与，清晰了解各自的任务和责任，有助于避免信息的传递失误和沟通障碍。

### （四）需求管理的流程

1. 需求识别和收集

需求管理的第一步是明确和收集需求。这包括业务目标、用户需求、系统需求等，可以通过访谈、问卷调查、头脑风暴等方式来搜集。

2. 需求分析和规划

在需求识别和收集的基础上，进行需求分析和规划。这包括对需求的详细分析、优先级排序、制定需求计划等。

3. 需求文档化

将需求进行文档化是确保其清晰、明确的关键步骤。文档化需求有助于团队成员之间的共享和理解，也是需求变更管理的基础。

4.需求验证和确认

在需求文档化后，需要进行需求的验证和确认。这包括与相关方一起审查需求文档，确保它们符合实际业务和用户的期望。通过验证和确认，可以降低后续开发阶段的风险，确保项目朝着正确的方向前进。

5.需求变更管理

需求是一个动态的过程，随着项目或产品的推进，可能会发生变更。需求变更管理是确保这些变更被有效管理和控制的关键步骤。它包括对变更的识别、评估、批准、实施和监控。

6.需求跟踪和追踪

在整个项目生命周期中，需求的跟踪和追踪是必不可少的。这包括监控需求的状态、追踪需求的变更，以及确保在项目的各个阶段都有对应的需求满足。

7.需求交付和验收

最终，需求需要被交付给项目团队进行实施。在交付的过程中，需要进行验收，确保实施的结果符合最初的需求，并满足相关方的期望。

8.持续改进

需求管理是一个持续改进的过程。在项目实施的过程中，通过对需求管理流程的回顾和分析，发现问题并及时纠正。这有助于不断提高需求管理的效率和质量。

需求管理是企业项目管理和产品开发中的一个至关重要的环节。它涵盖了需求的全生命周期，从识别和收集、分析和规划，到文档化、验证和确认，再到变更管理、跟踪和追踪，最终到交付和验收。通过有效的需求管理，企业能够更好地实现业务目标、提高项目成功率、降低开发成本、提升产品质量和加强团队协作。

然而，需求管理也面临一系列挑战，如沟通障碍、需求不明确、变更管理困难和不同相关方期望不一致。解决这些挑战需要建立良好的沟通机制、详细的需求分析和文档化，以及灵活而有效的变更管理流程。需求管理是一个不断改进的过程，通过不断总结经验教训，企业可以在未来的项目中更加高效地进行需求管理，取得更好的业绩。

## 二、需求规划的方法与工具

### （一）概述

需求规划在项目管理和产品开发中扮演着关键的角色。它涉及对需求的收集、分析、定义、优先级排序和计划，确保项目或产品能够满足相关方的期望和要求。下面将深入探讨需求规划的方法与工具，帮助组织更有效地管理和规划需求，提高项目或产品的成功交付率。

### （二）需求规划的定义与目标

1.需求规划的定义

需求规划是在项目或产品生命周期的早期阶段，通过系统性的方法明确和定义项目或产品的需求，以确保满足相关方的期望和要求。它涉及对需求的识别、分析、整理、优先级排序和计划等方面的工作。

## 2.需求规划的目标

需求规划的目标主要包括：

明确需求：通过需求规划，明确项目或产品的需求，确保团队对于要交付的工作有清晰的认识。

识别相关方需求：确保识别和理解所有相关方的需求，包括业务部门、用户、开发团队等，以满足不同利益相关方的期望。

设定优先级：对需求进行优先级排序，确保在资源有限的情况下，首先满足最重要和紧急的需求。

制定计划：制定项目或产品开发的计划，明确需求的实施顺序和时间表，确保项目或产品按时交付。

### （三）需求规划的方法

1.JAD（联合应用设计）

JAD 是一种集体参与的需求收集和规划方法。通过召集不同领域的相关方，包括业务代表、用户、项目经理等，共同参与工作坊，进行需求讨论、定义和规划。JAD 有助于加速需求的收集和明确，减少沟通障碍，提高需求的质量。

2.Interview（面试）

面试是一种经典的需求收集方法。通过与相关方一对一的交流，项目团队可以深入了解他们的需求和期望。面试通常能够获取详细和具体的信息，有助于建立起有效的需求文档。

3.原型法

原型法是通过创建系统或产品的初步模型，让相关方实际看到和体验产品的功能和界面。通过原型，项目团队可以更直观地了解用户的需求，用户也能更容易地理解和确认他们的期望。

4.调查问卷

调查问卷是一种广泛采用的需求收集方法。通过向相关方发送问卷，可以收集大量的信息，特别是对于涉及大量用户的项目或产品。问卷可以定量地测量需求的优先级和重要性。

5.场景分析

场景分析是一种通过对用户在特定场景下的行为进行观察和分析，从而识别和定义需求的方法。这种方法有助于项目团队更深入地理解用户的真实需求，尤其是在特定情境下的需求。

6.Delphi 法

Delphi 法是一种通过专家意见来达成共识的方法。通过多轮匿名调查，专家提供对需求的评估和建议，然后对结果进行整合和汇总。这有助于减少个体差异，得到更客观和一致的需求。

## （四）需求规划的工具

1. 需求跟踪表

需求跟踪表是一个用于追踪和记录需求的工具。它包括需求的编号、描述、状态、优先级等信息，通过表格形式清晰地展示了需求的整体情况。这有助于项目团队随时了解每个需求的状态和进展。

2. 甘特图

甘特图是一种项目计划的可视化工具，也可用于需求规划。通过甘特图，项目团队可以清晰地看到每个需求的计划开始和结束时间，以及它们之间的依赖关系。这有助于合理安排资源，确保项目按时进行。

3. 用例图

用例图是一种通过场景来描述系统功能的工具。它能够清晰地展示不同用户和系统之间的交互关系，有助于识别和规划需求。用例图通常用于系统和软件开发中，帮助团队理解和定义系统的功能。

4. 范围说明书

范围说明书是一个详细描述项目或产品范围的文档。它包括项目的目标、可交付成果、排除的工作、相关方等信息。通过制定范围说明书，可以帮助项目团队更好地理解和规划需求。

5. 明细设计文档

明细设计文档是对系统或产品设计的详细说明。它包括系统架构、模块设计、接口定义等信息。明细设计文档有助于将需求转化为具体的设计方案，使开发团队能够更好地理解和实施需求。

6. 优先级排序工具

优先级排序工具用于对需求进行排序和分级，确定项目或产品开发的优先顺序。常见的排序工具包括需求矩阵、故事点法、摩斯法等。通过合理的优先级排序，项目团队可以更好地管理资源，确保首先满足最重要和紧急的需求。

7. 原型工具

原型工具用于创建系统或产品的初步模型，以呈现功能和界面。常见的原型工具包括Axure、Sketch、Adobe XD等。通过原型，项目团队和相关方可以更直观地了解和确认需求，减少误解和偏差。

8. 会议和工作坊

会议和工作坊是用于集体讨论、规划和定义需求的工具。通过组织规划会议、JAD工作坊等形式，项目团队能够与相关方直接沟通，共同明确和规划需求，确保全体成员对需求有共识。

需求规划是项目管理和产品开发中的关键阶段，它直接关系到项目的成功交付。采用不同的需求规划方法和工具，可以帮助项目团队更全面、清晰地了解和定义需求，确保项目或产品能够满足相关方的期望。然而，在需求规划过程中也会面临各种挑战，包括需求不明确、相关方冲突、需求变更和缺乏专业知识等。

通过建立合理的沟通机制、采用适当的规划工具、灵活处理需求变更和引入专业知识等解决方案，可以有效应对这些挑战，提高需求规划的质量和效率。需求规划不仅仅是一个过程，更是一个需要不断改进和学习的领域。通过总结经验教训，不断优化需求规划流程，企业可以在未来的项目中更加成功地应对各种挑战。

# 第四节 生产与运营管理

## 一、生产计划与调度

### （一）概述

生产计划与调度是制造业中至关重要的管理活动，直接关系到企业的生产效率、资源利用率以及客户服务水平。生产计划旨在确定何时生产什么产品，而调度则涉及如何分配和安排生产资源以实现制定的计划。下面将深入探讨生产计划与调度的概念、重要性、方法以及面临的挑战与解决方案。

### （二）生产计划的概念与重要性

1. 生产计划的定义

生产计划是一项战略性的管理活动，旨在通过合理安排生产活动，确保企业能够按时、按量、按质地满足市场需求。它涉及对生产资源、人力、原材料等方面的合理规划，以达到生产的经济性和高效性。

2. 生产计划的重要性

（1）提高生产效率

科学合理的生产计划，可以避免因为生产过程中的浪费和闲置导致的资源浪费，提高生产效率。合理的生产计划能够确保在生产线上始终有足够的工作，最大限度地利用生产资源。

（2）优化生产成本

有效的生产计划有助于降低生产成本。通过避免生产过剩或不足，合理配置原材料和人力资源，企业可以更有效地管理成本，提高盈利能力。

（3）提升客户服务水平

生产计划的合理性直接影响到产品的交付周期。通过确保生产计划的准确性，企业可以更好地满足客户需求，提升客户服务水平，增强客户满意度。

（4）库存管理

生产计划还与库存管理密切相关。通过合理的生产计划，可以降低库存水平，减少资金占用，降低库存成本，提高库存周转率。

### （三）生产计划的方法与流程

1.MRP（物料需求计划）

（1）概念

MRP 是一种通过计算和分析物料需求，以确保在需要的时间和地点上生产和交付产品的方法。它主要关注原材料和零部件的需求，通过精确的需求计算，避免了库存过多或过少的问题。

（2）流程

识别需求：确定产品的生产需求，包括数量和交付时间。

获取数据：获取相关物料和产品的信息，包括库存、供应商信息等。

计算需求：根据产品的生产需求，计算所需的原材料和零部件的数量。

生成计划：生成物料需求计划，确定采购和生产的计划。

监控与调整：定期监控实际库存和生产情况，根据需要调整计划。

2.JIT（即时生产）

（1）概念

JIT是一种通过在需要时提供所需产品，减少库存水平，提高生产效率的方法。它强调按需生产，减少在制品和库存，从而降低库存持有成本。

（2）流程

精准计划：精准计划生产所需的数量，减少过多的生产。

及时交付：在需要产品时，立即生产和交付，减少库存存留时间。

供应链协同：与供应商和分销商进行紧密合作，确保原材料和产品按需提供。

质量管理：强调在生产过程中确保产品质量，减少废品和返工。

3.APS（高级计划与调度）

（1）概念

APS是一种集成计划与调度的方法，通过整合不同层面的计划和资源，实现更全面、准确的生产计划。它不仅考虑了物料需求，还包括了工序、人力、设备等资源的调度。

（2）流程

全面计划：整合物料、人力、设备等多个方面的需求，进行全面计划。

优化资源：在全面计划的基础上，通过优化资源的调度，确保生产过程高效运行。

灵活调整：根据实际情况，灵活调整生产计划和资源调度。

4.批量生产

（1）概念

批量生产是一种按照相同规格和工艺要求生产大批量产品的方法。它通常适用于需求相对稳定、生产效率要求较高的情况。

（2）流程

确定批量大小：根据市场需求和生产效率确定每次生产的批量大小。

计划生产周期：制定生产计划，确定每个生产周期的开始和结束时间。

准备原材料：提前准备所需的原材料，确保在生产周期开始时可用。

生产操作：按照生产计划进行批量生产操作，保持生产效率。

质量控制：在生产过程中进行质量控制，确保产品符合标准。

包装和分配：将生产好的产品进行包装，并按照计划进行分配和交付。

5.软件支持

在现代制造业中，生产计划与调度常常借助信息技术和软件系统来实现。这些系统能够更快速、准确地处理大量数据，支持决策制定和实施。常见的生产计划与调度软件包括ERP（企业资源规划）、MES（制造执行系统）、APS（高级计划与调度）等。

### （四）调度的概念与重要性

1. 调度的定义

调度是指在生产计划的基础上，通过合理分配生产资源、时间和工序，安排生产活动的过程。调度旨在最大限度地提高资源利用率，降低生产成本，并确保生产活动按照计划顺利进行。

2. 调度的重要性

（1）最大化资源利用率

通过科学合理的调度，可以更好地协调和分配生产资源，确保它们在生产活动中得到最大限度的利用。这有助于提高生产效率，减少资源浪费。

（2）降低生产成本

有效的调度有助于避免资源的过度投入和生产过程的不必要延迟，从而降低生产成本。合理的调度能够优化生产流程，减少能源和人力的浪费。

（3）缩短生产周期

通过合理的调度，可以优化生产活动的顺序和时间，减少生产周期。这有助于更快地响应市场需求，提高客户服务水平。

（4）提高产品质量

良好的调度有助于避免生产过程中的拥堵和混乱，减少错误和缺陷的发生。这有助于提高产品的质量和一致性。

### （五）调度的方法与工具

1. 作业车间调度

（1）概念

作业车间调度是指在制造车间中对工序、设备和人员进行有效调度，以实现高效的生产活动。这包括对生产订单、工序和资源的详细排程和调度。

（2）方法

工序规划：根据生产计划，确定不同工序的先后顺序和时间。

资源分配：将需要的资源（设备、人员等）分配到相应的工序。

作业顺序：确定每个工序的具体作业顺序，包括开始和结束时间。

监控与调整：定期监控实际生产情况，根据需要调整调度计划。

2. 生产线平衡

（1）概念

生产线平衡是指通过调整工作站之间的工作负荷，使各工作站的生产速度基本一致，以达到最佳的生产效率。这有助于避免生产线上的瓶颈和浪费。

（2）方法

流程分析：对整个生产线的流程进行详细分析，识别瓶颈和不平衡的地方。

工作站调整：调整工作站的布局和资源配置，以实现生产线的平衡。

产能匹配：根据工作站的产能和生产节奏，进行合理的产能匹配。

连续监控：持续监控生产线的运行情况，及时调整以适应市场需求的变化。

3. 人员调度

（1）概念

人员调度是指合理分配和安排生产线上的人员，确保每个工作站都有足够的人力资源，以保持生产的正常运转。

（2）方法

人员技能匹配：根据工作站的性质和要求，匹配具有相应技能的人员。

轮班制度：制定合理的轮班制度，确保每个时段都有足够的人员在岗。

培训计划：进行培训，提高人员的多岗位技能，以应对生产线上的灵活调度需求。

绩效评估：根据人员的绩效和工作质量，进行绩效评估，以确定最佳的人员调度。

4. 软件支持

调度的复杂性和实时性要求常常需要借助计算机软件来进行支持。调度软件通常能够处理大量数据、模拟不同情景，并提供实时监控和反馈。以下是一些常见的调度软件：

ERP 系统：企业资源规划系统通常包含了生产调度的模块，能够整合各个部门的信息，实现资源的优化配置。

MES 系统：制造执行系统能够实时监控生产线上的各个环节，支持实时调度和反馈，提高生产的可控性。

APS 系统：高级计划与调度系统涵盖了更广泛的计划和调度范围，包括物料、设备、人力等资源的优化。

排程软件：特定于调度的软件，通常能够根据不同的优化目标，自动进行排程和调度决策。

生产计划与调度在现代制造业中扮演着至关重要的角色，直接影响企业的生产效率、成本控制和客户服务水平。通过采用科学合理的方法和先进的软件系统，企业可以更好地应对市场的变化、多样化产品的生产需求，提高资源的利用率，降低生产成本，提高产品质量。然而，面对市场需求的不稳定性、生产环境的多变性等挑战，企业需要不断改进和优化生产计划与调度策略，以适应竞争激烈的市场环境。通过综合考虑市场、供应链、生产线等多方面因素，企业可以更好地实现生产计划与调度的协同，为持续发展创造更大的价值。

## 二、运营管理的关键环节

运营管理是企业管理中的一个关键领域，它涵盖了组织内部的多个方面，包括生产、供应链、人力资源、质量管理等多个环节。在当今竞争激烈、市场快速变化的商业环境中，高效的运营管理对企业的成功至关重要。下面将深入探讨运营管理的关键环节，以帮助企业更好地理解和应对运营挑战。

### （一）战略规划与目标设定

战略规划与目标设定是运营管理的首要环节。在这一阶段，企业需要明确自身的愿景、使命和价值观,同时设定长期和短期的战略目标。这有助于确保企业的运营活动与整体战略保持一致。清晰的战略框架为企业提供了方向,使其能够更加有序地规划和执行运营活动,最终实现组织的长期成功。

### (二)供应链管理

供应链管理是运营管理中的核心环节,它涵盖了从原材料采购到产品交付的整个过程。优化供应链有助于提高效率、降低成本,并确保产品按时交付给客户。现代企业需要建立强大而灵活的供应链网络,以适应市场需求的快速变化。采用先进的技术,如物联网、大数据分析和人工智能,有助于更好地监控和管理供应链的各个环节,提高整体运营的敏捷性。

### (三)生产计划与控制

生产计划与控制是确保生产过程顺利进行的关键环节。它涉及生产资源的合理分配、生产进度的监控和质量控制。通过有效的生产计划,企业可以更好地应对市场变化和客户需求的波动。同时,强化生产过程的控制,包括采用先进的生产技术和质量管理体系,有助于提高产品质量,降低生产成本。

### (四)人力资源管理

人力资源管理是确保企业最宝贵资产——员工发挥作用的关键环节。在现代企业中,员工不仅仅是执行者,更是创新和价值创造的关键参与者。因此,招聘、培训、激励和绩效评估等人力资源管理活动变得至关重要。企业需要建立积极的企业文化,激发员工的创造力和团队合作精神,以应对日益复杂的市场挑战。

### (五)质量管理

质量管理是确保产品和服务达到或超越客户期望的关键环节。在竞争激烈的市场中,产品质量直接关系到企业的声誉和客户忠诚度。因此,建立健全的质量管理体系,包括质量标准的制定、生产过程的监控和产品检验,对于企业取得市场优势至关重要。不断追求卓越的质量是企业在市场中立于不败之地的基石。

### (六)信息技术支持

信息技术在现代运营管理中发挥着不可替代的作用。它能够加速信息流动,提高决策效率,同时降低运营成本。企业需要投资于先进的信息技术基础设施,包括企业资源计划(ERP)系统、物联网技术和数据分析工具,以提升运营的智能化水平。通过充分利用信息技术,企业可以更好地预测市场需求、优化生产流程,从而实现运营的创新和卓越。

### (七)市场营销与销售

市场营销与销售是将产品和服务推向市场,实现商业价值的关键环节。企业需要制定有效的市场营销策略,包括定位、分析竞争对手、制定价格策略等。同时,建立强大的销售团队,通过积极的销售活动和客户关系管理,确保产品在市场中占据有利位置。不断创新和适应市场变化是市场营销与销售环节成功的关键。

## （八）风险管理

运营管理中不可忽视的一个关键环节是风险管理。企业面临各种各样的风险，包括市场风险、供应链风险、财务风险等。有效的风险管理需要企业对各种风险进行评估，并采取相应的措施进行预防和控制。建立健全的风险管理体系，可以帮助企业在不确定的环境中更好地应对各种挑战，确保业务的可持续发展。

## （九）成本管理

成本管理是确保企业盈利的关键环节之一。有效的成本管理涉及生产成本、人力成本、物流成本等多个方面。企业需要通过精细化的成本分析，找到降低成本的机会，并在降低成本的同时保持对质量和客户价值的关注。通过精细管理成本，企业可以在激烈的市场竞争中保持竞争力，实现盈利最大化。

## （十）环境与社会责任

在当今社会，环境和社会责任已经成为运营管理中不可忽视的方面。企业需要关注自身的社会影响，采取可持续的经营策略，推动环保和社会责任的实践。建立可持续的供应链、减少资源浪费、关注员工福祉等措施，不仅有助于提升企业形象，还能够满足越来越注重社会责任的客户和投资者的期望。

## （十一）绩效评估与持续改进

绩效评估与持续改进是运营管理的关键环节之一。企业需要建立科学的绩效评估体系，对各个运营环节进行定期评估，发现问题和瓶颈，并制定改进计划。通过不断地追求卓越和创新，企业可以不断提升运营效率和竞争力，适应市场的变化和客户需求的不断演变。

综合来看，运营管理的关键环节构成了企业成功的基石。从战略规划到绩效评估，每个环节都相互关联，相互影响，共同推动着企业的可持续发展。在这个快速变化的商业环境中，企业需要灵活应对各种挑战，不断优化运营管理的各个环节，以确保在竞争中立于不败之地。通过深入理解和有效实施这些关键环节，企业可以更好地适应市场变化，提高效率，降低成本，创造更多的价值，从而实现长期的成功。

# 第五节 采购与供应商关系管理

## 一、采购流程与方法

采购是企业运营中至关重要的一环，直接关系到产品和服务的质量、成本以及供应链的有效性。一个良好的采购流程和科学的采购方法能够帮助企业更好地选择供应商、降低采购成本、提高采购效率。下面将深入探讨采购流程与方法，以帮助企业构建更加高效和可持续的采购体系。

### （一）采购流程

1. 识别采购需求

采购流程的第一步是明确和识别采购需求。这包括对原材料、零部件、设备、服务等的需求进行详细的分析，确保采购的物品或服务能够满足企业的生产和运营需求。

2. 制定采购计划

在明确采购需求后，企业需要制定详细的采购计划。采购计划应包括采购数量、预算、采购时间表等信息，以便更好地组织和控制后续的采购活动。

3. 制定采购策略

根据采购计划，制定相应的采购策略。这涉及供应商的选择、采购合同的签订方式、价格谈判策略等。选择适当的采购策略有助于降低采购成本，提高供应链的灵活性。

4. 寻找合适供应商

一旦采购策略确定，就需要开始寻找合适的供应商。这可以通过市场调研、招标、询价等方式进行。评估供应商的信誉、财务状况、交货能力等因素，确保选择到合适的供应商。

5. 发布采购订单

确定好供应商后，企业需要向供应商发布正式的采购订单。采购订单应包括产品或服务的详细规格、数量、价格、交货时间等关键信息，以确保供应商清晰理解采购要求。

6. 供应商交货与验收

一旦供应商收到采购订单，他们开始履行合同并交付产品或服务。企业需要进行严格的验收，确保所收到的物品或服务符合采购合同的要求。如果存在问题，及时与供应商协商解决。

7. 付款与结算

在验收合格后，按照合同约定的付款方式进行支付。及时、准确的付款有助于维护与供应商的良好关系，促进未来的合作。

8. 采购记录与绩效评估

企业需要建立完善的采购记录体系，记录每一次采购的相关信息，以备查证和分析。同时，对供应商的绩效进行评估，为未来的合作提供依据。

## （二）采购方法

1. 招标采购

招标采购是一种通过公开招标的方式，邀请潜在供应商参与竞争，以确定最有竞争力的供应商的采购方法。这种方法适用于采购金额较大、市场竞争激烈的情况。企业可以通过发布招标公告、招标文件，进行投标评估，最终选择合适的供应商。

2. 竞争性谈判

竞争性谈判是在招标的基础上，通过与潜在供应商进行面对面的谈判，以获取更好的价格、服务和其他条件。这种方法适用于产品或服务的特殊性较强，需要灵活的合同条件的情况。

3. 委托代理采购

委托代理采购是指企业通过委托采购代理机构或专业采购团队进行采购活动。这种方法可以降低企业内部的采购成本，专业团队有助于更好地管理和控制采购流程。

4. 长期合作伙伴关系

建立长期合作伙伴关系是一种注重供应链战略的采购方法。企业与供应商建立长期的合作关系，共同发展，共同面对市场的变化。这种方法强调双方之间的信任和合作，有助于降低运营风险。

5. 电子采购

随着信息技术的发展，电子采购作为一种高效、便捷的采购方法逐渐受到青睐。通过电子平台，企业可以实现在线招标、竞价，简化采购流程，降低采购成本。

6. JIT（即时制造）采购

即时制造采购是一种在生产和供应链中广泛应用的方法。它通过减少库存，实现按需生产和采购，从而降低库存成本，提高资金周转效率。

## （三）采购流程优化与挑战

1. 采购流程优化

采购流程的优化对于提高效率、降低成本以及增强企业竞争力至关重要。以下是一些常见的采购流程优化措施：

（1）自动化和数字化

采用采购管理系统、电子采购平台等工具，实现采购流程的自动化和数字化。这有助于提高工作效率，减少手工操作错误，并提供实时的数据分析和报告。

（2）数据分析和预测

利用大数据分析技术，深入了解市场趋势、供应商表现等信息，以便更好地制定采购计划和战略。数据分析还可以帮助预测需求变化，避免库存过剩或短缺。

（3）供应链透明化

建立透明的供应链，通过实时跟踪物流和库存信息，降低因信息不对称而导致的风险。透明的供应链有助于提高对整个供应链的可见性，更好地应对异常情况。

（4）品类管理

将采购物品进行分类管理，根据不同品类采用不同的采购策略和供应商管理方式。这有助于更精细地控制采购流程，提高效率。

（5）建立绩效评估体系

建立供应商和采购绩效评估体系，定期对供应商和采购团队的表现进行评估。这有助于发现问题、及时调整策略，并激励供应商提供更好的产品和服务。

2. 采购流程的挑战

采购流程中也面临一些挑战，包括但不限于：

（1）供应链风险

全球化的市场使得企业面临更加复杂的供应链风险，如自然灾害、政治不稳定、原材料价格波动等。有效的供应链风险管理成为采购流程中的一项重要任务。

（2）法规和合规性

不同国家和地区有不同的采购法规和合规性要求，企业需要确保其采购流程符合相关法规，避免可能的法律风险。

（3）信息安全

采购流程涉及大量的商业和供应链信息，信息泄露可能导致严重的商业损失。因此，保障采购流程的信息安全成为一项重要任务。

（4）价格波动

原材料价格的波动、货币汇率的波动等因素可能对采购成本产生影响。企业需要灵活应对市场变化，采取相应的风险管理策略。

采购流程与方法对企业的运营和竞争力有着直接的影响。通过建立科学、高效的采购流程，采用合适的采购方法，企业能够更好地管理供应链，降低采购成本，提高采购效率。同时，对采购流程的不断优化和挑战的应对，也是企业在市场竞争中保持竞争力的重要手段。通过不断学习和应用新的技术和管理方法，企业可以更好地适应市场的变化，实现可持续发展。采购不仅仅是一项日常性的业务活动，更是企业成功的关键因素之一。

## 二、供应商评价与协同

### （一）概述

供应商评价与协同是现代企业管理中至关重要的环节之一。在全球化和竞争激烈的商业环境中，企业与供应商之间的关系对于产品质量、交付时间、成本效益等方面都有着直接的影响。下面将深入探讨供应商评价与协同的重要性、方法和实施步骤，以帮助企业更好地管理供应链，提高合作效能。

### （二）供应商评价的重要性

1. 提高产品质量

供应商评价是确保供应商提供的产品或服务符合企业标准和期望的关键手段。通过建立科学的评价体系，企业可以监控供应商的质量管理体系，及时发现和纠正可能影响产品质量的问题，从而提高产品质量水平。

2. 降低采购成本

通过对供应商的绩效进行评价，企业可以更好地了解供应商的性价比，找到具有竞争力的合作伙伴。合作伙伴间的良好协同可以帮助企业降低采购成本，实现更加经济高效的采购。

3. 确保供应链稳定性

供应商的稳定性对于企业的供应链稳定性至关重要。通过对供应商的财务状况、交货能力等方面进行评估，企业可以更好地预测和管理供应链中的风险，确保生产和交付的顺利进行。

4. 促进创新与技术进步

与优秀的供应商建立合作伙伴关系，有助于企业获取更多的创新和技术支持。供应商评价不仅要关注当前的供应能力，还应考虑供应商的研发实力和创新能力，以推动产业链上的技术进步。

5. 提升企业声誉

与高质量、高信誉的供应商合作有助于提升企业的声誉。良好的供应商评价可以成为企业在市场中竞争的一项优势，提升企业形象，吸引更多的客户和投资者。

### （三）供应商评价的方法

1. 关键绩效指标（KPIs）

制定关键绩效指标是供应商评价的基础。这些指标应该涵盖质量、交货准时性、成本、创新能力等多个方面。不同行业和企业的 KPIs 可能有所不同，但应该与企业的战略目标和价值观相一致。

2. 供应商问卷调查

通过设计问卷，向供应商提问，了解他们对合作的满意度、改进意见和未来的发展计划。问卷调查可以帮助企业收集更全面的信息，了解供应商的内部运营情况。

3. 实地考察

进行实地考察是一种更直观的供应商评价方法。通过亲自参观供应商的工厂、生产线、质检体系等，企业可以更全面地了解供应商的实际情况，确保评价的真实性和客观性。

4. 数据分析和技术支持

借助大数据分析技术，对供应商的数据进行深入分析，从而更好地发现潜在问题和改进空间。技术支持包括信息系统的应用，可以提高数据的准确性和实时性。

5. 合同履行情况

评估供应商是否按照合同履行其义务是供应商评价的关键要素之一。这包括了按时交付、产品质量符合要求、服务水平等方面的履行情况。通过对合同履行的评估，企业可以及时发现问题，采取相应的措施，确保供应商与企业之间的合作达到预期目标。

### （四）供应商协同的重要性

1. 实现供应链协同

供应商协同是实现供应链协同的关键一环。通过与供应商建立良好的沟通与合作关系，可以实现供应链上下游之间的信息共享、资源整合，从而提高整体供应链的效率和灵活性。

2. 降低风险

供应商协同有助于共同应对市场变化和不确定性，降低各方面的风险。通过与供应商保持密切联系，及时了解市场信息、需求变化等，有助于制定灵活的应对策略，降低经营风险。

3. 提升创新能力

与供应商建立紧密的协同关系，有助于共同推动创新。供应商通常具备独特的技术和资源，通过协同创新，双方可以共同研发新产品、新技术，提高企业的竞争力。

4. 提高生产效率

供应商协同可以通过优化生产计划、减少库存、提高生产效率等方式，共同降低生产成本。协同关系有助于更好地协调生产和供应，避免了不必要的浪费和延误。

5. 促进可持续发展

建立可持续的供应链关系是企业实现可持续发展的重要途径。通过与供应商协同，共同关注环保、社会责任等方面的问题，推动供应链的可持续性发展。

### （五）供应商评价与协同的实施步骤

1. 制定明确的评价标准

在进行供应商评价之前，企业需要制定明确的评价标准和KPIs。这些标准应该与企业的战略目标和价值观相一致，确保评价的客观性和准确性。

2. 选择合适的评价方法

根据企业的具体情况，选择合适的供应商评价方法，可以是问卷调查、实地考察、数据分析等多种方式的结合使用。不同的方法有助于获取全面的供应商信息。

3. 建立供应商数据库

建立供应商数据库，包括供应商的基本信息、历史绩效、合同履行情况等。数据库有助于企业随时随地查阅供应商信息，做出更为及时的决策。

4. 与供应商建立双向沟通渠道

建立双向沟通渠道是供应商协同的基础。确保企业与供应商之间有畅通的沟通渠道，能够及时分享信息、解决问题，促进合作关系的更好发展。

5. 制定协同计划

在评价的基础上，制定供应商协同计划。这包括共同制定新产品的研发计划、共享市场信息、制定共同的应对市场变化的策略等。协同计划应与供应商的发展目标相一致。

6. 定期评估和调整

供应商评价和协同是一个不断迭代的过程。企业需要定期对供应商的绩效进行评估，发现问题并及时调整协同计划，确保供应链的稳定和可持续发展。

### （六）供应商评价与协同的挑战

1. 信息不对称

供应商与企业之间存在信息不对称的问题，可能导致评价不准确。要解决这个问题，建立信息共享平台，促进双方信息的透明度是关键。

2. 依赖性风险

过度依赖某一供应商可能会带来风险。为了规避这个问题，企业应该建立多供应商的策略，确保在某一供应商出现问题时能够及时切换。

3. 评价方法的局限性

不同的评价方法都存在一定的局限性，难以全面准确地反映供应商的实际情况。因此，企业需要综合多种方法，以获取更全面的信息。

4. 人力和时间成本

进行供应商评价和协同需要投入大量的人力和时间成本。为了更高效地进行这一过程，企业可以考虑利用信息技术工具，提高评价和协同的效率。

供应商评价与协同是构建强大供应链的关键要素。通过科学的评价体系，企业可以更好地了解供应商的实际情况，建立长期稳定的合作关系。与此同时，供应商协同则是在评价的基础上，通过双方的合作和沟通，共同实现优化资源、提高效率、降低成本等目标。在竞争激烈的市场环境中，建立紧密的供应链伙伴关系成为企业赢得竞争的重要策略之一。

为了克服供应商评价与协同过程中可能遇到的挑战，企业需要不断完善管理方法、利用先进技术，并且与供应商之间建立信任和透明的关系。总体而言，这一过程不仅有助于提升企业自身的竞争力，也有助于供应商的发展，形成互惠互利的合作生态系统。

在实施供应商评价与协同时，企业应该充分认识到这是一个动态的过程，需要随着市场和业务变化进行调整和优化。灵活的管理策略和敏锐的市场洞察力将有助于企业更好地适应外部环境的变化，保持供应链的竞争力和可持续性。

# 第六节 物流与运输管理

## 一、物流管理的基本概念

### （一）概述

物流是现代企业运营中不可或缺的重要环节，它涵盖了从生产到消费的全过程，包括物品的采购、生产、存储、运输、配送和售后服务等方面。物流管理作为对这一过程进行规划、组织、执行和控制的学科，对于提高企业运作效率、降低成本、提高客户满意度具有重要意义。下面将深入探讨物流管理的基本概念，包括其定义、重要性、主要任务和关键要素。

### （二）物流管理的定义

物流管理是一种综合性的管理学科，它涉及整个产品供应链的运作过程。物流管理的定义可以从不同角度进行解释：

1. 传统观点

从传统的观点看，物流管理主要是指对物流活动进行计划、实施和控制，以最大限度地满足顾客需求、降低成本、提高效率。

2. 现代观点

在现代，随着信息技术的发展，物流管理不再仅仅关注产品的流动，还强调信息的流动。现代物流管理更侧重于通过信息系统实现供应链的协同，提高整个供应链的可视性和灵活性。

3. 系统观点

物流管理也可以被看作是一个系统，包括了物流规划、采购、生产、仓储、运输、配送等多个子系统。这些子系统相互协作，形成一个有机整体，确保产品从生产到消费的流通畅通无阻。

综合来看，物流管理可以被理解为通过科学的规划、组织、执行和控制，使得产品从生产地到消费地的流动过程更加高效、经济，并且最大限度地满足顾客的需求。

### （三）物流管理的重要性

1. 降低成本

物流管理的有效实施有助于降低企业的运营成本。通过优化供应链、合理规划仓储、提高运输效率等手段，企业能够降低采购、生产、仓储和运输等方面的成本，提高整体利润。

2. 提高客户服务水平

物流管理的目标之一是确保产品能够及时、准确地到达顾客手中。通过优化供应链和物流流程，企业能够提高交货速度，减少库存水平，从而提高客户服务水平，提升客户满意度。

3. 增强竞争力

随着市场的全球化和竞争的加剧，物流管理成为企业提升竞争力的关键因素之一。通过高效的物流管理，企业可以更灵活地应对市场变化，更好地满足客户需求，保持竞争优势。

4. 优化资源利用

物流管理可以帮助企业优化资源的利用，减少浪费。通过精细化的规划和控制，企业能够更好地利用生产资源、仓储空间、运输工具等，提高资源利用效率。

5. 促进创新

物流管理的实施促使企业在供应链中寻找创新的方式，如新的运输模式、仓储技术、信息系统等。这有助于企业保持竞争优势，不断提升业务水平。

### （四）物流管理的主要任务

1. 计划与设计

物流管理的首要任务之一是进行全面的物流规划与设计。这包括供应链的设计、仓储网络的规划、运输路线的设计等。良好的规划与设计能够为后续的实施提供清晰的方向。

2. 采购与供应链管理

采购是物流管理的重要环节之一，它关乎到原材料的供应、供应商的选择、合同的签订等。同时，供应链管理也是关键任务，它要求企业在整个供应链上实现协同与协调。

3. 生产与库存管理

物流管理要求企业在生产过程中实现高效率和高质量。同时，库存管理也是一个需要精心控制的方面，既要确保产品能够随时供应，又要降低库存成本。

4. 运输与配送

运输是物流管理中的核心环节之一，包括货物的运输方式、运输路径的选择、运输计划的制定等。配送则关注产品最终到达客户手中的过程。

5. 信息流管理

在现代物流管理中，信息流的管理变得愈发重要。通过信息系统的建设与运用，企业可以实现供应链的可视化、信息的实时传递，从而提高决策的精准性和反应速度。

### （五）物流管理的关键要素

1. 供应链管理

供应链管理是物流管理的核心要素之一。它强调整个供应链上下游的协同和协作，包括供应商、生产商、分销商以及最终客户。通过有效的供应链管理，企业能够更好地应对市场需求的变化，降低库存水平，提高整体效率。

2. 信息技术与系统

信息技术在现代物流管理中发挥着关键作用。物流信息系统可以帮助企业实现供应链的实时监控、库存管理、运输计划等功能。通过信息技术的支持，物流管理得以更加精细化和高效化。

3. 仓储与库存管理

仓储和库存管理是物流流程中不可或缺的环节。良好的仓储系统能够确保货物的安全存储，同时提高库存周转率，减少库存持有成本。有效的库存管理也能够降低过多库存对企业的负担。

4. 运输与配送网络

运输和配送网络是物流系统中的重要组成部分。选择合适的运输方式、优化运输路径、提高运输效率，都直接影响着物流系统的整体表现。灵活而高效的运输与配送网络是物流成功实施的关键。

5. 成本管理

成本管理是物流管理的核心任务之一。企业需要通过不断地优化物流流程、提高资源利用率、降低库存成本等手段，实现成本的最小化。成本管理需要在高效运作和客户服务水平之间找到平衡点。

6. 环境与可持续性

随着社会对可持续发展的关注增加，物流管理也逐渐将环境与可持续性考虑在内。在物流管理中引入环保原则，如减少运输排放、优化包装材料等，有助于企业在经济效益和环境责任之间实现平衡。

### （六）物流管理的挑战与解决方案

1. 复杂的供应链

全球化和复杂的供应链结构使物流管理变得更为复杂。解决方案包括建立更加紧密的供应链伙伴关系，借助信息技术实现供应链的透明化和协同。

2. 高成本压力

成本压力一直是物流管理的挑战之一。通过优化运输路线、提高运输效率、合理利用仓储空间等方式，企业可以应对高成本压力，实现成本的控制。

3. 快速变化的市场需求

市场需求的快速变化对物流管理提出了更高的要求。采用灵活的供应链管理和信息系统，能够更迅速地适应市场的变化，提高企业的反应速度。

#### 4. 环保和可持续性要求

社会对环保和可持续性的关注日益增加，物流管理需要更加注重环保原则。通过采用环保的运输方式、优化包装材料等手段，企业能够满足社会的期望，同时提升企业形象。

#### 5. 技术和人才短缺

技术的不断更新和人才的短缺是物流管理领域的常见问题。企业需要不断更新信息技术，培养专业人才，确保物流系统能够紧跟时代的发展。

物流管理是企业成功运作的关键环节，涵盖了整个供应链的方方面面。通过科学的规划、高效的执行和先进的信息技术的应用，企业能够在竞争激烈的市场中保持竞争优势。在未来，随着技术的不断创新和社会的发展，物流管理将继续面临新的挑战和机遇。通过不断学习、创新和适应，企业可以更好地应对这些变化，实现可持续发展。

## 二、运输管理的优化与控制

### （一）概述

运输管理作为物流管理中的一个重要环节，直接关系到货物的流通效率、成本控制和客户服务质量。在全球化、市场竞争日益激烈的背景下，企业需要通过科学的运输管理来提高运输效率、降低成本，并同时保持灵活性以适应市场变化。下面将深入探讨运输管理的优化与控制，包括其定义、目标、优化方法以及实施步骤。

### （二）运输管理的定义

运输管理是物流管理的一个重要组成部分，它涉及货物从生产地到消费地的物理流动过程。运输管理旨在通过合理规划、组织、执行和控制运输活动，实现货物安全、快速、经济地从供应商到客户。它包括了多种运输方式的选择、运输路线的规划、运输成本的控制等方面。

### （三）运输管理的目标

#### 1. 提高运输效率

运输效率是运输管理的核心目标之一。通过优化运输计划、选择最佳的运输方式、减少运输中的停留时间等手段，企业可以提高货物的运输速度，缩短交货周期，提高整体运输效率。

#### 2. 降低运输成本

成本控制是运输管理的重要目标之一。通过优化运输路线、提高运输利用率、合理选择运输方式等方法，企业可以降低运输成本，提高运输的经济效益。

#### 3. 提高服务水平

运输管理旨在提高客户服务水平，确保货物按时、完好地到达客户手中。通过提供准确的运输信息、提高运输可视性，企业可以提高客户对服务的满意度，提升企业形象。

#### 4. 灵活应对市场变化

在市场竞争激烈的环境中，运输管理需要具备灵活性，能够迅速调整运输计划、适应市场需求的变化。灵活的运输管理有助于企业更好地应对市场波动，保持竞争优势。

#### 5. 降低环境影响

随着环保意识的增强，运输管理也要考虑降低对环境的影响。通过选择环保的运输方式、优化运输路线，企业可以降低运输对空气、水源等自然资源的污染，推动可持续发展。

### （四）运输管理的优化方法

1. 运输计划优化

合理的运输计划是提高运输效率和降低成本的关键。通过采用先进的规划工具和算法，企业可以实现运输计划的优化，选择最短的路线、最佳的运输方式，以及合理的装载计划，从而提高整体运输效率。

2. 运输成本分析

运输成本的合理分析是降低运输成本的前提。企业可以通过对运输成本的详细分解和分析，找到成本的主要来源，确定降低成本的关键措施，比如合理选择运输方式、提高车辆利用率等。

3. 运输网络优化

运输网络的优化包括整体网络结构的设计和运输网络的协同。通过合理设计运输网络，企业可以降低运输距离、减少中转环节，提高整体运输效率。同时，运输网络的协同也有助于不同运输环节的协同工作，提高整体运输效益。

4. 车辆调度优化

车辆调度是运输管理中的一个关键环节。通过合理的车辆调度，企业可以提高车辆利用率，减少空载率，降低运输成本。先进的车辆调度系统可以实时监控车辆位置、交通状况，帮助企业实现动态调度，提高响应速度。

5. 信息技术应用

信息技术在运输管理中发挥着越来越重要的作用。通过建立先进的信息系统，企业可以实现对运输过程的实时监控、运输数据的分析，提高运输可视性，降低运输风险。

### （五）运输管理的实施步骤

1. 评估现状

在实施运输管理优化之前，企业需要对当前的运输情况进行全面评估，包括运输网络结构、运输成本、车辆利用率、客户服务水平等方面的情况。通过全面评估，企业可以明确优化的方向和重点。

2. 设定目标

在评估现状的基础上，企业需要设定明确的运输管理优化目标。这些目标可以包括提高运输效率、降低运输成本、提高客户服务水平等。设定明确的目标有助于企业集中精力，有针对性地进行优化工作。

3. 选择优化方法

根据评估结果和设定的目标，企业需要选择合适的优化方法。这可能涉及运输计划的重新设计、运输成本的精细化管理、运输网络的优化调整等。选择合适的优化方法需要考虑到企业的具体情况和优化的重点。

4. 引入先进技术

在运输管理的优化过程中，引入先进的信息技术和管理工具是关键的一步。运用先进的运输管理系统、智能调度系统、物流大数据分析等技术手段，可以提高运输的透明度、实时性和精准性，从而更好地支持优化决策。

5. 建立绩效评估体系

建立运输管理的绩效评估体系是优化过程中的重要环节。通过建立合理的指标体系，对运输效率、成本、客户服务水平等方面进行定期评估，帮助企业更好地了解优化效果，及时调整和改进优化措施。

6. 培训和沟通

在实施运输管理的优化过程中，员工的培训和沟通是不可忽视的。培训可以帮助员工熟悉新的运输管理流程和工具，提高其运用先进技术的能力。同时，沟通也是确保整个团队对优化目标的理解和形成共识的重要手段。

7. 持续改进

运输管理的优化是一个持续改进的过程。企业需要定期回顾运输管理的优化效果，收集反馈信息，发现问题并及时调整优化策略。持续改进有助于确保企业在不断变化的市场环境中保持竞争力。

## （六）运输管理的挑战与应对策略

1. 复杂的运输网络

挑战：全球化和供应链的复杂性使得运输网络变得更加庞大和复杂，难以管理。

应对策略：引入先进的信息技术，建立强大的运输管理系统，实现对整个运输网络的实时监控和管理。通过优化网络结构，减少中转环节，提高网络的灵活性。

2. 运输成本压力

挑战：运输成本是企业面临的重要压力之一，受到燃油价格波动、运力供需关系等因素的影响。

应对策略：采用成本分析工具，深入了解运输成本的结构和影响因素。通过合理选择运输方式、优化运输路线、提高运输效率等手段，降低成本。

3. 高效率与环保的平衡

挑战：提高运输效率通常会伴随资源的大量消耗和环境的污染，与环保要求存在矛盾。

应对策略：采用环保的运输方式，优化运输路线以减少碳排放，推动绿色物流发展。在提高运输效率的同时，注重社会责任和环保问题。

4. 技术应用与人才培养

挑战：先进技术的应用需要企业具备相关的人才，但人才的培养和引进是一项挑战。

应对策略：建立培训机制，提高员工对先进技术的运用能力。同时，与高校、研究机构等合作，引入相关领域的专业人才。

5. 灵活应对市场变化

挑战：市场需求的不断变化对运输管理提出更高的灵活性和反应速度的要求。

应对策略：建立灵活的运输计划和调度机制，引入先进的信息系统，以更好地适应市场变化。同时，建立敏捷供应链，实现供应链上下游的协同。

运输管理的优化与控制是企业在现代物流环境中保持竞争力的重要举措。通过科学的规划、先进的技术应用、灵活的运输计划及不断的改进和创新，企业可以实现运输过程的高效、经济、环保，从而更好地满足市场需求，提高客户满意度，取得可持续发展的竞争优势。在未来，随着技术的不断发展和市场的变化，企业需要保持敏感性和适应性，不断调整和优化运输管理策略，以适应新的挑战和机遇。

# 第七节　信息技术在供应链中的应用

## 一、信息技术对供应链可见性的影响

### （一）概述

供应链可见性是指企业对其供应链各环节的实时、透明、全面的了解和掌握程度。信息技术的发展为提升供应链可见性提供了强大的支持，使企业能够更好地应对市场变化、降低风险、提高效率。本节将深入探讨信息技术对供应链可见性的影响，包括定义、关键技术、优势和挑战等方面的内容。

### （二）供应链可见性的定义

供应链可见性是指企业对供应链上下游的物流、库存、订单、生产等信息的全面、实时的把握程度。这包括对供应链中关键节点和活动的监控，以及对关键业务指标的分析和评估。供应链可见性使企业能够更及时地做出决策，更灵活地应对市场变化，提高整个供应链的效率和反应速度。

### （三）信息技术对供应链可见性的关键影响

1. 数据采集和传输

信息技术的最直接影响是实现供应链中各环节数据的高效采集和传输。通过自动化的传感器、RFID技术、物联网设备等，企业可以实时获取物流、库存、生产等环节的数据，并通过云计算、大数据技术等手段将数据高效传输到中央平台，为供应链可见性奠定基础。

2. 数据分析与挖掘

信息技术为大规模数据的分析和挖掘提供了强大的工具。通过数据分析和挖掘技术，企业可以从海量的供应链数据中发现潜在的模式、趋势和关联关系，为决策提供更深层次的支持。数据分析还有助于对供应链中的瓶颈和风险进行识别，提前进行应对。

3. 实时监控与报告

信息技术实现了供应链的实时监控和报告。通过仪表板、报表等工具，企业可以随时随地查看供应链各环节的运行状态和关键指标。这为管理层提供了及时的决策依据，使其能够更快速地应对突发事件、调整生产计划、优化库存策略等。

4. 云计算和边缘计算

云计算和边缘计算的兴起为供应链可见性提供了更灵活、弹性的计算和存储能力。云计算使得企业可以将数据存储在云端，实现大规模数据的共享和分析。边缘计算则使数据处理能够更加迅速地在数据产生的地方进行，提高了实时性。

5. 区块链技术

区块链技术为供应链可见性提供了更高水平的信任和透明度。通过区块链，供应链中的每个环节都可以获得不可篡改的交易记录，确保数据的真实性和安全性。区块链还可以实现供应链合同的智能化执行，提高合同履行的透明度。

### （四）信息技术对供应链可见性的优势

1. 实时决策支持

信息技术为供应链提供了实时的数据和分析工具，使得管理层能够更快速地做出决策。实时决策支持有助于企业更及时地应对市场变化、客户需求波动等情况，提高整个供应链的灵活性。

2. 风险管理

信息技术可以帮助企业更好地识别和管理供应链中的风险。通过数据分析，企业可以预测供应链中可能出现的问题，并采取相应的措施。这有助于降低由于突发事件引起的损失，提高供应链的抗风险能力。

3. 库存优化

供应链的可见性使企业能够更精准地了解库存水平、流通速度等信息。通过信息技术，企业可以实现库存的实时监控和管理，避免库存积压或库存不足的情况，降低库存成本，提高资金利用效率。

4. 客户满意度提升

信息技术使得企业能够更好地了解客户需求，随时调整生产计划、库存策略以满足客户的个性化需求。提高供应链可见性有助于及时反馈客户的意见和需求，提升客户满意度，增强客户忠诚度。

5. 效率提升

通过实时监控和分析供应链的各个环节，企业可以发现并消除不必要的环节和浪费，提高整个供应链的效率。信息技术的应用有助于优化生产计划、提高运输效率、降低成本，从而提升供应链的整体运作效率。

### （五）信息技术对供应链可见性的挑战

1. 数据安全和隐私问题

随着信息技术的广泛应用，数据安全和隐私问题成为一个不容忽视的挑战。供应链中涉及的大量数据，一旦泄露或被恶意利用，将对企业造成严重损失。因此，确保供应链数据的安全性和隐私性是信息技术应对的首要问题。

2. 技术标准与整合

供应链中可能涉及多个不同的信息系统和技术标准，导致信息系统的整合变得复杂。不同供应链参与方使用的信息系统可能不兼容，造成数据交流和共享的困难。信息技术需要解决这一挑战，实现不同系统之间的高效整合。

3. 技术更新与维护

信息技术发展迅速，企业需要不断更新和维护其信息系统，以保持与最新技术的同步。技术更新不仅需要投入大量的资源，还需要确保更新过程对供应链的正常运作不造成影响。这对企业的技术管理能力提出了更高的要求。

4. 人才培养

有效利用信息技术需要具备相应技能和知识的人才。供应链人才需要具备数据分析、信息系统管理等方面的能力,而这些技能并非每位从业人员都具备。因此,人才培养成为信息技术应用的一大挑战。

5. 初期投入和 ROI 问题

引入信息技术需要一定的初期投入,包括硬件设备、软件系统的购置和实施,以及人才培训等费用。企业在投入这些成本时需要考虑其是否能够获得合理的回报。如果未能有效利用信息技术,可能导致投入和收益不成比例的问题。

### (六)信息技术对供应链可见性的未来趋势

1. 人工智能和机器学习

人工智能和机器学习的应用将进一步提升供应链可见性的水平。通过对大数据的深度学习和分析,人工智能可以更准确地预测供应链中可能出现的问题,实现更精细化的供应链管理。

2. 物联网的普及

随着物联网设备的普及,供应链中的各个环节将更加智能化。物联网设备可以实时监控和传输物流、库存等方面的数据,使供应链的可见性更为全面和实时。

3. 区块链的广泛应用

区块链技术的广泛应用将进一步提高供应链的透明度和信任度。区块链可以确保数据的安全性和不可篡改性,为供应链参与方提供更高水平的数据共享和合作基础。

4. 边缘计算的发展

边缘计算的发展将使供应链数据的处理更加迅速和实时。边缘计算可以在数据产生的地方进行处理,降低数据传输的延迟,提高供应链数据的实时性。

5. 数字孪生技术

数字孪生技术是将现实世界的实体与数字模型相连接,使得企业能够更好地仿真和分析供应链中的各个环节。数字孪生技术有望在未来为供应链可见性提供更为高级和复杂的模拟和分析手段。

信息技术对供应链可见性的影响是深远而积极的。通过实现供应链中各环节数据的高效采集和传输,结合数据分析和挖掘技术,企业能够更全面、实时地了解供应链的运行状态。信息技术的应用为企业提供了更好的决策支持,帮助其更灵活地应对市场变化、提高效率、降低风险。然而,信息技术的应用也面临一系列挑战,如数据安全、技术整合、人才培养等问题。在未来,随着人工智能、物联网、区块链等技术的发展,信息技术对供应链可见性的影响将越加深入,为企业持续提升供应链管理水平提供更多可能性。

## 二、物联网在供应链中的角色与应用

### (一)概述

物联网(Internet of Things,IoT)是指通过互联网连接和互相通信的智能设备和物体,实现信息的采集、传输、共享和分析。在供应链领域,物联网技术的应用正在改变传统的供应链管理方式，为企业提供更智能、实时、高效的供应链解决方案。本节将深入探讨物联网在供应链中的角色与应用，包括其定义、关键技术、优势、挑战和未来发展趋势。

### （二）物联网在供应链中的定义

物联网在供应链中的定义是将传感器、设备和物体通过互联网连接起来，实现实时监测、数据采集和共享，以优化供应链中的各个环节。这包括生产、仓储、运输、销售等方面，通过物联网技术实现供应链的数字化、智能化和网络化。

### （三）物联网在供应链中的关键技术

1. 传感技术

传感技术是物联网在供应链中的基础。通过各类传感器，如温度传感器、湿度传感器、GPS 定位传感器等，实时监测供应链中的物流、库存、环境等数据。这些传感器将实时的数据通过互联网传输到中央系统，为供应链提供准确的信息基础。

2. 无线通信技术

物联网中的设备需要通过无线通信技术实现互联网连接，包括蜂窝网络、Wi-Fi、蓝牙、RFID 等多种通信方式，使得物联网设备能够在不同的环境中实现灵活、高效的数据传输。

3. 云计算和边缘计算

云计算和边缘计算是物联网实现大规模数据存储和处理的关键技术。云计算提供了强大的计算和存储能力，使得大量物联网设备产生的数据能够被集中存储和管理。边缘计算则在数据产生的地方进行实时处理，降低了数据传输的延迟，提高了实时性。

4. 数据分析与人工智能

物联网产生的海量数据需要通过数据分析和人工智能技术进行挖掘和分析。通过这些技术，企业可以从物联网数据中发现潜在的规律、趋势，为供应链决策提供更深入的支持。

### （四）物联网在供应链中的角色

1. 实时监控与追踪

物联网在供应链中的一个重要角色是实现实时监控和追踪。通过传感器和无线通信技术，企业可以实时监测货物的位置、温度、湿度等信息，从而实现对整个供应链的实时追踪。这有助于提高货物的安全性，降低运输风险，提高供应链的可见性。

2. 库存管理优化

物联网技术可以帮助企业实现库存管理的精细化和实时化。通过监测库存水平、货物流动情况等信息，企业可以更准确地预测需求、优化库存策略、降低库存成本、提高资金利用效率。

3. 生产过程优化

在生产环节，物联网可以实现对生产设备、生产线的实时监控。通过传感器收集设备运行状态、生产效率等数据，企业可以实现对生产过程的优化、减少生产停滞时间、提高生产效率、降低生产成本。

4. 供应链协同

物联网技术使得供应链中的各个环节能够实现更高程度的协同。通过实时共享信息，供应链参与方可以更好地协同工作，从而实现供应链中的资源优化、效率提升，提高整个供应链的灵活性和响应速度。

5. 客户服务提升

通过物联网技术，企业可以更好地了解客户需求，提供更为个性化的服务。比如，通过物联网设备监测客户使用产品的情况，企业可以提前预测客户需求，实现个性化生产和供应，提升客户满意度。

### （五）物联网在供应链中的优势

1. 实时性与高效性

物联网技术实现了对供应链中各个环节的实时监控和数据传输，使得整个供应链更加实时、高效。企业可以迅速获取到关键信息，更快速地做出决策，提高整个供应链的效率。

2. 数据准确性

物联网通过传感器和实时监控，能够准确地获取到各种数据，如货物的位置、状态、运输温度等。相比传统手工采集数据的方式，物联网技术大大提高了数据的准确性，为决策提供了更可靠的数据基础。

3. 可见性提升

物联网技术为供应链提供了更全面的可见性。通过实时监控和追踪，企业可以清晰地了解供应链中的每一个环节，从而更好地管理和协调整个供应链。这有助于降低不确定性，减少供应链中的盲点，提高运作的透明度。

4. 成本降低

通过物联网技术，企业可以更精细地管理供应链中的各个环节，实现成本的有效控制。例如，在库存管理方面，物联网可以帮助企业避免库存过多或过少的情况，从而降低库存成本。在生产方面，通过实时监控和优化生产过程，可以降低生产成本。

5. 灵活性提高

物联网技术使得供应链更加灵活和响应迅速。实时监控和数据分析能够使企业更早地发现问题，并迅速做出调整。供应链中的各个环节能够更好地协同工作，从而更灵活地适应市场变化和客户需求的波动。

### （六）物联网在供应链中的挑战

1. 安全与隐私问题

物联网在供应链中的广泛应用带来了安全和隐私的问题。由于大量的数据通过互联网传输，可能会面临被黑客攻击、信息泄露等风险。保障物联网系统的安全性和用户隐私成为亟待解决的挑战。

2. 技术标准与整合

供应链中可能涉及多个不同厂商提供的物联网设备，这些设备可能使用不同的技术标准，导致信息系统的整合变得复杂。确保不同物联网设备的互操作性，统一标准成为一个需要解决的难题。

3. 数据管理与分析能力

随着物联网设备的不断增多，产生的数据量呈爆炸式增长。企业需要具备足够的数据管理和分析能力，以从海量数据中提取有用的信息。同时，培养和招聘具备相关技能的人才也是一个挑战。

4. 投资与回报问题

物联网技术的引入需要企业进行一定的投资，包括设备购置、系统搭建、人才培训等。企业需要在投资与回报之间寻找平衡，确保引入物联网技术对供应链的提升能够切实体现在效益和成本的平衡中。

5. 对人员的影响

物联网技术的普及和应用可能会影响传统供应链管理人员的工作方式和岗位需求。新技术的引入需要企业进行培训，同时，传统管理层面可能需要适应更多数字化和技术化的要求。

## （七）物联网在供应链中的未来发展趋势

1. 边缘计算的普及

随着物联网设备不断增多，对云计算的需求也在增加。为了降低数据传输时延，边缘计算作为一种新型计算模式逐渐得到应用。在供应链中，边缘计算将更多地用于实时监控和数据处理，提高系统的反应速度。

2. 区块链技术的应用

区块链技术的特性——去中心化、不可篡改、可追溯，使其成为解决物联网安全和隐私问题的有力工具。在供应链中，区块链技术能够确保数据的安全性和真实性，促使供应链参与方更加信任共享的信息。

3. 人工智能与预测分析

人工智能在物联网中的应用将更加广泛，通过深度学习和预测分析，供应链能够更准确地预测需求、优化生产计划、提高运输效率，从而更好地应对市场变化。

4. 生态系统的建设

未来物联网在供应链中的应用将更加强调建设开放的生态系统。不同企业、不同物联网设备和服务提供商之间将更紧密地合作，形成一个协同、共赢的生态系统，推动供应链的升级和创新。

5. 智能合同的发展

随着区块链技术的普及，智能合同作为区块链的应用之一，将在供应链中发挥更大作用。智能合同能够自动执行和管理合同条款，使得供应链中的交易更加高效和透明。

物联网技术在供应链中的角色与应用正不断演进，给供应链管理带来了巨大的变革和机遇。通过实时监控、追踪、优化等功能，物联网使得供应链更加智能、高效、可见。然而，物联网在供应链中的应用也面临着一系列挑战，如安全隐患、技术整合、数据管理等问题。在未来，随着边缘计算、区块链、人工智能等技术的发展，物联网在供应链中的作用将不断深化，为企业提供更为智能和敏捷的供应链管理解决方案。

# 第八节　供应链可持续性与环保

## 一、可持续供应链的概念与原则

随着全球经济的发展和人们对环境、社会责任的关注不断增强，可持续供应链管理成为企业追求长期成功的关键因素之一。可持续供应链强调在满足当代需求的同时，不损害未来代际的需求。本节将深入探讨可持续供应链的概念、原则以及在现代企业中的实践。

### （一）可持续供应链的概念

可持续供应链是指通过整合环境、社会和经济因素，实现产品和服务生命周期内的最佳绩效，从而平衡企业的经济目标和社会、环境责任。可持续供应链管理不仅关注企业内部的可持续实践，更强调企业与其供应商、合作伙伴之间的全球责任共担。

1. 可持续供应链的三重底线

可持续供应链管理通常依赖于三重底线，即经济、环境和社会三个层面。

经济底线：企业需要追求经济效益，确保供应链的稳健运作，提高整体利润水平。可持续经济效益是确保企业长期生存和发展的基础。

环境底线：可持续供应链强调减少对环境的不良影响。这包括资源使用的优化、废物减少、碳足迹降低等方面的努力，以减缓气候变化、保护生态系统。

社会底线：可持续供应链需要关注社会责任，包括对员工权益的尊重、供应链伦理、社区参与等。企业在社会底线上的表现关系到其声誉和品牌价值。

2. 可持续供应链的核心原则

可持续供应链的核心原则是综合考虑经济、环境和社会的因素，以长期可持续的方式管理供应链。以下是可持续供应链的几个核心原则：

（1）生命周期思维

可持续供应链需要关注产品和服务的整个生命周期，包括原材料获取、生产、运输、使用和废弃处理。通过全面理解和优化生命周期，企业可以降低资源使用、减少废弃物，并在整个价值链中寻找减少环境和社会影响的机会。

（2）共同责任

可持续供应链要求企业与其供应商和合作伙伴共同承担责任。通过建立透明、可追溯的供应链，企业可以推动其供应商采用更加可持续的实践，包括环保、社会责任和质量管理等方面。

（3）循环经济

可持续供应链倡导循环经济的理念，即通过设计和生产过程中的可回收、可再利用、可降解等策略，最大限度地减少资源的浪费。通过有效的循环利用，企业可以降低对新原材料的需求，减缓资源枯竭的速度。

（4）智能和数字化技术的运用

可持续供应链借助智能和数字化技术，实现更加精确的供应链规划、实时监控和数据分析。这有助于提高能源效率、降低碳足迹、优化运输路线等，从而在经济、环境和社会方面都取得更好的绩效。

### （二）可持续供应链的实践原则

要实现可持续供应链管理，企业可以依据以下实践原则进行指导：

1. 制定明确的可持续战略

企业应该在组织层面明确可持续供应链的战略，其应与企业的核心价值和目标相一致。这包括建立明确的可持续目标、制定相关政策，并确保整个组织理解和积极参与可持续供应链的实施。

2. 供应链透明度

建立透明的供应链是实现可持续性的关键。企业应该要求供应商提供详细的生产和制造信息，包括原材料来源、生产过程、工作条件等。透明度不仅可以帮助企业评估供应链中的潜在风险和改进机会，同时也增加了顾客和利益相关者的信任。

3. 供应链合作伙伴选择

选择具有相似可持续价值观的供应链合作伙伴是关键一步。企业需要评估潜在合作伙伴的可持续实践，并确保其供应商也符合相同的可持续标准。建立具有共同责任感的合作关系有助于实现整个供应链的可持续性。

4. 环境管理和资源效率

企业应该采用环境管理体系，如 ISO 14001 标准，以确保对环境的影响最小化。同时，提高资源效率，减少能源和水的消耗，最大限度地减少废弃物的产生，促使循环经济的实践。

5. 制定可持续采购政策

可持续采购是可持续供应链的核心组成部分。企业应该制定明确的可持续采购政策，关注原材料的来源、制造过程的环保性、供应商的社会责任等方面。通过采用更可持续的采购实践，企业可以推动整个产业链的转变。

6. 社会责任和员工权益

企业在可持续供应链中应该关注社会责任，包括尊重员工权益、提供安全和公正的工作环境。这涉及关注员工的工资、劳动时间、培训和发展机会，以确保他们在公平和良好的条件下工作。

7. 持续改进和创新

持续改进是实现可持续供应链的关键。企业应该定期审查和评估其可持续供应链实践，寻找改进的机会。这包括采用新的技术、创新产品设计、提高运输效率等方面的举措。

可持续供应链管理已经成为企业在现代商业环境中不可忽视的重要议题。通过平衡经济、环境和社会的考虑，可持续供应链不仅有助于企业降低风险、提高效率，还有助于推动社会和环境的可持续发展。

## 二、环保与社会责任在供应链中的实践

随着社会对可持续发展和企业社会责任的关注不断增加，供应链管理作为企业运营的关键组成部分，也面临着日益复杂和多样化的挑战。在这个背景下，环保与社会责任成为

供应链管理中不可忽视的重要因素。本节将探讨环保与社会责任在供应链中的实践，分析企业在构建可持续供应链中所面临的问题和应对措施。

### （一）环保在供应链中的实践

绿色采购：企业可以通过选择环保材料、能源和生产方法来实现绿色采购。这不仅有助于降低生产环节的环境影响，还可以推动整个产业链向更可持续的方向发展。

碳足迹管理：通过测算和监控整个供应链的碳足迹，企业能够更好地了解其在全球温室气体排放中的贡献，并采取措施减少这些排放。

循环经济：促进产品设计和生产过程中的循环经济原则，通过回收再利用、资源共享等方式减少资源浪费，降低对环境的负面影响。

### （二）社会责任在供应链中的实践

供应商道德管理：企业应确保其供应商也遵循一定的社会道德标准，包括劳工权益、安全和健康条件等，以维护整个供应链的社会责任。

员工福利：在供应链的各个环节，关注员工的权益和福利，包括提供良好的工作环境、公平的薪酬体系及培训机会，以促进员工的生活质量和职业发展。

社区参与：企业应积极参与所在社区的发展，通过投资社会项目、支持教育和文化活动等方式回馈社会，构建和谐的供应链关系。

### （三）企业在构建可持续供应链中的挑战

信息透明度：获取全球供应链信息的难度，使得企业难以全面了解其供应链中的环境和社会责任问题。

成本压力：一些环保和社会责任的实践可能会带来额外的成本，企业需要在可持续性和盈利性之间找到平衡点。

供应链复杂性：全球化使得供应链变得更加复杂，企业需要面对不同国家和地区的法规、文化和社会标准，增加了管理的难度。

### （四）应对挑战的措施

技术创新：利用新技术，如物联网、区块链等，提高供应链的信息透明度，实现对整个供应链的可视化管理。

合作伙伴关系：与供应商建立紧密的伙伴关系，共同推动社会责任和环保实践，形成共赢局面。

利益相关方参与：与员工、消费者、社区等利益相关方建立有效的沟通渠道，听取他们的建议和意见，形成共同的可持续发展目标。

在构建可持续供应链的过程中，企业需要综合考虑环保和社会责任的实践，以平衡经济、环境和社会的利益。通过绿色采购、碳足迹管理、循环经济等环保实践，以及供应商道德管理、员工福利、社区参与等社会责任实践，企业可以在供应链中实现可持续发展，同时应对挑战采取技术创新、合作伙伴关系建设和利益相关方参与等措施，助力构建更为健康、公正和可持续的供应链体系。

# 第四章 营销与会计的整合

## 第一节 营销与会计的联系

### 一、营销与会计在企业管理中的协同作用

企业管理是一个综合性的系统工程,其中营销和会计作为两个不同领域的管理职能,在实践中起着密切的关联和协同作用。营销注重市场需求、产品推广,而会计则关注财务信息和经济状况。本节将深入探讨营销与会计在企业管理中的协同作用,以及它们如何共同促进企业的可持续发展。

#### (一)营销与会计的基本概念

营销:营销是一系列活动的集合,旨在满足顾客需求、实现产品销售,并建立与顾客之间的良好关系。营销涉及市场分析、产品定位、价格策略、推广活动等方面。

会计:会计是记录、报告和分析企业财务信息的过程。会计涉及财务报表、预算编制、成本控制等方面,为企业提供决策所需的财务数据。

#### (二)营销与会计的协同作用

预算编制与营销计划:会计通过预算编制为营销计划提供资金支持,确保资金的合理分配。营销计划需要结合财务预算,确保在预定的财务框架内实现市场目标。

成本控制与定价策略:会计通过成本控制为制定定价策略提供支持。营销人员需要了解产品成本结构,而会计帮助他们确保产品定价能够覆盖成本并实现盈利。

市场分析与财务预测:营销人员通过市场分析了解市场趋势,而财务预测则由会计提供。两者协同作用,帮助企业做出更准确的财务决策。

财务报表与投资决策:营销活动的成功与否直接反映在财务报表上,投资者通过财务报表评估企业的业绩。会计通过提供准确的财务信息,为投资决策提供重要依据。

绩效评估与市场份额:营销的绩效评估与会计的财务分析相互交织。会计通过对销售数据、市场份额等财务指标的分析,帮助营销人员评估营销策略的有效性。

#### (三)企业管理中的协同机制

共享信息:营销和会计部门需要共享信息,以便相互了解市场需求、销售趋势、成本结构等,从而更好地协同工作。

跨职能培训:为了提高协同效率,企业可以进行跨职能培训,让营销人员了解基本的

财务知识，让会计人员了解市场和销售的基本概念。

共同制定目标：企业应该通过共同制定目标，使得营销和会计在实现企业整体目标的过程中形成共识，并共同努力。

### （四）营销与会计在可持续发展中的角色

社会责任报告：营销和会计协同工作，制定并报告企业的社会责任活动，通过透明的财务信息和社会责任报告，提升企业形象。

绿色会计与可持续营销：营销可以推动产品的绿色化和可持续性，而会计则通过绿色会计原则，记录和报告与环保相关的财务信息。

### （五）挑战与应对

沟通障碍：营销和会计语言差异较大，可能导致沟通障碍。企业需要建立跨职能团队，加强沟通和协作。

技术整合：营销和会计系统通常独立运作，需要通过技术整合手段，实现信息的共享和互通。

在当今复杂多变的市场环境中，企业需要营销和会计两个职能之间的协同作用来应对挑战。通过有效整合和合作，企业可以更好地实现财务目标和市场目标的平衡，推动企业向可持续发展的方向迈进。跨职能培训、信息共享和共同制定目标等机制将是实现协同的关键，而在可持续发展的背景下，营销与会计的协同作用也将成为企业取得竞争优势的关键因素。

## 二、营销活动对会计信息的需求

在当今竞争激烈的商业环境中，营销活动对企业的发展起着至关重要的作用。为了更好地规划、执行和评估营销活动，企业需要充分了解市场和客户需求，这就使会计信息成为营销活动中不可或缺的一部分。本节将深入探讨营销活动对会计信息的需求，以及如何通过合理的会计信息满足营销的各个方面需求。

### （一）市场研究和客户分析

市场需求：在制定市场营销战略之前，企业需要详细了解市场需求。会计信息通过财务报表、成本结构等数据为市场研究提供基础，帮助企业了解产品或服务在市场上的需求情况。

客户分析：了解客户特征和行为是制定精准目标市场策略的关键。会计信息可以为企业提供客户购买行为的数据，包括购买频率、购买金额等，帮助企业更好地理解客户需求和行为模式。

### （二）预算编制与资金管理

广告和促销费用：营销活动中广告、促销等费用是不可避免的支出。会计信息通过预算编制和实际费用记录，帮助企业合理规划广告和促销活动的资金，确保在有限的预算内实现最大效益。

销售预测与库存管理：营销活动的成功与否直接关系到产品销售的增减。会计信息通过销售预测和库存管理，为企业提供实时的销售数据，帮助企业避免过度库存或产品短缺的情况，从而更好地应对市场波动。

### （三）成本分析与定价策略

成本结构：营销活动需要清晰的成本结构，以便更好地制定定价策略。会计信息通过分析成本结构，帮助企业了解产品或服务的生产成本，从而制定符合市场需求的合理定价策略。

利润分析：营销活动的最终目标之一是实现盈利。会计信息通过利润分析，帮助企业评估不同营销活动对整体盈利水平的影响，指导企业调整和优化营销策略。

### （四）客户满意度与品牌价值

客户满意度：企业需要了解客户对其产品或服务的满意度，以调整和改进营销活动。会计信息通过分析销售数据、退货率等数据，为企业提供客户满意度的关键指标。

品牌价值：营销活动有助于提升品牌价值，而品牌价值与企业长期的盈利能力密切相关。会计信息通过监控品牌投资、市场份额等数据，帮助企业评估品牌在市场中的价值和影响力。

### （五）绩效评估与市场份额

销售绩效：营销活动的绩效评估需要通过销售数据和财务报表进行分析。会计信息为企业提供了全面的销售绩效数据，帮助企业评估营销策略的效果。

市场份额：企业希望在市场中获得更大的份额，会计信息通过财务数据和市场份额的监测，帮助企业评估其在行业中的竞争地位，指导未来市场战略的制定。

### （六）品牌推广与社交媒体分析

广告效果：营销活动中广告的效果直接影响品牌的推广。会计信息通过分析广告费用和销售数据，帮助企业评估广告的投资回报率，指导未来广告策略的制定。

社交媒体分析：营销活动越来越依赖于社交媒体的推广。会计信息通过分析与社交媒体相关的费用和销售数据，为企业提供社交媒体营销效果的关键信息。

### （七）挑战与应对

信息整合难题：营销活动产生的数据可能分散在不同的部门和系统中，信息整合面临一定的难度。企业需要建立有效的信息系统，实现数据的有机整合。

时效性要求：营销活动需要及时响应市场变化，因此对实时的会计信息提出了更高的要求。企业应加强信息化建设，提高财务信息的及时性。

营销活动对会计信息的需求在当今商业环境中越发凸显。会计信息通过对市场需求、客户行为、成本结构等方面的分析，为企业的营销决策提供了有力支持。通过深入挖掘这些需求，企业能够更加全面地理解市场环境，更加精准地制定营销策略，从而提高市场竞争力、促进业务增长。

## 第二节　营销数据与财务数据的关联

### 一、营销数据的收集与整理

在当今信息时代，数据被认为是企业决策的重要驱动力之一，尤其在营销领域。通过有效的营销数据收集与整理，企业可以更深入地了解市场、客户和竞争对手，从而制定更具针对性的营销策略。本节将深入探讨营销数据的收集与整理，涵盖数据来源、收集方法、整理技术及数据分析的重要性。

#### （一）营销数据的来源

内部数据：内部数据是企业自身产生的数据，包括销售数据、客户数据库、库存数据等。这些数据源可以直接反映企业运营状况，是制定营销策略的基础。

外部数据：外部数据是来自企业周边环境的数据，包括市场报告、行业研究、竞争对手的数据等。外部数据能够帮助企业更好地理解市场趋势和竞争格局。

客户反馈数据：通过客户反馈、调查问卷、社交媒体评论等途径收集的数据，可以直接了解客户对产品或服务的满意度、需求变化等信息，有助于精细化营销策略。

网络数据：通过网络分析工具，收集关于用户行为、访问量、点击率等的数据，有助于了解在线渠道的表现和用户喜好。

#### （二）营销数据的收集方法

调查和问卷：通过定期的市场调查和设计有针对性的问卷，获取客户对产品、服务和品牌的看法，了解他们的购买行为和偏好。

销售数据记录：利用销售点终端、电子 POS 系统等工具记录销售数据，包括销售额、销售渠道、产品销售量等，为企业提供实时的销售状况。

社交媒体监听：利用社交媒体监听工具追踪和分析用户在社交平台上的言论和行为，获取有关品牌声誉、市场反馈等信息。

网站分析：利用网站分析工具，追踪用户在企业网站上的行为，包括访问路径、停留时间、点击率等，为改进网站和优化用户体验提供数据支持。

营销活动追踪：对各种营销活动的效果进行追踪，包括广告点击率、电子邮件营销的开启率、促销活动的反馈等，以评估活动的有效性。

#### （三）营销数据的整理技术

数据清洗和预处理：将收集到的数据进行清洗，处理掉错误或缺失的数据，确保数据的准确性和可靠性。同时，进行数据预处理，如去除异常值、标准化等，为后续分析做好准备。

数据集成：将来自不同渠道和来源的数据整合为一个统一的数据集，以便进行全面的分析。这涉及数据字段的对应和统一格式的处理。

数据存储和管理：选择合适的数据存储方式，可以是云端数据库、企业内部服务器等，确保数据的安全性和易于管理。建立数据仓库，方便日常查询和分析。

数据可视化：利用数据可视化工具，将整理好的数据以图表、表格等形式呈现，使得复杂的数据信息更加直观和易于理解，有助于决策者快速获取关键信息。

机器学习和人工智能：运用机器学习和人工智能技术，对大规模数据进行分析和挖掘，发现隐藏在数据背后的模式和规律，提供更深层次的见解。

### （四）数据分析的重要性

决策支持：数据分析为企业决策提供了有力支持。通过对营销数据的深入分析，企业管理者能够更准确地了解市场趋势、产品需求，从而制定更明智的战略决策。

效果评估：对营销活动的数据分析有助于评估其效果。了解哪些活动取得了成功，哪些需要调整，从而提高整体营销效益。

客户洞察：通过数据分析，企业能够深入洞察客户行为和偏好。这有助于个性化营销，提高客户满意度和忠诚度。

市场竞争力：通过对竞争对手数据的分析，企业能够更好地了解市场格局，发现竞争优势和劣势，为提高市场竞争力提供指导。

营销数据的收集与整理是企业制定和执行营销策略的关键环节。通过充分挖掘内外部数据，采用科学的收集方法和先进的整理技术，企业可以更加深入地了解市场和客户，提高决策的准确性和效果。在数据分析的过程中，企业能够更好地评估营销活动的效果、理解客户需求，为业务的持续创新和发展提供有力支持。然而，企业在进行数据收集和整理时，也需要注意数据隐私保护、技术人才的培养和数据安全等方面的挑战，通过科学合理的解决方案，使得数据发挥更大的作用，为企业带来更多商业价值。在未来，随着科技的发展和企业对数据应用的深入理解，数据将继续在营销领域发挥越来越重要的作用，推动企业更加智能化、精细化地进行营销活动。

## 二、财务数据与营销数据的关联分析

在当今竞争激烈的商业环境中，财务数据和营销数据作为企业两个重要的信息来源，相辅相成，共同构建起对企业经营状况的全面理解。财务数据反映了企业的财务健康状况，而营销数据则关注市场、客户和产品等方面的信息。通过深入分析这两类数据的关联性，企业可以更好地制定战略决策、提高运营效率，实现可持续发展。本节将探讨财务数据与营销数据的关联分析，从不同角度解析它们之间的相互影响和协同作用。

### （一）财务数据和营销数据的概念

财务数据：财务数据主要涉及企业的财务状况和业绩，包括利润表、资产负债表、现金流量表等。这些数据反映了企业在财务层面的收入、支出、盈亏等情况。

营销数据：营销数据关注企业在市场中的表现，包括销售额、市场份额、客户满意度、广告效果等。这类数据更侧重于市场和客户层面的信息。

## （二）财务数据与营销数据的关联性

1. 销售收入与营销活动的关系

财务数据：销售收入是财务报表中最直观的数据之一，反映了企业的主营业务状况。

营销数据：销售收入的增长与营销活动密切相关，包括广告、促销、渠道拓展等。

关联分析方法：通过对不同营销活动的销售额影响进行定量分析，可以评估每个活动对销售收入的贡献，指导企业优化资源配置。

2. 成本与销售毛利润的关联

财务数据：成本数据包括生产、销售、行政等各方面的费用，直接影响企业的盈利水平。

营销数据：销售毛利润通过计算销售收入与销售成本的差额，反映了销售活动的盈利能力。

关联分析方法：通过对销售毛利润的趋势分析，识别成本和盈利之间的关系，帮助企业合理控制成本、提升盈利水平。

3. 客户满意度与业务表现的关系

财务数据：客户满意度的提升可能导致客户忠诚度的增加，从而促使销售增长。

营销数据：客户满意度调查、反馈数据等反映了客户对产品或服务的认可程度。

关联分析方法：通过比较客户满意度与销售额之间的关系，发现满意度提高是否带动了销售的增长，进而指导企业提升服务品质。

4. 市场份额与竞争力的关系

财务数据：市场份额的变化可能直接影响企业的销售收入和市场地位。

营销数据：市场份额是市场营销数据的核心指标，反映了企业在整个市场中的竞争地位。

关联分析方法：通过跟踪市场份额的变化，分析与竞争对手的关系，帮助企业调整营销策略，提升市场竞争力。

## （三）关联分析方法与工具

相关性分析：使用相关性分析，可以量化财务数据和营销数据之间的关系。通过计算相关系数，了解两者变化趋势的一致性或反向性。例如，销售额与广告投入之间的相关性。

回归分析：利用回归分析，可以更深入地探讨财务和营销数据之间的因果关系。建立数学模型，确定不同因素对业绩的影响程度，以预测未来的业绩变化。

数据挖掘：数据挖掘技术可以挖掘出数据中的隐藏模式和规律。通过在财务和营销数据中应用数据挖掘算法，企业可以发现潜在的关联关系，为决策提供更多深层次的信息。

业务智能工具：使用业务智能工具，如仪表板和报表，将财务和营销数据以可视化的方式呈现。这有助于企业管理者更直观地理解两者之间的关联，迅速做出决策。

## （四）财务数据与营销数据关联分析的优势

综合决策依据：通过财务数据与营销数据的关联分析，企业管理层可以基于全面的信息制定决策，不仅关注财务绩效，还兼顾市场营销效果。

资源优化：关联分析有助于企业了解不同营销活动对财务状况的影响，从而合理分配资源，优化资金、人力和时间的利用。

风险识别：通过分析财务和营销数据的关联性，企业可以更好地识别潜在的风险因素，及时调整策略，降低经营风险。

客户洞察：通过关联分析客户满意度与销售表现的关系，企业可以深入了解客户需求，提高产品或服务的质量，增强客户忠诚度。

市场反应速度：及时的关联分析能够帮助企业更快速地反映市场变化，调整策略，捕捉商机，提高市场竞争力。

财务数据与营销数据的关联分析是企业数据驱动决策的重要环节。通过深入挖掘这两类数据之间的关系，企业可以更全面地了解自身的经营状况，制定更符合市场需求的战略。

## 第三节　营销预算与财务预算的协调

### 一、营销预算的编制原则

营销预算的编制是企业管理中的一项重要工作，它直接关系到企业的财务状况和市场竞争力。为了确保预算的科学性和合理性，企业需要遵循一些编制原则。以下是一些常见的营销预算编制原则，这些原则有助于确保企业在有限的资源下取得最大的市场效益。

1. 战略一致性原则

营销预算应该与企业的战略目标和计划相一致。预算编制时要考虑企业的市场定位、目标市场和核心竞争力，确保每一项预算支出都能够为实现企业长期战略目标做出贡献。

2. 市场导向原则

以市场需求和客户为导向是制定营销预算的关键。预算编制时要充分了解目标市场的变化、竞争情况、客户需求等信息，确保预算支出能够满足市场的需求，提高产品或服务的市场份额。

3. 绩效评估原则

预算的编制需要考虑投入和产出的关系，通过设定合理的绩效指标来评估预算执行的效果。这有助于企业及时调整预算分配，优化资源配置，确保最终实现预期的市场效益。

4. 灵活性原则

市场环境变化较快，因此预算需要具有一定的灵活性。在编制预算时，要考虑到市场的不确定性，为未来的调整留出空间，确保能够及时适应市场变化。

5. 成本效益原则

预算编制需要充分考虑每一项支出的成本效益。企业应该在不同的营销活动中寻求最佳的投资回报，避免浪费资源。这意味着需要权衡不同的营销手段，选择对企业最有利的投资方向。

6. 历史数据分析原则

通过分析过去的市场表现和销售数据，企业可以更好地预测未来的市场趋势。在编制预算时，应该考虑到历史数据的参考，以更准确地制订未来的预算计划。

7. 市场份额保持原则

企业需要在预算中保留一定的资源用于市场份额的维护和提升。这包括品牌推广、客户关系维护等方面的支出，以确保企业在激烈的市场竞争中保持竞争力。

8. 信息技术支持原则

在当今数字化时代，信息技术对市场营销至关重要。预算中需要充分考虑数字化营销、数据分析等方面的支出，以提高市场响应速度和效果。

9. 风险管理原则

在编制预算时，要考虑到潜在的市场风险，并制定相应的风险管理策略。这包括市场波动、竞争加剧、政策变化等因素，确保企业有能力应对各种风险。

10. 跨部门协同原则

市场营销不仅仅是营销部门的责任，也涉及其他部门的协同合作。在预算编制中，要确保各个部门之间的协同，使得整体预算更具综合性和协同效应。

综合来看，营销预算编制是一个综合性、系统性的过程，需要考虑众多因素。遵循以上原则有助于确保企业的市场营销活动能够在有限的资源下取得最佳的效果，实现可持续的市场竞争力。

## 二、营销预算与财务预算的一体化管理

随着市场竞争的日益激烈和企业经营环境的不断变化，营销预算与财务预算的一体化管理成为企业成功的关键之一。通过协同、整合营销和财务预算，企业可以更有效地实现财务目标、提升市场竞争力，以及优化资源配置。下面是关于营销预算与财务预算一体化管理的综述，涵盖了其概念、重要性、实施方法等方面。

### （一）概念与背景

1. 营销预算的概念

营销预算是指企业在特定时期内为实现市场目标而计划和分配的资源支出。这包括广告、促销、市场调研、销售人员培训等方面的开支。营销预算不仅关注市场份额的提升，还注重品牌建设、顾客关系维护等方面的投入。

2. 财务预算的概念

财务预算是企业在财务层面对未来一定时期内的收入、支出、资本投资等方面进行的计划。它涵盖了资金流量、利润表、资产负债表等财务指标，是企业财务管理的基础。

3. 一体化管理的概念

一体化管理是指企业在不同部门、业务领域之间建立紧密协作、有效沟通的管理方式。在营销预算与财务预算中，一体化管理意味着将两者紧密结合，使得市场活动与财务目标相一致，形成有机的整体。

### （二）一体化管理的重要性

1. 综合资源配置

通过一体化管理，企业可以更全面地了解营销和财务两方面的需求和资源状况，实现资源的综合配置。这有助于避免资源的浪费，提高整体效益。

### 2. 目标一致性

一体化管理确保了企业的营销目标与财务目标的一致性。市场活动不仅仅是为了提升销售额，还应与企业财务目标相契合，确保盈利和可持续发展。

### 3. 效益最大化

通过协同管理，企业可以更加灵活地调整预算分配，确保在不同市场环境下都能够获得最大的效益。这有助于提高市场反应速度，优化资源利用率。

### 4. 风险管理

一体化管理也有助于更好地管理市场和财务风险。通过整合市场数据和财务数据，企业能够更准确地评估潜在风险，采取相应的风险管理策略。

### 5. 决策支持

整合市场和财务数据为管理层提供了更全面、准确的信息，使其能够做出更为明智的决策。这种决策支持有助于企业更好地应对市场变化和财务挑战。

## （三）实施一体化管理的方法

### 1. 制定共同的目标和指标

首先，企业需要确立共同的营销和财务目标，建立相应的绩效指标。这确保了两个部门在追求各自目标的同时，也能够保持整体一致性。

### 2. 加强沟通与协作

建立有效的沟通渠道，确保营销和财务部门之间能够及时分享信息、协调计划。这有助于避免信息不对称，提高管理效率。

### 3. 共享数据与信息

整合市场数据和财务数据，建立一个全面的信息共享平台。这不仅有助于更好地了解市场趋势，还能够更准确地评估投资回报率和财务绩效。

### 4. 建立跨部门团队

在企业内部建立跨部门的工作团队，由营销和财务代表共同参与，共同制订计划和预算。这有助于促进跨部门协同，形成有机整体。

### 5. 使用综合管理工具

借助现代科技手段，如企业资源规划（ERP）系统、数据分析工具等，更好地整合营销和财务信息。这些工具有助于提高管理的科学性和精确性。

## （四）挑战与解决方案

### 1. 部门利益冲突

不同部门之间可能存在利益冲突，特别是在预算分配和资源使用方面。解决方案包括建立明确的协调机制、制定公正的绩效评价体系，以及设立共享的奖惩机制。

### 2. 数据安全与隐私问题

整合数据可能涉及隐私和安全的问题。解决方案包括采用先进的数据加密技术、建立权限管理系统（确保敏感信息只被授权人员访问），以及遵守相关的隐私法规。

### 3. 技术系统集成困难

在实施一体化管理时，可能面临不同技术系统之间集成的难题。解决方案包括选择适应性强的技术系统，进行充分的系统测试，确保系统能够无缝衔接。

4. 人员培训与文化融合

员工需要适应新的管理模式，可能需要培训以了解整合管理的理念和操作。此外，企业文化的融合也是一个挑战，需要制订相应的文化整合计划，确保员工能够接受并支持变革。

一体化管理是企业适应复杂多变市场环境的必然选择。通过整合营销预算与财务预算，企业能够实现资源的最优配置，提高市场竞争力，实现可持续发展。然而，一体化管理并非一蹴而就的，它需要企业在文化、技术、人才培养等方面进行全面的变革和升级。

未来，随着科技的不断发展和企业管理理念的演进，一体化管理将更加深入和广泛地应用于企业的各个领域。更加智能化的技术系统、更加灵活的管理机制将成为企业实现营销与财务协同的重要手段。同时，企业在实施一体化管理时，也需要注重与外部环境的协同，紧密结合市场趋势、政策法规等因素，以更好地应对未来的挑战。

综上所述，营销预算与财务预算的一体化管理不仅是企业成功的关键，也是适应市场变化、提高综合竞争力的必由之路。只有通过整合市场活动与财务目标，实现有机协同，企业才能在竞争激烈的商业环境中立于不败之地，实现可持续的发展。

## 第四节　成本与价格策略的关系

### 一、成本管理对价格策略的影响

在企业经营中，价格策略是一个至关重要的决策领域，直接关系到企业的盈利能力、市场竞争力以及长期的生存和发展。成本管理是价格制定的一个重要因素，因为价格必须能够覆盖成本，同时也要考虑市场需求、竞争状况等因素。本节将探讨成本管理对价格策略的影响，包括其在价格制定、定价策略选择、成本传递和盈利能力方面的作用。

#### （一）成本管理在价格制定中的作用

1. 定位成本与市场

成本管理通过对企业生产、运营过程中的各项费用进行详细分析，确定每个产品或服务的成本构成。这有助于企业在制定价格时对其在市场中的定位有清晰的认识。高成本的产品可能被定位为高档产品，而低成本的产品则可能适合定位在大众市场。因此，成本管理为企业提供了在市场中找到适当位置的关键信息。

2. 确定最低可接受价格

成本管理可以帮助企业计算出每个产品或服务的最低可接受价格。这个价格要能够覆盖直接和间接成本，以确保企业不会亏本经营。知道了最低可接受价格，企业可以在此基础上进行定价，考虑市场需求和竞争情况，确保价格具有竞争力。

3. 确定目标利润水平

除了覆盖成本外，企业还需考虑实现的利润水平。成本管理可以帮助企业确定所需的目标利润，从而在价格制定中有明确的目标。这有助于确保企业在追求市场份额的同时，也能够维持盈利能力。

### （二）定价策略选择与成本管理的关系

1. 成本加成定价策略

成本加成是一种常见的定价策略，是指企业在产品或服务的成本基础上加上一定的利润率。成本管理提供了确切的成本数据，有助于企业明确成本加成的比例，从而制定合理的价格，保证企业获得足够的盈利。

2. 市场导向定价策略

市场导向定价是根据市场需求和竞争状况来确定价格的策略。成本管理通过揭示产品或服务的实际成本，帮助企业更准确地了解市场环境。在制定市场导向的定价策略时，企业可以结合成本信息来判断自身产品或服务的差异化优势，并相应地调整价格水平。

3. 差异化定价策略

差异化定价策略是基于产品或服务的独特性制定价格，与竞争对手有所区别。成本管理揭示了产品或服务的各个成本组成部分，有助于企业确定差异化的价值，从而在差异化定价中合理地反映产品或服务的附加价值。

### （三）成本传递与价格策略的关系

1. 成本传递到价格的透明度

成本管理可以提高成本传递到价格的透明度。透明的成本结构有助于消费者更好地了解产品或服务的价值，并接受相对合理的价格。这有助于建立客户信任，提高产品或服务的市场认可度。

2. 考虑附加值与成本关系

成本管理有助于企业全面考虑产品或服务的附加值与成本的关系。附加值可以是品牌、服务、创新等方面的提升，而成本管理能够量化这些提升的实际成本。这有助于企业在制定价格时更全面地权衡附加值与成本之间的关系。

### （四）盈利能力与成本管理的关联

1. 盈利能力的提高

成本管理直接关系到企业的盈利能力。通过精确管理各项成本，企业可以在相同的市场条件下提高盈利水平。降低不必要的成本，提高效率，使企业在市场中更有竞争力。

2. 制定盈利目标

成本管理为企业制定盈利目标提供了依据。在明确了成本结构和市场条件的基础上，企业可以更明晰地设定盈利目标，制定相应的价格策略。这有助于企业实现更为可持续的盈利。

### （五）成本管理在市场竞争中的角色

1. 提高竞争力

成本管理是企业提高竞争力的关键。通过降低生产、运营成本，企业可以在市场上提供更有竞争力的价格，吸引更多的消费者。这有助于在激烈的市场竞争中脱颖而出，扩大市场份额。

2. 敏捷应对市场变化

市场竞争环境不断变化，成本管理使企业更好地应对这些变化。通过及时了解和调整成本结构，企业可以更灵活地制定价格策略，适应市场需求的波动，维持竞争优势。

3. 优化产品组合

成本管理帮助企业深入了解产品或服务的成本和利润状况。在市场竞争中，企业可以通过优化产品组合，调整不同产品的价格和定位，以适应市场需求和提高整体盈利水平。

### （六）成本管理的挑战与应对

1. 变动成本的不确定性

变动成本的不确定性是成本管理面临的一个挑战。在生产过程中，一些成本可能会因为外部环境、原材料价格波动等因素而变动。企业需要建立灵活的成本管理机制，及时应对这些变动。

2. 成本数据的精确性

成本管理的效果取决于成本数据的精确性。如果成本数据不准确，可能导致错误的定价决策，进而影响盈利能力。企业需要建立完善的成本核算制度，确保数据的准确性和可靠性。

3. 市场需求的变化

市场需求的不断变化是成本管理面临的另一个挑战。成本管理需要灵活应对市场需求的波动，及时调整生产和供应链策略，以确保成本控制与市场需求之间的协调。

成本管理在价格策略中扮演着至关重要的角色。它不仅决定了企业的定价基础，还对盈利能力、市场竞争力产生直接影响。通过成本管理，企业可以更精细地制定价格策略，提高盈利水平，增强在市场中的竞争力。然而，实现有效的成本管理并非一帆风顺，企业需要面对各种挑战，包括不确定性、精确性等方面的问题。因此，建议企业在实施成本管理时注重数据精确性、建立灵活机制，同时结合市场情况调整成本管理策略，以更好地适应竞争激烈的市场环境。通过合理的成本管理，企业将能够更好地制定价格策略，实现可持续发展。

## 二、不同价格策略对成本结构的要求

在商业运作中，企业制定价格策略是一个至关重要的决策，直接关系到企业的盈利能力、市场份额和长期生存发展。不同的价格策略对企业的成本结构提出了不同的要求。本节将深入探讨几种常见的价格策略，包括成本导向定价、市场导向定价、差异化定价和动态定价，以及它们对企业成本结构的影响。

### （一）成本导向定价与成本结构的关系

1. 成本导向定价的基本原理

成本导向定价是一种以产品或服务的生产成本为基础，加上期望的利润率来制定价格的策略。企业首先计算生产、运营、分销等方面的成本，然后在此基础上确定价格水平。这种定价策略要求企业确保价格能够覆盖所有的成本，从而保证企业的盈利。

2.要求成本结构的准确计算

对采用成本导向定价的企业而言，准确计算成本结构是至关重要的。企业需要详细了解每个产品或服务的直接和间接成本，确保将所有成本因素都考虑在内。因此，建立健全的成本核算制度，确保数据的精确性和可靠性，对于准确制定价格非常关键。

3.控制生产效率和成本水平

成本导向定价要求企业在生产过程中保持高效率，控制成本水平。通过提高生产效率、优化供应链管理、降低生产成本等手段，企业可以确保产品或服务的成本在可控范围内，以支撑合理的定价水平。

4.灵活调整价格

成本导向定价的企业通常更容易灵活调整价格，因为它们的价格基础是成本，可以根据市场需求、竞争状况等因素进行相对灵活的调整。这要求企业能够迅速做出反应，及时调整成本结构，以适应市场变化。

### （二）市场导向定价与成本结构的关系

1.市场导向定价的基本原理

市场导向定价是一种以市场需求和竞争状况为基础来制定价格的策略。企业首先了解市场对产品或服务的需求程度以及竞争对手的价格策略，然后根据这些信息来决定产品的价格水平。这种定价策略要求企业更加注重市场定位和消费者行为，与成本导向定价相比，更加弹性。

2.灵活应对市场变化

市场导向定价要求企业能够更加灵活地应对市场变化。它强调的是根据市场需求和竞争状况来制定价格，而非僵硬地按照成本来制定。因此，企业需要在成本结构中保留足够的弹性，能够迅速适应市场的需求和变化。

3.投资市场调研与消费者洞察

采用市场导向定价的企业需要更加深入地了解市场，包括对竞争对手的价格敏感度、消费者的购买能力和购买意愿等因素的洞察。这要求企业在成本结构中增加投资，进行更为全面的市场调研，确保制定的价格更符合市场实际情况。

4.管理变动成本

市场导向定价的企业需要更好地管理变动成本。由于价格制定更依赖市场需求和竞争状况，变动成本的不确定性会增加。因此，企业需要建立更灵活的成本管理体系，能够快速应对成本的波动。

### （三）差异化定价与成本结构的关系

1.差异化定价的基本原理

差异化定价是一种基于产品或服务的独特性制定价格的策略。企业通过对产品进行差异化的设计、品牌塑造、服务增值等方式，使其在市场上与竞争对手有所区别，从而能够将定价维持在较高的水平。这种定价策略要求企业在成本结构中有能力为产品提供独特的附加价值。

## 2. 提供附加价值的成本

差异化定价要求企业能够为产品或服务提供相应的附加价值。这包括创新设计、高品质材料、独特的功能等，这些附加价值需要在成本结构中有相应的支持。企业需要确保能够为差异化的特征和服务提供足够的成本支持，以保证高价定位的合理性。

## 3. 高度关注品质和品牌

差异化定价强调品质和品牌的重要性。因此，企业在成本结构中必须投入足够的资源来维护产品或服务的高品质和独特性。这包括对原材料的严格选择、研发创新的投入、品牌推广，以及提供高水平的售后服务等方面的成本。

## 4. 灵活调整定价水平

差异化定价要求企业具备灵活性，能够随时调整定价水平以应对市场需求和竞争压力。成本结构必须允许企业在不降低产品或服务质量的前提下进行灵活调整，确保价格与市场的感知相一致。

## 5. 控制生产成本与附加价值平衡

在差异化定价中，企业需要在提供附加价值的同时，有效控制生产成本。成本结构中的生产成本要求企业在保持差异化的同时，寻找提高效率、降低生产成本的途径，以确保高品质和差异化特征的可持续性。

### （四）动态定价与成本结构的关系

#### 1. 动态定价的基本原理

动态定价是一种根据市场需求、供给情况、消费者行为等因素实时调整价格的策略。这种定价方式要求企业能够实时获取并分析市场信息，以灵活地调整价格。在成本结构中，需要建立强大的数据分析能力和灵活的生产体系，以适应市场的动态变化。

#### 2. 实时获取市场信息的成本

动态定价的一个重要前提是实时获取市场信息。企业需要投入成本建立先进的数据采集和分析系统，以确保能够迅速获取到市场需求、竞争情况等信息，为动态调整价格提供支持。

#### 3. 灵活的生产和供应链体系

为了适应动态定价，企业的生产和供应链体系必须足够灵活。成本结构中需要考虑到这一点，包括对生产过程的灵活性、库存管理的高效性、供应链的快速响应等方面的投资。这将帮助企业更好地应对市场需求的波动。

#### 4. 优化运营效率

动态定价要求企业在运营效率方面做到最优。成本结构中的运营成本需要通过提高效率、降低浪费、优化供应链等手段进行控制，以确保企业能够在实时调整价格的同时保持盈利水平。

### （五）综合考量与成本结构的平衡

#### 1. 不同定价策略的组合

在实际经营中，企业可能采用多种定价策略的组合。例如，差异化定价与成本导向定价的结合，既能够体现产品的独特性，又能够确保价格的合理性和盈利能力。企业需要在成本结构的设计上综合考虑这些策略的要求。

## 2. 成本结构的灵活性

无论采用哪种定价策略，企业的成本结构都需要具备一定的灵活性。这包括生产成本的弹性、供应链的敏捷性、运营效率的优化等方面。成本结构的灵活性将有助于企业适应不同的市场环境和定价策略的变化。

不同的价格策略对企业的成本结构提出了不同的要求，因此在制定价格策略时，企业必须仔细考虑其成本结构的特点和优势。成本导向定价要求企业精确计算和控制成本，确保价格覆盖成本并获得合理的利润。市场导向定价要求企业灵活应对市场需求和竞争状况，成本结构需要支持企业对市场变化的快速响应。差异化定价需要企业在成本结构中为产品提供附加价值，并确保产品的高品质和独特性。动态定价要求企业在成本结构中建立实时获取市场信息的能力，以及灵活的生产和供应链体系。

最终，成功的企业是能够根据市场需求、竞争情况和自身特点灵活调整价格策略，并在成本结构中找到平衡点的企业。通过综合考虑不同定价策略的要求，建立灵活性和敏捷性强的成本结构，企业将能够更好地适应不断变化的市场环境，提升竞争力，实现长期可持续发展。

# 第五节　销售与收入的会计处理

## 一、销售过程中的会计核算

在企业运营过程中，销售是一个至关重要的环节，涉及产品或服务的交付、收入的产生及客户关系的维护。为了确保企业能够有效运营并实现盈利，必须在销售过程中进行精确的会计核算。本节将深入探讨销售过程中的会计核算，包括销售收入的确认、成本核算、应收账款管理及相关的财务报表。

### （一）销售收入的确认

1. 销售合同的建立

在销售过程中，销售合同是销售收入确认的关键起点。销售合同应明确产品或服务的种类、数量、价格、交付方式、支付条件等关键条款。企业需要确保销售合同的签订符合法律规定，并清楚地规定了双方的权利和义务。

2. 销售收入的时间点

销售收入的确认通常与产品或服务的交付时间点相关。根据会计准则，销售收入应在以下条件之一时确认：

产品已交付给客户，客户已接受并具备对产品的控制权。

服务已提供给客户，客户已接受且企业已履行了合同中的关键义务。

与客户的支付条件相关的风险和回报已转移给客户。

客户已经批准交付且符合合同中的支付条件。

### 3. 多元素合同的处理

对于包含多个元素（产品、服务等）的合同，会计准则要求将销售收入分配到各个元素上，以反映各元素的相对公允价值。这涉及对每个元素的独立可交付性的判断，以确定相应的收入确认时点。

## （二）成本核算

### 1. 直接成本与间接成本

在销售过程中，涉及直接与销售相关的成本和间接的销售支出。直接成本包括直接与产品或服务相关的成本，如原材料、劳动力、制造费用等。而间接成本包括与销售活动相关但难以直接分配给具体销售项目的费用，如销售团队的管理费用、广告宣传费用等。

### 2. 成本的分类与分摊

为了准确核算销售成本，企业需要将各项成本细化并分摊到具体销售项目上。成本的分类应当符合会计准则的要求，确保将成本合理地分配给各个销售项目，以真实反映销售活动的经济实质。

### 3. 存货的管理与核算

对于涉及实物产品的销售，存货的管理与核算是销售过程中的重要一环。企业需要实施有效的存货管理，包括及时记录、调整库存、计算存货成本等，确保存货数据的准确性。

## （三）应收账款管理

### 1. 销售赊账的风险管理

在销售过程中，企业可能选择为客户提供赊账服务，即客户可以在一定期限内支付货款。这带来了应收账款的管理挑战，包括信用风险、逾期风险等。企业需要建立有效的信用管理制度，定期评估客户信用，并确保及时催收逾期账款。

### 2. 应收账款的核算

应收账款的核算包括记录销售赊账的发生、确认应收账款的金额、调整账龄、计提坏账准备等。这需要建立完善的会计流程和内部控制，以确保应收账款的准确性和及时性。

### 3. 应收账款的催收

催收是应收账款管理中的一个重要环节。企业需要建立催收流程，包括发送催款函、电话催收、与客户协商付款计划等手段，以降低坏账损失，维护企业的经营资金。

## （四）相关财务报表

### 1. 损益表

销售过程中的会计核算直接影响企业的损益表。销售收入的确认和成本的核算决定了毛利水平，而应收账款的管理则影响了坏账准备的计提，进而影响净利润。

### 2. 资产负债表

销售活动涉及存货和应收账款等资产，而销售赊账可能导致应收账款的增加。这些变动会在资产负债表中反映，直接影响企业的资产和负债结构。

### 3. 现金流量表

销售活动对企业的现金流量产生直接影响。销售收入的确认、成本支付及应收账款的收回都与现金流量表的编制有密切关系。企业需要确保销售过程的会计核算能够准确反映现金流入流出的情况。

### （五）会计信息系统的支持

为了实现销售过程中的有效会计核算，企业通常会依赖先进的会计信息系统。这样的系统可以提供以下支持：

销售数据的实时记录与跟踪：会计信息系统能够实时记录销售数据，包括销售合同、交付单据、发票等信息。通过实时跟踪销售活动，企业可以更及时地进行会计核算。

成本核算的自动化：先进的会计信息系统可以自动化成本核算的过程，包括直接成本和间接成本的分类、分摊及存货的管理。这有助于提高成本核算的准确性和效率。

应收账款管理的系统支持：会计信息系统可以支持应收账款的管理，包括实时记录应收账款、自动生成账龄分析、提醒逾期账款等功能。这有助于加强对应收账款的监控和催收管理。

财务报表的自动生成：会计信息系统能够自动生成各种财务报表，包括损益表、资产负债表、现金流量表等。这简化了财务报表的编制过程，提高了报表的准确性。

内部控制的加强：先进的会计信息系统通常具备强大的内部控制功能，包括权限管理、审计追溯、数据安全等方面的支持。这有助于确保销售过程中的会计核算的合规性和可靠性。

## 二、收入确认与账务处理

在企业运营中，收入确认和相应的账务处理是财务管理中至关重要的一环。正确的收入确认和精准的账务处理能够确保财务报表的真实性、可靠性，为企业提供准确的经济状况和业绩信息。本节将深入探讨收入确认的基本原则、与会计政策的关系，以及收入确认后的相关账务处理。

### （一）收入确认的基本原则

1. 成交原则

成交原则是最基本的收入确认原则之一。根据成交原则，收入应在产品或服务交付给客户，客户对产品或服务具有控制权时确认。这意味着企业只有在完成实质交易并将产品或服务移交给客户时，才能确认相应的收入。

2. 履约过程

履约过程原则是指企业应根据履行合同的进程来确认收入。按照这一原则，当企业在合同中履行了关键的赋予客户控制权的义务时，就应确认相应的收入。这可涉及产品交付、服务提供等。

3. 可变现性

可变现性是指客户对产品或服务的支付能力。根据可变现性原则，当企业认为客户具备支付能力时，即便实际收款可能会推迟，仍然可以确认相应的收入。这一原则强调了客户支付能力对收入确认的影响。

4. 可衡量性

可衡量性原则要求企业能够合理估计与交易相关的收入金额。这包括考虑价格的确定性、可变现性的合理估计等。确保收入的可衡量性有助于提高财务报告的准确性。

### （二）与会计政策的关系

1. 会计政策的制定

企业在会计政策中需要明确其收入确认的原则和方法。会计政策是企业在编制财务报表时所采用的计量、核算和报告的方法，涉及收入确认的时间、计量、分类等方面。会计政策的制定应符合相关的法律法规和会计准则。

2. 一贯性和稳定性

一贯性和稳定性是会计政策的两个基本原则。一贯性要求企业在一段时间内一贯地应用相同的会计政策，确保财务报表的可比性。稳定性要求企业在变更会计政策时提供充分的解释和合理的理由，以减少会计政策的不确定性。

3. 影响报告的估计与判断

在会计政策中，企业可能需要进行估计和判断，这直接影响到财务报表的编制。例如，对坏账的估计、对收入确认时点的判断等。这些估计和判断应当基于合理的假设和可靠的信息。

### （三）收入确认后的账务处理

1. 销售收入的确认

当企业根据成交原则、履约过程、可变现性等原则确认了销售收入后，就需要进行相应的账务处理。销售收入通常会在收入确认的同时进行会计分录，借记应收账款或现金，贷记销售收入账户。

2. 预收款项的处理

在一些情况下，客户可能在产品或服务交付前提前支付。这时，企业需要将预收款项确认为责任，即未履行合同的部分。相关的会计分录包括借记预收款项，贷记销售收入。

3. 成本核算

与收入确认同时，企业还需要进行成本核算。成本核算涉及直接成本和间接成本的记录与分配。借记相应的成本账户，贷记库存账户。成本核算的准确性直接影响到毛利水平的真实反映。

4. 应收账款的管理

应收账款的管理涉及账龄分析、坏账准备的计提等。当企业确认销售收入后，应及时记录应收账款，对逾期或有坏账风险的账款，需要计提相应的坏账准备。

5. 其他相关会计科目的处理

除了上述的主要科目外，还涉及一系列相关的会计科目的处理，如税金、销售折扣、客户回款等。企业需要根据具体情况进行相应的借贷记处理，以确保所有交易都得到准确的会计反映。

## （四）销售收入的税务处理

1. 增值税的处理

在一些国家，销售收入涉及增值税的征收。企业需要按照法规规定将销售收入中的增值税分开核算，并按照相关法规进行申报与纳税。

2. 所得税的计提

除了增值税，企业还需考虑所得税的计提。根据所在地税法，企业需要按照规定计算应纳税所得额，并相应计提所得税负债。这通常包括利润总额的计算、可抵扣损失的考虑、适用的税率等。

3. 跨境交易的税务处理

对涉及跨境交易的企业，税务处理更为复杂。需要考虑不同国家/地区的税法规定，处理跨境转移定价、避免双重征税等问题。在这种情况下，企业需要谨慎遵循相关国际税收法规，以确保在合法范围内最大限度地减少税务风险。

## （五）收入确认与盈余管理

1. 收入的操控与盈余管理

有时企业可能面临诱发盈余管理的诱因，如在特定时期实现更高的收入，以影响投资者和利益相关方的看法。盈余管理可能导致不恰当的收入确认，损害财务报告的真实性。因此，企业需要注意避免操控收入，保持财务报表的透明度和可靠性。

2. 合规性与道德考量

在收入确认和盈余管理方面，企业需要注重合规性和道德标准。确保会计处理符合相关法规和会计准则，同时遵循职业道德，保持诚信、透明度，以建立企业的良好声誉。

## （六）收入确认的实务难题

1. 多元素合同的处理

对于包含多个元素的合同，如同时提供产品和服务的情况，需要进行多元素合同的处理。这涉及如何合理分配收入、确定各元素的独立可交付性等问题，需要仔细考虑。

2. 收入的时点确认

确定收入的确认时点是一个实务难题，特别是在涉及长期项目、服务合同等情况下。企业需要合理判断客户对产品或服务的控制权何时转移，以确定适当的收入确认时点。

3. 收入与现金流的不一致性

有时企业可能面临收入与现金流的不一致性。例如，企业确认了销售收入，但实际款项尚未收到。在这种情况下，企业需要合理管理现金流，确保有足够的流动性维持日常经营。

收入确认与账务处理是企业财务管理中的核心环节。正确的收入确认能够真实反映企业的经济状况和业绩，为决策提供可靠的财务信息。与此同时，相关的账务处理需要综合考虑会计原则、会计政策、税务法规等多方面因素，确保财务报表的准确性和合规性。企业在实践中需要不断改进内部控制，防范操控和不当行为，以建立良好的财务诚信和商业声誉。在面对实务难题时，企业需要借助专业团队和先进的财务信息系统，以有效解决问题，提升财务管理水平。最终，通过科学的财务管理，企业能够更好地应对市场变化，实现长期可持续发展。

## 第六节 营销与会计的绩效评估

### 一、营销绩效指标与会计指标的关联

在当今竞争激烈的商业环境中,企业追求卓越的营销绩效成为保持竞争力和实现可持续发展的关键之一。营销绩效指标和会计指标是企业管理中两个不可或缺的方面,二者之间存在着紧密的关联。本节将深入探讨营销绩效指标与会计指标之间的关系,分析它们在企业经营管理中的互动与影响。

#### (一)营销绩效指标的概述

1. 营销绩效的定义

营销绩效是指企业通过其市场活动所取得的结果和效果,通常用于评估营销战略和执行的有效性。它不仅仅关注销售额的增长,还包括市场份额、客户满意度、品牌知名度、市场影响力等多个方面。

2. 营销绩效指标的分类

营销绩效指标可以分为多个类别,其中包括:

销售相关指标:包括销售额、销售增长率、销售渠道效益等。

市场份额和影响力:包括市场份额、品牌认知度、顾客口碑等。

客户关系和满意度:客户获取成本、客户保留率、客户满意度等。

市场成本效益:包括营销投资回报率(ROI)、成本每千次曝光(CPM)等。

#### (二)会计指标的概述

1. 会计指标的定义

会计指标是通过财务会计体系测量和反映企业经济活动的结果的具体数值或比率。它主要关注企业的财务健康状况、盈利能力、资产负债状况等方面,为内外部利益相关方提供关于企业经营状况的信息。

2. 会计指标的分类

会计指标可以分为多个类别,包括:

盈利能力指标:包括毛利率、净利润率、营业利润率等。

财务结构指标:包括资产负债率、流动比率、速动比率等。

偿债能力指标:包括偿债比率、利息保障倍数等。

运营效率指标:包括总资产周转率、存货周转率等。

#### (三)营销绩效指标与会计指标的关联

1. 销售额与营业收入

销售额是衡量营销绩效的重要指标之一,而营业收入是会计报表中的一个核心项目。销售额的增长通常会导致营业收入的增加,两者之间存在正向关系。企业可以通过监控销

售额的增长来评估其市场表现，而会计部门通过记录和报告营业收入来确保财务报表的准确性。

2. 市场份额与营业收入

市场份额是企业在整个市场中占据的比例，与竞争对手相比较。市场份额的提高通常与销售收入的增长相关。当企业在市场中取得更大的份额时，其销售收入也有望增加。会计部门通过监测市场份额的变化，可以预测未来可能的营业收入趋势。

3. 客户满意度与客户保留率

客户满意度是衡量客户对产品或服务满意程度的指标，而客户保留率则反映了企业成功保持现有客户的能力。这两者对企业的长期盈利能力至关重要。高客户满意度通常与更高的客户保留率相关联，而这最终会对营业收入产生积极影响。

4. 营销投资回报率与净利润率

营销投资回报率（ROI）是营销活动带来的收益与投入成本的比率，而净利润率是净利润与总收入的比率。两者之间存在密切联系。当企业实现良好的营销投资回报率时，通常也能够体现在净利润率的提高上。会计部门通过监控净利润率的变化，可以评估企业的整体盈利水平。

5. 营销渠道效益与成本控制

营销渠道效益关注不同销售渠道的效果和效益，而成本控制是会计中的一个核心任务。通过合理评估和优化营销渠道效益，企业可以在保持销售额的同时降低销售成本，进而提高整体利润水平。这体现了营销绩效与会计指标之间的协同作用。

6. 品牌知名度与资产负债率

品牌知名度是企业在市场中的影响力，而资产负债率则关注企业的资产和负债之比。企业建设和维护品牌通常需要一定的投资，但成功的品牌能够提高产品或服务的溢价能力，从而对企业的盈利水平产生积极影响。从会计角度来看，品牌的价值可能反映在企业的资产负债表中，进而影响资产负债率。

### （四）营销绩效指标与会计指标的互动影响

1. 互动的正向关系

大多数情况下，良好的营销绩效指标与优秀的会计指标之间存在正向关系。当企业能够有效地提高销售额、拓展市场份额、提升客户满意度时，这通常会导致营业收入和净利润的增加。这种正向关系有助于提高企业的整体财务健康状况。

2. 互动的负向关系

然而，也存在一些情况下，营销绩效的提高可能与一些会计指标产生负向关系。例如，为了提高市场份额，企业可能采取价格战等手段，导致毛利率下降，进而影响净利润率。因此，企业需要谨慎权衡各项绩效指标，避免单一追求而忽略了整体经营的盈利性。

3. 互动的滞后效应

营销绩效指标和会计指标之间的互动通常存在一定的滞后效应。即使企业在短期内取得了较好的营销绩效，其对会计指标的影响也可能需要一定时间才能真正体现在财务报表中。这需要企业具备长期的战略眼光和财务规划。

### (五)如何优化营销绩效与会计指标的关联

1. 整合信息系统

为了更好地衔接营销绩效和会计指标,企业可以通过整合信息系统来实现数据的共享与传递。采用先进的企业资源规划(ERP)系统,使得销售、市场和财务等部门之间能够更加协同工作,实时共享关键信息。

2. 设立绩效目标和指标

企业应当设立明确的绩效目标和指标,使得营销团队和财务团队能够在相同的目标下紧密协作。通过共同的目标,可以确保各个部门的行动方向一致,更好地实现业务整体的优化。

3. 建立绩效评估体系

建立全面的绩效评估体系,既包括营销绩效指标,也包括与之相关的会计指标。这有助于更全面地评价企业的经营状况,并提供决策支持。

4. 强调战略协同

企业需要强调战略协同,以使营销和财务团队在制定和执行战略时能够相互协同,从而避免仅关注某一方面的绩效而忽略整体的长期盈利性。

在现代商业环境中,企业要实现长期的可持续发展,需要营销绩效和会计指标之间的良好协同。营销绩效指标作为企业战略执行的直接反映,与会计指标密切相关,两者相互影响、相互支持。企业应当注重绩效目标的设立、绩效评估体系的建立以及战略协同的强调,以优化其营销绩效和会计指标的关联,从而实现经营战略的有效执行。

## 二、绩效评估对企业整体发展的指导

绩效评估是企业管理中的一项关键活动,通过对企业各方面表现的定量和定性评估,为企业决策提供依据和指导。绩效评估不仅关注短期的业务表现,更应对企业整体发展具有长期指导意义。本节将深入探讨绩效评估如何对企业整体发展提供指导,以及如何有效进行绩效评估以实现持续的业务提升。

### (一)绩效评估的概述

1. 绩效评估的定义

绩效评估是一种系统性的、定期的评价活动,旨在了解和评估企业在不同层面、不同方面的表现。这些方面包括但不限于财务绩效、市场绩效、员工绩效、客户满意度、创新能力等。通过绩效评估,企业能够识别优势、弥补不足,为未来的决策提供有力支持。

2. 绩效评估的重要性

绩效评估在企业管理中具有重要作用。它可以帮助企业:

制定战略方向:通过评估过去的绩效,企业能够识别自身的优势和劣势,从而更好地制定未来的战略方向。

提高效率:通过定期评估各项业务活动的效果,企业能够找出存在的问题,优化流程,提高整体运营效率。

激励员工:绩效评估与奖励机制结合,可以激发员工的积极性,推动他们朝着企业的目标努力。

提升客户满意度：通过评估市场绩效和客户反馈，企业可以及时调整产品和服务，提高客户满意度。

### （二）绩效评估与企业战略一体化

1. 战略制定与绩效目标

绩效评估与企业战略的一体化始于战略制定阶段。在制定企业战略时，需要明确与之关联的绩效目标。这些目标应该能够量化、具体、可衡量，并与企业长期发展目标相一致。例如，如果企业战略是在市场中取得领导地位，相应的绩效目标就包括市场份额的提升、销售收入的增长等。

2. 绩效目标的层次结构

绩效目标通常分为不同层次，包括战略层面、战术层面和操作层面。战略层面的绩效目标通常与企业整体战略方向相关，而战术层面和操作层面的绩效目标则更具体，与具体业务活动和部门的运作密切相关。这种层次结构确保了绩效评估既能够服务于整体战略目标，也能够指导具体的执行活动。

3. 战略执行与绩效评估

绩效评估通过监测和评估战略执行的过程，能够提供实时的反馈和调整机制。如果在执行过程中发现某些绩效指标偏离了设定的目标，企业可以及时采取措施进行调整。这种战略执行的实时反馈能够确保企业在快速变化的市场中灵活应对。

### （三）绩效评估与财务指标的关系

1. 财务指标作为绩效评估的基础

财务指标在绩效评估中扮演着关键的角色。它们是最直接、最客观的度量方式之一，能够全面反映企业的经济状况。例如，销售收入、净利润、资产负债状况等财务指标都是绩效评估的基础。

2. 财务指标与绩效目标的对应关系

绩效评估时，财务指标与绩效目标之间应该有紧密的对应关系。绩效目标通常包括一系列财务目标，例如：

销售目标：绩效评估中的销售收入与销售增长率等财务指标可以直接反映销售目标的实现情况。

盈利目标：净利润率、毛利率等财务指标直接关联到企业的盈利目标，帮助企业评估其盈利能力。

资产管理目标：资产周转率、库存周转率等财务指标可以反映企业的资产管理效率，与资产管理目标相对应。

3. 财务指标的局限性

虽然财务指标在绩效评估中扮演着关键角色，但其也有一些局限性。例如，它们主要关注的是企业过去的表现，对未来的预测能力有一定限制。此外，财务指标不能全面反映企业的市场份额、客户满意度、创新能力等非财务方面的绩效。

## （四）绩效评估与非财务指标的结合

1. 非财务指标的定义

除了财务指标外，非财务指标在绩效评估中也占据着重要地位。非财务指标是指那些不能通过货币计量来度量的指标，通常包括多个方面，如市场、客户、内部流程、学习与成长等。

2. 非财务指标的多元性

非财务指标的多元性使其能够全面反映企业的绩效。例如：

市场份额：反映企业在特定市场中的地位，是衡量市场绩效的关键指标。

客户满意度：直接关联到企业的服务质量和客户关系管理，对企业长期发展具有重要影响。

创新能力：通过衡量新产品开发、研发投入等方面的指标，反映企业在创新领域的表现。

3. 非财务指标与战略目标的关系

非财务指标与战略目标之间的关系更加直接。企业的战略通常不仅仅是追求财务上的成功，还包括在市场中的地位、客户口碑、创新领导力等多个方面。因此，绩效评估需要综合考虑这些非财务指标，以更全面地评价企业的战略执行。

## （五）绩效评估的关键要素

1. 设立明确的绩效指标

明确的绩效指标是绩效评估的基础。这些指标应该与企业的战略目标一致，能够全面、客观地反映企业在各个方面的表现。指标的设立需要具备可衡量性、可比性和可操作性。

2. 数据的及时性和准确性

绩效评估需要基于准确、及时的数据。企业需要建立完善的数据采集、整理、分析的系统，确保评估过程中使用的数据真实可靠。及时的数据能够让企业在变化迅速的市场中做出敏捷的调整。

3. 引入绩效考核体系

建立绩效考核体系，将绩效评估与奖励机制结合起来。通过设立激励机制，可以激发员工的积极性，使其更好地为企业的整体发展目标努力。

## （六）绩效评估对企业整体发展的指导作用

1. 为决策提供依据

绩效评估为企业的战略和决策提供了关键的依据。通过对不同方面绩效的评估，企业领导层能够清楚地解企业的强项和短板，为未来制定战略提供数据支持。绩效评估的结果能够揭示企业在市场、财务、客户关系等方面的实际表现，有助于制订更有针对性的战略计划。

2. 优化资源配置

绩效评估还能够指导企业优化资源配置。通过对各个部门、项目的绩效评估，企业能够更清晰地了解资源的分配情况，确保资源得到最有效的利用。优化资源配置有助于提高效率、降低成本，从而为企业整体发展创造更有利的条件。

3. 激发员工潜力

绩效评估对于激发员工潜力、提高整体团队绩效也起到了关键作用。通过设立明确的绩效目标和奖惩机制，企业能够激发员工的积极性和创造力。员工在清晰的目标和奖励机制下，更容易专注于业务目标的实现，从而推动企业整体的发展。

4. 促进创新与学习

绩效评估不仅关注过去的绩效，还应关注未来的发展潜力。通过对创新、学习和成长等方面的绩效评估，企业能够促进组织内部的创新氛围，鼓励员工不断学习、进步。这不仅有助于企业在短期内取得成功，也能够持续不断地适应市场的变化，保持竞争力。

绩效评估对企业整体发展具有深远的指导作用。通过全面、客观地评估企业在财务和非财务方面的表现，企业能够更好地制定战略、优化资源、激发员工潜力，并在竞争激烈的市场中保持竞争优势。然而，企业在进行绩效评估时需考虑到多元性、复杂性、时效性和非财务因素的测量等挑战，采用科学、灵活、时效的绩效评估体系，以不断提高企业的竞争力和可持续发展能力。通过不断总结经验、不断优化绩效评估体系，企业能够更好地适应市场变化，迎接未来的挑战。

## 第七节 营销活动对财务绩效的影响

### 一、营销活动与财务绩效的关联机制

在现代商业环境中，企业为了取得市场份额、提高销售额及实现盈利，经常会进行各种营销活动。这些活动涉及广告、促销、市场推广等方面，而这些方面的投入与企业的财务绩效之间存在着密切的关系。本节将深入探讨营销活动与财务绩效之间的关联机制，以及如何有效地进行营销活动，实现财务绩效的提升。

（一）营销活动与财务绩效的基本关系

1. 营销活动的目的

企业进行营销活动的主要目的是通过各种手段促进产品或服务的销售，建立品牌知名度，吸引潜在客户，并最终实现企业的盈利。这些活动包括但不限于广告投放、促销活动、市场推广、公关活动等。

2. 财务绩效的定义

财务绩效是指企业在财务方面的表现，包括但不限于销售收入、净利润、投资回报率等。财务绩效的好坏直接关系到企业的盈利水平、财务稳健性以及未来的可持续发展。

3. 关联机制

营销活动与财务绩效之间的关联机制主要体现在营销活动的影响下，企业的销售和盈利水平发生变化。合理的营销活动应当能够刺激销售增长，提高市场份额，进而实现财务绩效的提升。

## （二）营销活动对财务绩效的直接影响

1. 销售收入的增长

最直接的影响就是销售收入的增长。通过有针对性的广告宣传、促销活动等手段，企业能够吸引更多的目标客户，促使他们购买产品或服务，从而实现销售收入的增加。

2. 提高产品价格弹性

通过巧妙的营销活动，企业可以提高产品价格的弹性。例如，通过打折促销、捆绑销售等手段，激发客户购买欲望，即使产品价格上涨，也能够保持一定的销售量，从而提高整体销售额。

3. 增加市场份额

有力的市场推广和品牌宣传能够提高企业在市场中的知名度和影响力，从而增加市场份额。市场份额的提升通常伴随着销售量的增加，直接影响企业的销售收入和盈利水平。

4. 降低营销成本

通过精准的目标市场定位、有效的促销活动设计，企业可以在一定程度上降低营销成本。例如，通过数字化营销手段，企业可以更精准地将广告投放到潜在客户群体，避免浪费在非目标市场的资源，从而提高广告投入的效益。

## （三）营销活动对财务绩效的间接影响

1. 提升品牌价值

成功的营销活动有助于提升企业品牌的价值。品牌的价值提升不仅能够增加产品的溢价能力，还能够吸引更多的忠实客户，为企业带来持续的销售和收入。

2. 增加客户忠诚度

通过巧妙的促销策略和品牌建设，企业可以提高客户的忠诚度。忠诚的客户更倾向于长期购买企业的产品或服务，不仅为企业带来更稳定的销售收入，还有望通过口碑传播，吸引更多新客户。

3. 提高市场竞争力

良好的营销活动有助于提高企业在市场竞争中的地位。通过差异化的市场定位和独特的品牌形象，企业能够在竞争激烈的市场中脱颖而出。市场竞争力的提升意味着更多的机会来吸引客户和实现销售目标，从而影响到财务绩效的长期增长。

4. 创造品牌效应

品牌效应是指企业品牌对消费者购买决策的积极影响。成功的营销活动有助于创造积极的品牌效应，使得消费者更愿意选择企业的产品或服务，甚至在价格上愿意接受一定的溢价。品牌效应的提高有时会直接影响到销售额和盈利水平。

# 二、营销活动对企业盈利能力的提升

在当今激烈竞争的商业环境中，企业需要不断寻找有效的途径来提升盈利能力。营销活动作为一种关键的商业策略，具有直接影响企业盈利能力的潜力。本节将深入探讨营销活动如何对企业盈利能力的提升产生积极影响，并探讨实施这些活动的策略。

### （一）营销活动对销售增长的直接影响

1. 提升销售额

一个明显的方式是通过促销、广告、市场推广等活动来提升销售额。有效的营销活动有助于吸引更多的潜在客户，促使现有客户增加购买频率，进而直接提高销售额。这对企业的盈利能力具有直接而显著的影响。

2. 刺激产品或服务的需求

营销活动可以有效地刺激产品或服务的需求，通过强调产品的独特卖点、功能、性能或服务的优势，吸引潜在客户进行购买。这种需求刺激有助于在市场中树立品牌形象，提高产品或服务的市场份额，最终影响盈利水平。

3. 拓展市场份额

通过有针对性的广告和市场活动，企业能够在目标市场中取得更大的市场份额。市场份额的增加直接带动了企业的销售额的提升，从而对盈利能力产生积极的影响。

### （二）营销活动对客户忠诚度的提高

1. 增加客户回购率

通过精心设计的促销活动、会员计划等，企业可以鼓励现有客户再次购买产品或服务，增加客户的回购率。忠诚的客户通常对品牌更加信任，且更愿意选择企业的产品或服务，这对企业的盈利能力具有显著影响。

2. 创造口碑效应

通过创造积极的购物体验和提供卓越的售后服务，企业可以通过口碑传播吸引新客户。这种通过客户满意度和积极的口碑效应带来的新客户，通常对企业具有更高的忠诚度，进而提高客户的持续购买行为，直接促进盈利能力的提升。

### （三）营销活动对品牌建设的积极影响

1. 提升品牌知名度

营销活动是提高品牌知名度的重要途径。通过广告、公关活动等手段，企业能够将品牌推向更广泛的受众，提高品牌的知名度。品牌知名度的提升有助于建立消费者对品牌的信任感，进而增加购买的可能性，直接影响盈利水平。

2. 塑造积极的品牌形象

有效的营销活动有助于塑造积极的品牌形象。通过传递正面的价值观、文化，以及关注社会责任等信息，企业可以在消费者心中树立积极的品牌形象。积极的品牌形象有助于消费者对产品或服务的认同感，提高其购买的愿望，进而对盈利能力产生积极影响。

3. 不断提高品牌价值

有效的营销活动可以不断提高品牌的价值。随着品牌价值的提升，企业能够更轻松地吸引高价值客户，提高产品或服务的溢价能力，进而直接影响盈利水平。

### （四）营销活动对成本的优化

1. 提高广告效益

通过数据分析和市场研究，企业可以更精准地确定目标受众，从而提高广告效益。有效的广告投放能够减少不必要的花费，优化广告成本，从而提升盈利能力。

2. 降低客户获取成本

通过精细化的目标市场定位和营销策略，企业可以降低客户获取成本。定向广告、社交媒体宣传等手段有助于提高客户获取的效率，减少每位新客户的获取成本，从而降低整体营销成本，提升盈利水平。

3. 提高生产效率

有效的营销活动不仅仅可以影响销售，还可以通过刺激需求，帮助企业更好地规划生产和供应链。通过提前了解市场需求，企业可以更加精准地调整生产计划，避免过度生产或库存积压，从而降低生产成本，提高盈利能力。

4. 优化促销策略

营销活动中的促销策略对盈利能力的优化至关重要。通过对促销效果的监测和分析，企业可以及时调整促销方案，确保在提高销售的同时，最大限度地维持产品或服务的价格水平，实现盈利最大化。

### （五）制定有效的营销策略以提升盈利能力

1. 确定明确的营销目标

企业在进行营销活动时，首先需要明确具体的营销目标。这包括提升销售额、增加市场份额、提高客户忠诚度等。明确的目标有助于更有针对性地制定营销策略，从而更有效地提升盈利能力。

2. 了解目标受众

深入了解目标受众是制定有效营销策略的关键。通过市场研究和数据分析，企业可以了解目标受众的需求、喜好、购买行为等信息，以便更精准地制定广告宣传和促销策略，提高活动的效果。

3. 多渠道整合营销

利用多渠道整合营销是提升盈利能力的有效手段。不同的渠道可以覆盖更广泛的受众，增加品牌曝光度，提高销售额。线上线下结合、社交媒体、电子邮件营销等多渠道的整合有助于形成更为综合和有力的营销体系。

4. 创新营销手段

不断创新营销手段有助于引起消费者的兴趣。这可能包括独特的促销活动、创意广告、有趣的内容营销等。创新可以吸引目标受众的关注，提高品牌知名度，从而对销售和盈利能力产生积极影响。

5. 数据驱动的决策

数据分析是制定有效营销策略的关键。通过收集和分析数据，企业能够更好地了解市场趋势、消费者行为，以及营销活动的效果。数据驱动的决策有助于企业调整和优化营销策略，提高投资回报率，最终提升盈利水平。

综上所述，营销活动对企业盈利能力的提升具有重要作用。通过提升销售额、提高客户忠诚度、优化成本等方面的影响，营销活动直接影响企业的盈利水平。

# 第八节 财务信息对营销决策的支持

## 一、财务信息的重要性与准确性要求

### （一）财务信息的重要性

1. 决策制定

财务信息是企业管理层制定决策的基础。管理者需要了解企业的财务状况、盈利能力、资产负债状况等信息，以便制订战略、业务计划和预算。财务信息的准确性直接影响到管理者的决策质量，进而影响企业的发展方向和业绩。

2. 投资决策

投资者在决定是否投资于某一企业时，需要依赖财务信息来评估企业的健康状况和盈利潜力。准确的财务信息可以为投资者提供对企业未来收益和风险的清晰认识，有助于他们做出明智的投资决策。

3. 资金融通

企业在运营过程中需要不断融通资金，而金融机构则需要通过财务信息来评估企业的信用和偿还能力。准确的财务信息有助于企业顺利获得融资，确保其正常经营和扩张。

4. 税收合规

企业需要按照法律规定报税，而准确的财务信息是确保企业税收合规的基础。税收机构依赖企业的财务报表来核查纳税申报的真实性，因此财务信息的准确性直接关系到企业是否能够遵守税收法规，避免潜在的法律风险。

5. 维护股东利益

股东作为企业的业主，通过财务信息了解企业的盈利状况、分红政策等，以便评估其投资的回报和长期价值。准确的财务信息有助于增强股东信心，维护其权益，促进企业与股东的良好关系。

6. 增强企业透明度

透明度是企业赢得市场信任的关键因素之一。通过公开准确的财务信息，企业能够向外界展示其真实的经营状况，增强市场对企业的信任，吸引更多的客户、合作伙伴和投资者。

### （二）财务信息准确性的要求

1. 反映真实经济实质

财务信息的准确性要求能够真实、完整、准确地反映企业的经济实质。这包括对企业资产、负债、收入、费用等各方面的准确记录和报告，以便用户能够真实地了解企业的财务状况和经营绩效。

2. 与财务报告框架一致

财务信息应当符合相关的财务报告框架和会计准则，确保报表的编制和呈现符合业界通用的标准。这有助于提高财务信息的可比性，让不同企业、投资者、分析师能够更容易理解和比较财务表现。

3. 时效性和连贯性

财务信息的时效性要求及时、迅速地反映企业的经济状况和业绩，以满足用户对及时信息的需求。同时，财务信息的连贯性要求不同期间、不同会计周期之间应该保持一致，以确保用户能够进行有效的比较和分析。

4. 审计保障

准确的财务信息通常需要经过审计的保障。独立的审计机构对企业的财务报表进行审计，确保其真实性和合规性。审计报告的存在增强了用户对财务信息的信任，提高了信息的可靠性。

5. 明确披露

企业需要明确披露其财务信息的所有相关事项，包括会计政策、估计的使用、业务风险等。透明披露有助于用户更全面地了解企业的财务状况，提高信息的透明度和可信度。

6. 数据精确性

财务信息的精确性要求数字数据的准确无误。在数据录入、计算、核对等方面都需要严格的程序和控制，以防止人为错误和系统错误的产生。

### （三）保持财务信息准确性的挑战

1. 复杂业务结构

当企业业务结构复杂、涉及多个部门、地区或业务线时，财务信息的收集和整合变得更为困难。不同部门的数据不一致、不同系统的集成等问题可能导致信息的不准确。

2. 估计和判断

在会计处理中，有些信息是基于估计和判断得出的，如资产减值准备、坏账准备等。这些估计和判断的准确性受到多种因素的影响，包括未来的市场状况、技术变化等，因此容易引起误差。

3. 信息系统风险

随着企业信息化水平的提高，信息系统的安全性、稳定性和完整性变得尤为重要。系统故障、网络攻击、数据泄露等问题可能导致财务信息的不准确和不安全。

4. 人为因素

人为因素是导致财务信息不准确的主要原因之一，包括录入错误、审计疏漏、管理层的不当干预等。员工的教育培训和内部控制制度的建设是防范人为因素的重要手段。

### （四）保持财务信息准确性的策略

1. 强化内部控制

建立健全的内部控制体系是保持财务信息准确性的基础。这包括明确的岗位职责、有效的审计轨迹、对业务流程的全面了解等。内部控制的强化有助于防范和检测错误。

2. 高质量的会计人才

拥有高质量的会计团队是保证财务信息准确性的前提。专业的会计人员不仅能够正确处理会计事务，还能够理解业务背后的经济实质，准确披露相关信息。

3. 采用先进技术

借助先进的信息技术，尤其是财务管理软件和大数据分析工具，能够更快捷、准确地进行财务信息的收集、处理和分析。自动化的系统也能够降低人为错误的风险。

4. 审计的重要性

定期进行独立的审计是确保财务信息准确性的有效手段。由独立的审计师对企业的财务报表进行审计，能够发现潜在的错误或违规行为，提高财务信息的可信度。审计报告是对企业财务信息的独立验证，有助于用户对财务报表的信任感。

5. 引入技术保障手段

利用技术手段来保障财务信息的准确性也是一个重要的策略。例如，采用区块链技术可以确保财务信息的不可篡改性，从而提高信息的安全性和可信度。同时，使用先进的数据分析工具可以更快速地识别和纠正潜在的错误。

6. 不断提升员工素质

员工是财务信息处理中的重要环节，因此不断提升员工的财务知识和专业素质是保持准确性的关键。定期的培训、知识更新和交流有助于员工更好地理解财务业务，降低操作失误的风险。

7. 加强沟通与合作

企业内部各部门之间需要保持良好的沟通与合作。财务团队需要与销售、采购、生产等部门密切合作，及时了解业务发展、变化和需求，以确保财务信息的准确性。沟通不畅、信息不对称可能导致信息不准确的问题。

8. 多维度的财务分析

不仅要关注财务报表上的总体数据，还需要进行多维度的财务分析。通过深入分析各项财务指标的背后原因，能够更好地发现问题和风险，及时进行调整和改进。

## 二、财务信息在营销决策中的应用

### （一）财务信息在市场定位和目标客户选择中的应用

1. 成本结构分析

财务信息可以通过成本结构的分析帮助企业更好地了解产品或服务的生产成本、分销成本和营销成本。这对于选择目标市场、制定定价策略以及确定适当的市场推广预算都至关重要。通过比较不同产品或服务的成本和利润率，企业可以更明智地决定哪些市场细分是最有利可图的。

2. 利润贡献分析

利润贡献分析是一种基于财务数据的方法，用于评估不同产品或服务对企业总体利润的贡献程度。通过了解各产品或服务的利润率和销售量，企业可以更有针对性地选择目标客户群体，优化产品组合，提高整体盈利水平。

3. 客户利润分析

财务信息可以用于对客户的利润贡献进行分析。通过了解每个客户的销售额、成本和毛利润，企业可以识别出最有价值的客户，进而优化市场定位和目标客户选择。这有助于企业聚焦资源，提高客户满意度，实现可持续盈利。

## （二）财务信息在定价策略中的应用

1. 成本驱动定价

基于财务信息的成本结构，企业可以采用成本驱动的定价策略。了解产品或服务的直接和间接成本，以及所需的期望利润，有助于企业确定一个既能够覆盖成本又能够满足市场需求的合理价格水平。

2. 市场定价策略

通过财务信息，企业可以更好地了解市场需求和竞争格局，以制定差异化的市场定价策略。定价不仅仅是对成本的回报，还需要考虑市场对产品或服务的感知价值。财务数据有助于企业在制定定价策略时平衡成本、市场需求和品牌价值。

3. 弹性定价

弹性定价是一种基于市场需求变化的灵活定价策略。财务信息可以帮助企业了解产品或服务的价格弹性，即市场对价格变化的敏感程度。在不同市场条件下，企业可以通过调整价格来更好地满足市场需求，实现销售收入的最大化。

## （三）财务信息在市场推广决策中的应用

1. 广告效果分析

企业可以利用财务信息分析不同广告和市场推广活动的投资回报率。通过了解不同渠道和媒体的广告成本、点击率、转化率等指标，企业可以优化广告预算的分配，选择最有效的市场推广方式，提高广告效果。

2. 销售渠道管理

财务数据对销售渠道的管理也至关重要。通过分析不同渠道的销售额、成本和利润率，企业可以决定是否调整渠道结构、加大对某些渠道的投资，或者采取其他策略来提高整体销售效益。

3. 促销活动评估

企业常常通过促销活动来刺激销售，但不同促销活动的效果往往有很大差异。财务信息可以用于评估促销活动的成本和效果，分析促销活动是否实现了预期的销售增长，帮助企业优化促销策略。

## （四）财务信息在产品开发和品牌建设中的应用

1. 新产品投资决策

企业在推出新产品时需要进行全面的投资决策。财务信息可以帮助企业估算新产品的开发成本、市场推广费用以及未来的盈利潜力。通过对投资回报率的分析，企业可以更明智地决定是否推出新产品。

2. 品牌价值评估

财务信息可以用于评估品牌对企业价值的贡献。品牌建设是一个长期的过程，需要不断地投入。通过财务数据分析品牌的影响力、市场份额和溢价能力，企业可以更好地理解品牌的价值，并决定是否需要进一步加大品牌建设的投资。

3. 制定产品定位和营销策略

财务信息有助于企业制定产品定位和营销策略。通过了解产品在市场中的定位、目标客户群体的购买能力,以及竞争对手的价格策略,企业可以更加精准地制定产品的差异化定位和相应的市场推广策略。

4. 利润贡献分析

在产品开发和品牌建设中,利润贡献分析同样具有重要作用。企业可以通过财务信息对不同产品线、不同品牌的利润贡献进行比较,以便调整资源投入,优化产品组合,确保整体利润最大化。

### (五)财务信息在市场份额和竞争分析中的应用

1. 市场份额分析

通过财务信息,企业可以计算自身在特定市场或行业中的市场份额。市场份额是企业在整个市场中所占的比例,它可以帮助企业了解自身在竞争中的地位,同时指导企业制定目标和策略,争取更多的市场份额。

2. 竞争对手分析

财务信息不仅可以用于分析自身的财务状况,还可以用于分析竞争对手。通过与竞争对手的财务报表进行比较,企业可以了解竞争对手的盈利能力、资本结构、市场投资等方面的情况,为企业的竞争策略提供参考。

3. 定价竞争分析

企业可以通过财务信息对竞争对手的定价策略进行分析。了解竞争对手的价格水平、成本结构,以及它们可能的盈利水平,有助于企业制定更具竞争力的定价策略,同时避免价格战对企业自身利润的不利影响。

### (六)财务信息在销售预测和业绩评估中的应用

1. 销售预测

财务信息对销售预测具有重要作用。通过历史销售数据的分析,企业可以制定合理的销售预测模型,预测未来销售额、销售渠道、市场需求等情况。这有助于企业更好地调整生产计划、优化库存管理,提高供应链的效益。

2. 业绩评估

财务信息是企业绩效评估的主要依据之一。通过对财务指标的监测和分析,企业可以全面了解自身的盈利能力、资产利用率、偿债能力等方面的情况。这有助于制定目标、评估业务部门绩效,从而更好地实现企业整体的战略目标。

# 第五章 市场调研与数据分析

## 第一节 市场调研方法与技巧

### 一、市场调研的基本步骤

1. 确定研究目标和问题

在进行市场调研之前，首先要明确调研的目标和问题。确定你想要了解的信息，明确调研的范围和深度，以便有针对性地进行研究。

2. 制订研究计划

制订详细的研究计划，包括调研的时间表、预算、研究方法和样本规模等。计划是确保研究顺利进行的基础，也有助于保持整个调研过程的组织性。

3. 收集次生资料

在实地调研之前，通过收集次生资料来获取背景信息。这包括市场报告、行业分析、竞争对手的资料等。次生资料的收集有助于更好地理解市场的整体状况。

4. 选择研究方法

确定合适的研究方法，这包括定量研究、定性研究或两者的结合。定量研究通常采用问卷调查、统计分析等方法，而定性研究可以通过访谈、焦点小组讨论等手段获得深层次的见解。

5. 设计调查工具

如果选择了定量研究，就需要设计调查问卷；如果选择了定性研究，就需要设计访谈提纲或焦点小组讨论大纲，以确保调查工具具有足够的有效性和可靠性。

6. 采集数据

实地进行调查，执行研究计划，采集数据。这包括面对面访谈、电话调查、在线调查等不同的方式，以确保数据的准确性和完整性。

7. 数据分析

采集完数据后，进行数据分析。这包括统计分析、内容分析、主成分分析等方法，以提取关键的信息和洞察。

8. 提炼结论和建议

基于数据分析的结果，提炼出结论，并为企业提供建议。这有助于企业更好地了解市场趋势、竞争对手和消费者需求，为未来的决策提供支持。

9. 撰写报告

将研究结果整理成报告，以清晰、简洁的方式呈现。报告应包括研究的背景、方法、主要发现、结论和建议等内容。

10. 沟通和实施

与相关利益相关者分享研究结果，并在实际业务中应用这些发现，确保研究的成果对企业决策产生积极影响。

这些步骤构成了一个完整的市场调研过程。不同的研究项目可能需要调整和修改这些步骤，以适应特定的情境和需求。在整个过程中，不断反馈和调整是非常重要的，以确保研究的有效性和可行性。

## 二、市场调研中常用的工具与技术

1. 调查问卷与访谈

在线调查问卷：利用在线调查平台，通过向目标受众发送问卷，收集大量定量数据。这种方式成本较低，覆盖面广，适用于大规模的市场研究。

个别访谈：通过与目标受众进行深度访谈，获取详细的定性数据。这种方法有助于了解受众的真实需求和态度，提供更具深度的信息。

2. 数据分析工具

统计分析软件：如 SPSS、SAS 等，用于对收集到的大量数据进行统计分析，揭示数据之间的关联性和趋势。

数据可视化工具：如 Tableau、Power BI 等，将庞大的数据转化为易于理解的图表和图形，帮助业务人员更直观地了解市场情况。

3. 社交媒体分析工具

社交媒体监测工具：如 Brandwatch、Hootsuite 等，用于跟踪品牌在社交媒体上的表现，分析用户对产品或服务的反馈。

情感分析工具：通过自然语言处理技术，分析社交媒体上用户的评论和反馈，了解他们对产品的情感倾向。

4.GIS（地理信息系统）技术

地理定位数据：利用 GIS 技术分析地理位置数据，帮助确定目标市场的地理范围，优化销售渠道和布局。

5. 消费者洞察技术

眼动追踪技术：通过追踪消费者在观看广告或浏览网页时的眼球移动轨迹，分析其注意力的聚焦点。

生理信号监测：使用生理学传感器，如心率监测、皮肤电阻等，了解消费者在购物或产品体验中的生理反应。

6. 人工智能和机器学习

预测分析：利用机器学习算法对市场趋势和未来发展进行预测，帮助企业做出更明智的决策。

自然语言处理：通过处理大量的文本数据，提取关键信息和趋势，了解市场中的热点和用户需求。

7. 移动应用分析工具

App Annie：用于分析移动应用市场，包括下载量、收入、用户评价等，帮助了解移动应用的市场竞争状况。

用户行为分析工具：跟踪用户在移动应用中的行为，了解其使用习惯和偏好。

# 第二节 数据收集与分析工具

## 一、数据收集的途径与方式

### （一）数据收集途径

1. 问卷调查

问卷调查是一种常见的数据收集方法，通过设计问题并向受访者发放问卷来获取信息。这种方式的优势是可以覆盖大量的受访者，收集多样化的意见和观点。然而，问卷调查也存在回答者主观性和回忆偏差的问题，而且可能受到样本选择的限制。

2. 采访

采访是一种面对面的数据收集方式，可以深入了解受访者的观点和经验。这种方式适用于复杂的研究问题，可以更好地了解受访者的背景和动机。然而，采访需要更多的时间和资源，并且可能受到访谈者主观性的影响。

3. 实地观察

实地观察是直接观察和记录事件或行为的过程，适用于需要了解实际行为的情境。这种方式的优势是能够捕捉到真实的行为，而不受受访者回忆的限制。然而，实地观察可能受到观察者主观性和个体差异的影响。

4. 数据挖掘

数据挖掘是通过分析大量数据来发现隐藏在其中的模式和规律的过程。这种方式适用于大规模数据集，可以自动提取有用的信息。然而，数据挖掘也面临数据质量和隐私保护的挑战。

5. 社交媒体分析

随着社交媒体的普及，通过分析用户在社交媒体平台上的活动来收集数据成为一种常见的方式。这种方式可以追踪实时的舆情和用户反馈，但需要解决大数据处理和分析的问题。

### （二）数据收集方式

1. 主动收集

主动收集是指研究者有目的地采取行动，通过设计实验、发放问卷或进行采访来获取数据。这种方式的优势在于研究者可以控制数据的来源和质量，但可能受到样本偏差的影响。

2. 被动收集

被动收集是指数据的产生是在用户自然行为中产生的，研究者不直接干预。例如，通过分析用户在网站上的点击行为来了解他们的兴趣和偏好。被动收集的优势是可以获取真实的行为数据，但可能面临隐私保护和数据稳定性的问题。

3. 实验研究

实验研究是一种通过对研究对象进行干预来收集数据的方式，以观察干预对结果的影响。这种方式通常用于控制变量，确保实验结果的可靠性。然而，实验研究可能受到实验环境的影响，难以完全模拟真实情境。

4. 长期追踪

长期追踪是指对个体或群体进行连续的观察和记录，以了解其发展和变化。这种方式适用于研究社会、心理或生物过程的长期趋势，但需要解决数据收集和管理的问题。

5. 混合方法

混合方法是指综合利用多种数据收集途径和方式，以获取更全面、准确的信息。例如，可以结合问卷调查和实地观察，或者将定量数据和定性数据相结合。这种方式的优势在于能够克服单一方法的局限性，提高研究的可信度。

# 第三节 市场趋势分析

## 一、市场趋势的确定与监测

### （一）市场趋势的确定

1. 基础数据分析

（1）历史数据分析

通过对历史市场数据的分析，可以发现市场的周期性、季节性和一些常态性的规律。这包括市场的涨跌情况、交易量的变化、特定行业或公司的发展历程等。通过对这些数据的挖掘，可以更好地了解市场的运行规律和长期趋势。

（2）经济指标分析

关注宏观经济指标，如国内生产总值（GDP）、通货膨胀率、就业率等，可以帮助了解整体经济状况。这些指标对预测市场的整体趋势和某些行业的发展方向具有指导意义。

2. 技术分析

（1）图表分析

通过绘制价格走势图、K线图等技术图表，技术分析师可以观察到价格趋势、支撑位和阻力位等关键点。常用的技术指标如移动平均线、相对强弱指数（RSI）、布林带等也可以帮助分析市场走势。

（2）大势分析

大势分析关注市场的长期趋势，通过观察长周期图表，如周线或月线，来判断市场的主要方向。这有助于避免过度关注短期波动，更好地捕捉市场的主要走势。

3. 基本面分析

（1）公司财务报表分析

对公司的财务报表进行深入分析，包括利润表、资产负债表、现金流量表等，有助于评估企业的盈利能力、财务稳定性和经营状况。这些因素对判断个别股票的未来表现具有重要作用。

（2）行业分析

关注特定行业的发展趋势，包括市场规模、竞争格局、政策环境等。深入了解行业的基本面，有助于判断该行业未来的发展方向，从而更好地选择投资标的。

4. 市场参与者情绪分析

（1）舆情分析

通过监测媒体、社交媒体和舆情平台上的信息，了解市场参与者的情绪变化。舆情分析可以帮助投资者更好地把握市场的热点和变化，及时调整投资策略。

（2）投资者情绪指标

关注投资者情绪指标，如投机情绪指数、恐慌指数等，这些指标反映了市场参与者的情绪状态。高度的恐慌或投机情绪可能预示着市场即将发生反转。

**（二）市场趋势的监测**

1. 实时市场数据监控

（1）行情软件

使用专业的行情软件，可以实时监控股票、期货、外汇等市场的行情变化。这些软件通常提供丰富的技术分析工具，同时也能够显示实时的交易数据、涨跌幅等信息。

（2）数据订阅服务

通过订阅专业的市场数据服务，可以获取更为详细和实时的市场数据。这对高频交易和对市场波动敏感的投资者尤为重要。

2. 大数据分析

（1）数据挖掘和机器学习

利用大数据分析技术，对市场数据进行挖掘和建模。机器学习算法可以帮助发现隐藏在大量数据中的规律和趋势，从而更准确地预测市场的未来走势。

（2）人工智能预测

借助人工智能技术，构建预测模型来分析市场趋势。人工智能可以处理大规模数据，并能够在不断学习的过程中提高预测的准确性。

3. 市场预警系统

（1）预警指标

建立市场预警系统，设定一些关键的预警指标，如价格波动幅度、交易量异常、技术指标变化等。一旦达到预警条件，系统会及时发出警报，提醒投资者或决策者注意潜在的市场风险或机会。

（2）事件监测

通过对关键事件的监测，包括政治、经济、社会等领域的事件，及时获取相关信息。这有助于预测市场可能的反应和调整，并对市场趋势的变化做出快速响应。

4. 社交媒体和舆情监测

（1）社交媒体分析工具

使用社交媒体分析工具，监测市场参与者在各大社交媒体平台上的讨论和观点。这有助于了解市场情绪、投资者情感以及对特定事件的反应，为决策提供更全面的参考。

（2）舆情监测服务

借助专业的舆情监测服务，追踪新闻报道、论坛讨论、社交媒体评论等信息，及时了解市场的动向和市场参与者的态度。这有助于发现市场可能的风险和机会。

5. 宏观经济监测

（1）经济数据分析

持续关注宏观经济数据，包括国内生产总值（GDP）、失业率、通货膨胀率等。这些数据可以提供对整体经济趋势的洞察，帮助理解市场发展的大背景。

（2）利率和货币政策分析

关注中央银行的利率决策和货币政策调整，因为这些政策的变化将直接影响金融市场。理解利率走势和货币政策的走向，对预测市场趋势至关重要。

6. 竞争对手分析

（1）行业报告和研究

定期查阅行业报告和研究，了解竞争对手的最新动态、市场份额和战略规划。这有助于识别行业内的领先趋势和潜在机会。

（2）公司动向追踪

通过监测竞争对手公司的财务状况、产品创新、市场拓展等方面的动向，可以及时调整自身战略，保持在市场竞争中的敏锐性。

## 二、对市场趋势的预测与应对

### （一）市场趋势预测方法

1. 基于技术分析的预测

（1）趋势线分析

通过绘制趋势线，观察价格走势的方向和变化，辅助判断市场的长期趋势。趋势线分析可以帮助识别支撑位和阻力位，指导买入和卖出的时机。

（2）技术指标分析

运用技术指标如移动平均线、相对强弱指标（RSI）、布林带等，对市场进行量化分析。这些指标可以帮助投资者判断市场的超买和超卖情况，预测价格的反转点。

2. 基于基本面分析的预测

（1）公司财务报表分析

深入研究公司的财务报表，包括利润表、资产负债表、现金流量表等，评估公司的经营状况和财务健康。这有助于预测公司未来的盈利能力和潜在风险。
（2）行业分析
关注特定行业的发展趋势，了解市场的供求关系、竞争格局及政策环境。深入了解行业基本面有助于对整个行业未来的发展趋势进行合理判断。
3. 基于宏观经济因素的预测
（1）经济周期分析
关注宏观经济的周期波动，了解当前经济周期处于哪个阶段。在不同的经济周期，不同行业和资产的表现会有所不同，预测经济周期有助于合理配置资产。
（2）利率和货币政策分析
分析中央银行的货币政策、利率水平和通货膨胀预期。货币政策的调整会影响市场的流动性和资金成本，对市场趋势产生重要影响。
4. 基于社会因素的预测
（1）消费趋势分析
研究消费者行为和消费趋势，了解消费者对产品和服务的需求变化。消费趋势的变化可能引发相关行业的发展或衰退。
（2）人口结构分析
了解人口结构的变化，包括年龄分布、收入水平等。人口结构的变化对不同行业和市场需求的影响是深远的。
5. 基于技术因素的预测
（1）科技创新趋势
关注科技创新的最新动向，了解新兴技术的发展对行业和市场的影响。科技创新可能改变产业格局，创造新的市场机会。
（2）数字化转型趋势
预测数字化转型对行业和市场的影响，包括企业管理方式的变革、新型商业模式的崛起等。数字化趋势的演变可能改变市场格局，影响企业的竞争力。

## （二）市场趋势的应对策略

1. 制订灵活的战略计划
（1）多元化投资组合
在不同资产类别、行业和地区分布投资，构建多元化的投资组合。这有助于降低整体投资组合的风险，提高抗风险能力。
（2）长期投资策略
采用长期投资策略，不受短期市场波动的干扰。长期投资有助于更好地把握市场趋势，避免频繁交易带来的成本和风险。
2. 灵活运用风险管理工具
（1）止损策略
设定合理的止损点，及时割肉止损，避免在市场逆转时损失过多。止损策略是风险管理的关键工具之一。

（2）期权和期货合约

利用期权和期货合约进行对冲操作，降低投资组合的整体风险。这些工具可以在市场下跌时获得收益，有助于平衡整体投资组合的表现。

3. 及时调整业务策略

（1）敏捷战略

灵活调整业务策略，根据市场趋势和变化，及时做出战略调整。这可能涉及产品创新、市场定位的调整、生产和供应链的优化等方面。

（2）投资研究和开发

加大对新技术、新产品的研究和开发力度，不断提高企业的创新能力。这有助于抓住市场的新机遇，适应市场的快速变化。

4. 建立危机管理机制

（1）风险评估

建立系统的风险评估机制，识别潜在的风险因素，包括市场风险、经济风险、政策风险等。对各种风险的概率和影响进行评估，制定相应的应对措施。

（2）危机预案

制订危机预案，明确在不同风险场景下的应对措施和责任分工。预案应包括紧急情况下的沟通、资源调配、业务中断处理等方面的具体步骤。

5. 加强信息收集和分析

（1）实时监测市场

建立完善的信息收集体系，实时监测市场的变化。利用先进的信息技术工具，包括大数据分析、人工智能等，对市场数据进行深度分析，及时获取关键信息。

（2）制定信息分析策略

制定信息分析策略，从大量的信息中筛选出对企业和投资决策有关键意义的信息。这需要建立合理的信息过滤和分析体系，确保关注到最重要的市场动向。

6. 建立战略合作伙伴关系

（1）行业合作

与同行业内的企业建立战略合作伙伴关系，共享资源和信息。通过联合行动，可以更好地应对市场的变化，实现共赢。

（2）跨行业合作

考虑与其他行业的企业建立合作关系，通过互补优势，共同开发新的市场机会。跨行业的合作可以拓展企业的业务领域，降低单一行业风险。

# 第四节 竞争分析

## 一、竞争分析的方法与指标

### (一)竞争分析的方法

1.SWOT 分析

SWOT 分析是一种经典的竞争分析方法,通过对企业内部优势(Strengths)、劣势(Weaknesses)以及外部机会(Opportunities)和威胁(Threats)的全面评估,帮助企业制定战略方针。这种方法可以揭示企业在竞争环境中的优势和劣势,为制定对策提供依据。

优势(Strengths):包括企业在市场上相对于竞争对手的独特优势,如技术领先、品牌影响力、成本优势等。

劣势(Weaknesses):涵盖企业在市场上的相对不足之处,可能是营销不足、财务状况相对薄弱等。

机会(Opportunities):外部环境中可能为企业带来利好的因素,如市场需求增加、新技术发展等。

威胁(Threats):外部环境中可能对企业构成威胁的因素,如竞争加剧、法规变化等。

2.五力模型分析

由波特提出的五力模型分析,用于评估一个产业中的竞争力。该模型包括:

供应商谈判能力(Supplier Bargaining Power):衡量供应商对企业的谈判能力,高谈判能力可能导致成本上升。

买家谈判能力(Buyer Bargaining Power):衡量买家对企业的谈判能力,高谈判能力可能导致价格下降。

潜在竞争者的威胁(Threat of New Entrants):评估新进入者对产业的威胁,高威胁可能导致市场份额下降。

替代品的威胁(Threat of Substitute Products or Services):评估替代品对企业的威胁,高威胁可能导致市场份额下降。

行业内现有竞争者之间的竞争程度(Intensity of Competitive Rivalry):衡量行业内现有竞争者之间的竞争程度,高竞争可能导致价格战和利润下降。

3.对手分析

对手分析是通过深入了解竞争对手的战略、运营和市场表现来评估其竞争力。这包括:

竞争对手的目标和战略:了解竞争对手的长期和短期目标,以及它们采取的战略,有助于预测它们未来的行动。

竞争对手的资源和能力:分析竞争对手的资源和核心能力,确定其相对优势和劣势。

竞争对手的市场份额和定位:了解竞争对手在市场中的份额和定位,有助于确定企业在市场中的地位。

竞争对手的财务状况：分析竞争对手的财务状况，包括利润水平、资产负债表等，帮助评估其盈利能力和偿债能力。

4. 战术定位分析

战术定位分析关注企业在市场上的定位，包括产品、价格、推广和渠道等方面的定位。这有助于理解企业如何通过这些要素来吸引目标客户群，树立品牌形象。

产品定位：了解企业的产品在市场中的独特性、特色和竞争力，以及与竞争对手的差异。

价格定位：评估企业的价格策略，包括定价水平、折扣和促销活动等，与竞争对手的比较。

推广定位：研究企业的推广和营销策略，包括广告、公关、社交媒体等，以及与竞争对手的推广比较。

渠道定位：了解企业的销售渠道和分销策略，包括线上和线下渠道的选择，与竞争对手的渠道比较。

5. 数据分析

利用大数据分析、数据挖掘等技术，深入挖掘市场数据，以获取更全面、准确的竞争对手信息。数据分析方法包括：

市场份额分析：通过对市场份额的数据进行分析，了解竞争对手在市场中的相对地位，识别主要竞争者。

趋势分析：分析竞争对手在一段时间内的业绩和市场表现，识别其发展趋势和变化。

用户反馈分析：通过分析用户评价、反馈、投诉等信息，了解竞争对手在用户心目中的形象和满意度，以及可能的改进空间。

价格敏感度分析：评估竞争对手的价格变化对市场的影响，分析市场对价格的敏感程度。

市场细分分析：深入研究市场细分情况，了解竞争对手在不同细分市场的表现，为企业的市场定位提供参考。

（二）竞争分析的指标

1. 市场份额

市场份额是衡量企业在整个市场中占据的比例，通常以百分比表示。市场份额是竞争分析中最基本的指标之一，它反映了企业在市场上的相对地位。高市场份额可能意味着企业在市场中更具竞争力，但也可能使企业成为竞争对手攻击的目标。

2. 客户满意度

客户满意度是衡量企业产品或服务在客户心中的质量和价值的指标。通过客户满意度调查、用户反馈等方式收集数据，了解客户对竞争对手的看法。高客户满意度可能意味着竞争对手在产品质量、服务水平等方面存在优势。

3. 产品定位与差异化

产品定位和差异化是企业在市场中与竞争对手区分开来的重要手段。通过分析竞争对手的产品特点、定价策略、创新能力等，了解它们在市场中的独特性。企业可以通过差异化战略，强化自身在特定领域的竞争优势。

4. 财务指标

财务指标是评估企业财务状况和经营绩效的关键标志。竞争对手的财务指标包括利润水平、营收增长率、资产负债表结构等。通过对这些指标的比较分析，企业可以了解竞争对手的财务健康状况和盈利能力。

净利润率：衡量企业每一销售额的净利润比例，是盈利能力的关键指标。

营收增长率：反映企业在一段时间内的销售额变化情况，是企业成长性的重要指标。

资产周转率：表示企业资产的利用效率，高资产周转率意味着更高的盈利能力。

5. 创新能力

创新能力是企业在市场竞争中的核心竞争力之一。通过分析竞争对手在产品研发、技术创新、市场推广等方面的投入和表现，了解其创新能力。在创新竞争激烈的行业中，企业的创新能力直接关系到市场地位和竞争力。

6. 品牌影响力

品牌影响力是企业在市场上建立的品牌形象在消费者心中的认知程度。通过调查和市场研究，了解竞争对手的品牌知名度、消费者忠诚度等指标。在消费者选择产品或服务时，品牌影响力是一个重要的决策因素。

7. 渠道覆盖

渠道覆盖是企业产品或服务在市场中的销售网络和分布范围。通过分析竞争对手的销售渠道、分销策略等，了解其在市场中的渠道布局。拥有广泛的渠道覆盖可能带来更多的销售机会，提高企业的市场份额。

8. 人才和团队

人才和团队是企业成功的关键因素。通过分析竞争对手的人才队伍、领导层、员工素质等，了解其在人力资源方面的优势。在人才激烈争夺的市场中，具备高素质的团队更容易应对市场变化和创新挑战。

## 二、竞争对手对策的制定与实施

### （一）竞争对手对策的制定

1. 竞争对手分析

在制定竞争对手对策之前，企业首先需要进行全面深入的竞争对手分析。这包括对竞争对手的战略、市场份额、产品和服务、财务状况、创新能力等方面进行详尽的调查研究。具体分析方法包括：

SWOT 分析：对竞争对手的优势、劣势、机会和威胁进行全面评估，为制定对策提供基础。

五力模型分析：通过波特的五力模型评估竞争对手在供应商、买家、潜在竞争者、替代品、行业内现有竞争者之间的竞争力。

对手分析：深入了解竞争对手的战略、目标、资源、市场定位等方面的信息。

市场份额分析：评估竞争对手在市场中的份额和增长趋势。

财务指标分析：分析竞争对手的财务状况，包括利润水平、资产负债表、现金流等指标。

2. 制定明确的目标和战略

在了解了竞争对手的情况之后，企业需要制定明确的目标和战略。这包括确定想要达到的市场份额、提升产品或服务的竞争力、改善客户体验等方面的具体目标。同时，企业需要制定相应的战略，以实现这些目标。

市场占有率目标：确定在一定时间内想要达到的市场份额，这有助于明确竞争对手对策的方向。

差异化战略：确定产品或服务的差异化方向，寻找可以突显企业独特性的点，使其在市场中脱颖而出。

成本领先战略：如果成本控制是竞争的关键，可以制定成本领先战略，通过提高效率、降低成本，保持价格的竞争力。

3. 强化核心竞争力

核心竞争力是企业在市场中具有独特竞争优势的能力。在制定竞争对手对策时，企业需要强化自身的核心竞争力，以应对竞争的挑战。核心竞争力可能包括技术创新、品牌影响力、供应链管理、人才优势等方面。

技术创新：不断投入研发，推动产品或服务的创新，保持在技术上的领先地位。

品牌建设：提升品牌知名度和形象，培养品牌忠诚度，使消费者更愿意选择企业的产品或服务。

供应链优化：通过优化供应链，提高生产效率，降低成本，提供更具竞争力的产品或服务。

人才管理：吸引、培养和留住高素质的人才，建立具备竞争力的团队。

4. 制订灵活的应对计划

市场环境不断变化，竞争对手的策略也可能随之调整。因此，制订灵活的应对计划是竞争对手对策的重要一环。企业需要定期评估市场情况和竞争对手的动态，及时调整自身的战略。

定期战略评估：对企业的战略进行定期的评估和调整，确保其与市场环境和竞争对手的变化保持一致。

灵活应对市场变化：针对市场变化和竞争对手的行动，灵活调整产品、价格、推广等策略。

战术调整：根据市场反馈和竞争动态，灵活调整具体的执行战术，以应对具体问题和挑战。

### （二）竞争对手对策的实施

1. 落实明确的责任和任务

竞争对手对策的实施需要明确责任人和执行任务。建立清晰的责任体系，确保每个相关部门和人员了解自己的任务，并有相应的执行计划。通过有效的团队协作，实施阶段能够更加顺利进行。

设定KPI和目标：为确保竞争对策的有效实施，制定关键绩效指标（KPI）和具体目标。这有助于量化目标、跟踪进展，并及时调整战略。

明确执行计划：制订详细的执行计划，包括时间表、资源分配、沟通计划等。确保团队成员了解自己在实施过程中的具体任务和时间节点。

2. 持续监测竞争对手动态

竞争对手的策略和行动可能随市场变化而变化。因此，企业在实施竞争对手对策的过程中需要保持对竞争对手的持续监测。这包括：

竞争情报收集：建立竞争情报收集系统，及时获取竞争对手的战略、产品更新、市场反馈等信息。

行业分析：对行业趋势、市场变化进行持续性的分析，预测可能的竞争对手行动。

市场调研：定期进行市场调研，了解消费者需求变化、竞争对手的市场份额等动态。

客户反馈：关注客户的反馈和意见，从中获取关于竞争对手的信息，了解市场需求和变化。

3. 快速响应市场变化

市场环境可能随时发生变化，竞争对手的行动也可能出乎意料。因此，企业需要具备快速响应市场变化的能力。

敏捷决策机制：建立快速的决策机制，使企业能够在短时间内做出灵活的战略调整。

应急预案：制订应急预案，应对突发事件和市场变化，确保企业能够迅速做出反应。

团队培训：提升团队的应变能力，培训员工具备处理紧急情况和快速响应市场变化的技能。

4. 强化与客户的互动

与客户建立紧密的互动关系有助于了解市场需求和竞争对手的表现。通过有效的客户关系管理，企业可以更好地满足客户需求，提高客户忠诚度。

定期反馈：定期向客户征求反馈，了解他们的需求、满意度和对竞争对手的看法。

客户调研：进行深入的客户调研，分析客户购买决策和偏好，为产品和服务的优化提供依据。

客户服务优化：不断优化客户服务流程，提高客户体验，通过优质的服务留住客户。

5. 制定灵活的定价策略

定价是市场竞争中的关键因素，企业需要制定灵活的定价策略以应对竞争对手的价格战或市场价格波动。

动态定价：根据市场需求、竞争对手的定价策略和产品附加值等因素，灵活调整产品定价。

促销活动：制定有吸引力的促销活动，吸引更多客户，提高销售额。

差异化定价：通过差异化定价，突显产品或服务的独特性，为客户提供不同层次的选择。

6. 加强团队合作和沟通

在竞争对手对策的实施过程中，团队的合作和沟通至关重要，确保各个部门之间信息流通畅、共享信息、协同合作。

团队培训：通过培训提高团队的专业水平，确保员工能够更好地理解并执行战略。

定期会议：定期召开跨部门的战略会议，评估战略实施情况，分享经验和反馈。

沟通透明：保持组织内外的沟通透明，让员工明白企业的整体战略方向和目标。

## 第五节　顾客行为分析

### 一、顾客行为的驱动因素

#### （一）市场因素

1. 价格

价格是影响顾客购买行为的重要因素之一。消费者通常会在购买前权衡产品或服务的价格与其预期价值之间的关系。如果价格相对较低，但产品或服务的质量和价值仍然能够满足需求，消费者更有可能做出购买决策。因此，企业需要制定合理的价格策略，平衡成本和市场需求，以吸引更多的顾客。

2. 产品特性和品质

产品特性和品质直接影响着顾客的购买决策。消费者倾向于购买具有良好性能、耐用性和创新性的产品。此外，产品的外观、包装和设计也会对顾客的购买意愿产生重要影响。为了满足不同消费者的需求，企业需要深入了解目标市场，并设计出符合顾客期望的产品。

3. 促销和折扣

促销和折扣活动是引导顾客行为的有效手段。限时促销、打折销售和优惠券等都能够刺激消费者在短期内做出购买决策。顾客往往会感受到购物的紧迫性和实惠，从而更容易受到促销活动的吸引。企业可以通过巧妙设计促销策略，促使顾客更积极地参与购物。

4. 竞争环境

市场竞争环境对顾客行为有着直接而深刻的影响。在竞争激烈的市场中，企业之间为了争夺市场份额会采取不同的营销策略，包括价格战、产品创新、服务升级等。顾客往往会受到市场竞争的驱动，选择性价比更高的产品或服务。因此，企业需要密切关注竞争对手的动态，及时调整自身策略，以留住现有客户并吸引新客户。

#### （二）心理因素

1. 个体需求和欲望

个体的需求和欲望是直接驱动购买行为的心理因素。不同的人有不同的需求和欲望，这种差异导致了市场的多样性。企业需要通过市场研究了解目标客户群体的需求，设计出更符合他们心理期望的产品和服务，从而更好地满足他们的购物欲望。

2. 感知和态度

消费者的感知和态度会影响他们对产品或服务的选择。企业的品牌形象、广告宣传、口碑等都能够塑造顾客的感知和态度。积极的品牌形象和宣传有助于建立顾客对产品或服务的正面印象，从而促使其更愿意购买。企业需要通过精心的品牌管理和宣传策略，塑造积极的消费者态度。

3. 信任和认同感

顾客的信任和认同感对购买决策起着至关重要的作用。建立强大的品牌信誉、提供高品质的客户服务、与顾客建立互动关系等都能够增强顾客对企业的信任感。此外，顾客通常会选择那些与其价值观和生活方式相符的品牌，从而增强其对品牌的认同感。企业需要在产品、服务和品牌传播中注重建立积极的信任关系和认同感。

4. 风险和不确定性

购买决策中的风险和不确定性是消费者心理因素中的一个重要组成部分。消费者在购物过程中可能担心产品质量、售后服务、支付安全等方面的问题，这些都是潜在的购物风险。企业可以通过提供清晰透明的信息、提供试用期或保障措施等方式，减轻顾客的购物不确定性和风险感，从而促使其更加愿意购买。

### （三）文化和社会因素

1. 文化背景

文化背景对个体的价值观、信仰、习惯等方面有着深远影响，从而影响其购买决策。不同文化的人们对产品和服务有着不同的期望和偏好。企业需要深入了解目标市场的文化特点，以确保产品和营销策略与当地文化相符合。这涉及语言、符号、节日、传统等方面的考虑，以更好地满足文化多样性带来的挑战。

2. 社会影响

社会因素在塑造顾客行为方面也扮演着关键角色。家庭、朋友、同事等社交网络会对个体的购物决策产生影响。口碑传播、社交媒体的普及使得消费者更容易受到他人的观点和建议的影响。因此，企业需要重视社交媒体的营销策略，通过积极的社交互动和口碑传播来增强产品的社会影响力。

3. 社会价值观

社会价值观对顾客购买行为有着深刻影响。个体的购物决策往往受到其所处社会环境中普遍接受的价值观念的引导。企业需要了解并尊重不同社群的价值观念，以避免因价值观冲突而损害品牌形象。在营销和广告中弘扬积极的社会价值观，有助于树立品牌正面形象。

4. 生活方式

个体的生活方式和消费行为密切相关。生活方式包括工作、休闲、购物、娱乐等多个方面，对顾客在不同场景下的需求和偏好产生影响。企业可以通过深入洞察目标客户的生活方式，调整产品设计、营销渠道和广告宣传，更好地契合他们的生活方式。

### （四）个人因素

1. 个体特征

个体的特征，如性别、年龄、职业等，会对其购买行为产生直接的影响。不同年龄段的消费者可能对产品特性、品牌形象有着不同的偏好，因此企业需要根据目标市场的个体特征进行差异化的市场定位和定制化服务。

2. 个体需求

个体的需求是购物行为的根本动力。驱动需求的因素包括基本生活需求、安全需求、社交需求、尊重需求和自我实现需求等。企业通过了解和满足个体的不同需求，能够更好地引导和满足其购买行为。

3. 个体心理状况

个体的心理状况，如情绪、压力、心理健康等，也会对购物行为产生影响。在情绪激动或焦虑的状态下，个体可能更容易做出冲动的购买决策。企业需要通过情感营销、关怀服务等方式，理解并关注个体的心理状况，以提供更个性化和贴心的服务。

4. 个体经济状况

个体的经济状况是购物决策的重要因素之一。消费者的收入水平、职业地位、财务状况都会影响其对产品或服务的购买力和消费水平。企业需要差异化定价策略，根据目标客户的经济状况制定不同的销售策略，以更好地吸引和服务不同层次的顾客。

### （五）技术和创新因素

1. 科技发展

科技的迅速发展改变了消费者的购物方式和购物体验。电子商务、移动支付、社交媒体购物等新兴技术使得消费者能够更方便、更迅速地获取产品信息和完成购物。企业需要不断关注科技趋势，利用先进技术提升购物体验，提供更便捷、个性化的服务。

2. 创新产品和服务

创新的产品和服务能够吸引更多的顾客。消费者通常对新奇、独特的产品和服务产生浓厚兴趣。企业通过持续创新，推出具有差异化特点的产品和服务，能够更好地满足顾客的购物欲望。

## 二、数据驱动的顾客行为分析方法

### （一）数据收集

1. 在线行为数据

（1）网站分析

通过网站分析工具（如 Google Analytics、Adobe Analytics 等），企业可以追踪用户在网站上的行为，包括访问次数、停留时间、页面浏览路径等。这些数据可以揭示用户对网站内容的兴趣和喜好，有助于优化网站布局和内容。

（2）用户行为分析

通过跟踪用户在网站上的点击、鼠标移动等行为，了解用户在页面上的互动情况。这有助于发现用户的偏好和关注点，进而调整网站设计和内容，提升用户体验。

（3）转化率分析

分析用户从浏览网站到完成特定目标（如提交订单、注册会员等）的转化率。这有助于识别用户在购买过程中可能遇到的瓶颈，优化购物流程，提高转化率。

2. 社交媒体数据

（1）用户参与度分析

通过社交媒体平台提供的数据分析工具，了解用户在社交媒体上的参与度，包括点赞、评论、分享等。这有助于评估品牌在社交媒体上的影响力和用户互动程度。

（2）社交网络分析

通过分析用户在社交网络上的连接和交互关系，揭示潜在的社交网络影响力。这有助于精准定位潜在顾客群体，并制定针对性的社交媒体营销策略。

3. 移动应用数据

（1）用户行为追踪

通过移动应用分析工具，监测用户在应用中的行为，包括应用打开次数、使用时长、点击路径等。这有助于了解用户在移动应用上的偏好和习惯，优化应用体验。

（2）地理位置分析

通过收集用户的地理位置数据，分析用户在不同地区的活动和偏好。这可以为企业提供更精准的本地化营销策略。

4. 客户服务数据

（1）客户反馈分析

分析客户在客户服务平台上的反馈和评价，了解用户对产品或服务的满意度和不满意点。这有助于企业及时调整和改进产品或服务，提高顾客满意度。

（2）客服对话分析

通过分析客服对话记录，了解用户的问题和需求。这有助于发现潜在的市场需求，改进产品或服务，并提供更个性化的客户服务。

（二）数据处理和分析技术

1. 大数据分析

（1）数据清洗

对收集到的大量数据进行清洗和预处理，去除异常值、缺失值，确保数据的质量和可靠性。

（2）数据存储

使用大数据存储技术，如 Hadoop、Spark 等，存储庞大的用户行为数据，并提供高效的数据检索和处理能力。

（3）数据挖掘

运用数据挖掘技术，发掘数据中的模式、规律和趋势，识别潜在的商业机会和用户行为规律。

2. 机器学习和人工智能

（1）预测分析

利用机器学习算法进行预测分析，通过历史数据预测用户未来的购买行为、偏好和需求。

（2）个性化推荐

基于用户历史行为和偏好数据，采用推荐算法为用户提供个性化的产品或服务推荐，提高购买转化率。

（3）情感分析

通过自然语言处理技术，分析用户在社交媒体上的评论和反馈，了解用户对产品或服务的情感倾向，有助于品牌口碑管理。

3. 实时数据分析

（1）流数据处理

对实时产生的数据进行流数据处理，及时捕捉用户的行为和趋势，以便实时调整营销策略。

（2）实时监控

建立实时监控系统，迅速发现和解决潜在的问题，保障顾客体验和企业运营的稳定性。

### （三）数据驱动的个性化营销

1. 用户画像

通过对用户行为数据进行分析，构建用户画像，深入了解用户的特征、兴趣、购买历史等信息，为个性化营销奠定基础。

2. 个性化推送

基于用户画像和行为数据，通过个性化推送系统向用户提供定制化的推送内容，包括优惠券、推荐产品等，提高用户参与度和购物转化率。

3. A/B 测试

通过 A/B 测试，对不同版本的营销策略、页面设计或产品功能进行对比，分析用户的反馈和行为数据，以找出最有效的策略。这种实验性的方法能够帮助企业更好地优化营销策略，提高用户参与度。

4. 营销自动化

利用营销自动化工具，根据用户行为和特征，自动触发营销活动，如邮件营销、短信推送等。个性化的自动化营销使得企业能够更精准地与用户互动，提高用户忠诚度。

5. 用户反馈利用

将用户的反馈信息纳入数据分析的范畴，通过情感分析等技术了解用户的真实感受。企业可以通过积极回应用户反馈、改进产品或服务，提升用户满意度和口碑。

## 第六节　数据驱动的决策制定

### 一、数据驱动的决策思维

#### （一）数据驱动决策的定义

数据驱动的决策思维是一种基于数据分析和信息挖掘的决策方法，它强调在制定决策时充分利用和依赖数据。这种思维方式通过对大量数据的收集、整理、分析和解释，为组织提供更清晰、客观的决策依据。数据驱动决策不仅依赖于过去的经验和直觉，而且注重对数据的量化和科学的分析，以实现更准确、可靠的决策结果。

## （二）数据驱动决策的重要性

1. 提高决策的准确性

数据驱动决策通过量化和分析大量信息，能够提供更准确的决策依据。相较于凭借主观判断或经验制定决策，数据驱动的决策更具客观性和科学性，有助于降低决策的风险。

2. 优化资源分配

通过对数据的深入分析，企业可以更好地了解市场、客户需求和内部运营情况。这有助于优化资源的分配，提高资源利用效率，确保企业能够在竞争激烈的市场中更好地运作。

3. 发现商机与创新

数据中蕴藏着丰富的信息和潜在的商机。通过挖掘数据，企业可以发现新的市场趋势、客户需求和产品创新点，从而为企业的发展带来新的机遇。

4. 提高决策执行效率

数据驱动的决策使得决策更加明晰和可操作，减少了决策的不确定性。这有助于提高决策的执行效率，减少资源浪费，使组织更加灵活地应对变化。

5. 客观评估绩效

通过数据驱动的决策，企业可以更客观地评估绩效。通过制定明确的指标和目标，并通过数据监控实际绩效，企业能够更好地了解其在市场中的表现，并进行及时调整和改进。

## （三）数据驱动决策的关键要素

1. 数据收集

数据收集是数据驱动决策的基础。企业需要收集多样化、全面的数据，包括市场数据、客户数据、竞争对手数据等。数据的质量和广度直接影响着后续决策的可靠性和准确性。

2. 数据整合与清洗

数据通常分散在不同的系统和部门，需要进行整合，确保数据的一致性和完整性。同时，对数据进行清洗，排除错误、冗余和缺失，以提高数据的质量。

3. 数据分析和建模

数据分析和建模是数据驱动决策的核心环节。通过使用统计学、机器学习等技术，企业可以深入挖掘数据背后的规律和关联，为决策提供更深刻的理解和洞察。

4. 可视化呈现

将数据以可视化的方式呈现，能够使决策者更直观地理解数据的含义。图表、仪表板等可视化工具有助于将庞大的数据转化为易于理解的信息，提高决策效果。

5. 决策制定

基于数据分析的结果，制订清晰、明确的决策方案。决策制定需要考虑到各方面的因素，并确保决策的合理性和可操作性。

6. 监控和反馈

决策后需要对实际执行情况进行监控，并及时获取反馈。通过不断地监控和反馈，企业能够及时调整决策，确保其在实施过程中的有效性。

## 二、数据分析在决策制定中的应用

### (一)数据分析在决策制定中的作用

1. 洞察市场趋势

数据分析可以帮助企业洞察市场的动态和趋势。通过对市场数据的深入分析,企业可以了解不同产品和服务的需求趋势、价格变动、竞争对手的策略等信息,为制定市场战略提供有力支持。

2. 优化产品和服务

通过对客户反馈、购买行为和使用数据的分析,企业可以更好地了解产品和服务的优势和不足。数据分析有助于识别潜在的改进点,优化产品功能、提升服务质量,以满足客户需求并增加市场份额。

3. 精准营销和客户关系管理

数据分析在精准营销和客户关系管理方面发挥着关键作用。通过分析客户行为、偏好和购买历史,企业可以制定个性化的营销策略,提高广告投放的效果,增强客户黏性,促进销售增长。

4. 降低运营成本

通过对内部运营数据的分析,企业可以发现流程瓶颈、资源浪费和效率低下的问题。基于这些分析结果,企业可以调整运营流程、降低成本、提高效益,实现更加高效的企业运营。

5. 预测未来趋势

数据分析不仅可以揭示当前的市场情况,还可以通过建立模型和算法对未来进行预测。这有助于企业提前制定相应的策略,更好地应对市场的不确定性和风险。

### (二)数据分析在决策制定中的关键步骤

1. 确定决策目标

在进行数据分析之前,企业需要明确决策的目标和方向。这包括确定要解决的问题、达到的目标以及所需的决策支持。

2. 数据收集

数据收集是数据分析的第一步。企业可以从内部系统、外部数据库、社交媒体等渠道收集相关数据。确保收集到的数据具有全面性和代表性,以支持后续的分析工作。

3. 数据清洗和预处理

数据清洗和预处理是确保数据质量的重要环节。这包括去除异常值、填补缺失值、处理重复数据等操作,以保证分析结果的准确性和可靠性。

4. 数据分析和建模

在进行数据分析时,企业可以运用各种统计学和机器学习的方法,建立相应的模型。通过对数据进行探索性分析、相关性分析、回归分析等,企业可以深入了解数据背后的规律和关联。

5. 结果解释和可视化

将数据分析的结果以清晰、直观的方式呈现给决策者是至关重要的。可视化工具如图表、仪表板等可以帮助决策者更好地理解数据，从而更有信心地做出决策。

6. 制订决策方案

基于数据分析的结果，企业可以制订相应的决策方案。这需要综合考虑数据分析的结论、业务实际情况以及相关利害关系方的反馈，制订既科学又实用的决策方案。

7. 实施和监控

决策的实施是决策制定的最后一步，但也是最为重要的一步。企业需要确保决策的执行符合预期，并通过监控系统不断地获取反馈信息，以便及时调整和优化决策方案。

# 第六章 供应链信息技术与财务系统集成

## 第一节 信息技术在供应链中的作用

### 一、信息技术对供应链可见性的影响

#### （一）供应链可见性的定义

供应链可见性是指企业对整个供应链网络中各个环节的实时了解和监控，以便更好地协调和管理供应链活动。这包括了解原材料的采购情况、生产进度、物流运输、库存水平、订单履行等方面的信息。供应链的可见性使企业能够及时发现问题、做出实时决策，并提高整体运营的效率和灵活性。

#### （二）供应链可见性的重要性

1. 降低库存成本

供应链的可见性能够让企业更加准确地了解物料和产品在供应链中的流动情况，从而减少库存水平。通过实时监控需求、生产和交付等信息，企业可以更精确地进行库存规划，降低库存成本。

2. 提高订单履行率

通过供应链可见性，企业可以更及时地获取订单和库存信息，有助于提高订单履行率。及时了解库存水平、生产进度和运输状态，可以更好地应对订单波动，提高客户满意度。

3. 加速生产和交付周期

实时监控生产过程和物流运输情况，使企业能够更快速地响应市场需求变化。供应链的可见性有助于减少生产和交付周期，提高企业的敏捷性和灵活性。

4. 降低风险

通过监控供应链各环节的信息，企业可以更早地发现潜在的风险，如供应商问题、运输延误、质量问题等。及时的信息获取有助于企业采取应对措施，降低业务风险。

5. 提升客户满意度

供应链的可见性使企业能够更好地响应客户需求，提供更准确的交货承诺和更实时的订单跟踪信息。这有助于提升客户满意度，增强客户对企业的信任。

#### （三）信息技术在供应链可见性中的角色

1. 物联网（IoT）

物联网技术通过连接物理设备和传感器，使得物体能够实时收集和传输数据。在供应

链中,物联网可以用于监控生产设备、跟踪货物位置、记录温湿度等环境信息,为供应链可见性提供实时数据支持。

2. 云计算

云计算提供了存储和处理大规模数据的能力,使得企业能够将供应链数据存储在云平台上,实现实时共享和访问。通过云计算,供应链各方可以实现信息的无缝协同,提高供应链可见性。

3. 大数据分析

大数据分析技术能够处理庞大的数据集,挖掘隐藏在数据中的模式和关联。在供应链中,通过对大数据的分析,企业可以更深入地了解供应链中的各个环节,发现潜在问题并制定相应的应对策略。

4. 人工智能（AI）

人工智能在供应链中的应用包括预测分析、智能规划、风险识别等方面。通过机器学习和自动化技术,企业可以实现对供应链过程的智能监控和优化,提高可见性水平。

5. 区块链技术

区块链技术通过去中心化的方式,提供了更安全、透明的数据存储和传输方式。在供应链中,区块链可以用于建立可信任的交易记录,确保数据的一致性和安全性,提高供应链的可见性。

6. 数据集成和共享平台

建立数据集成和共享平台有助于不同环节的供应链参与者实现数据的共享和交流。通过统一的数据平台,企业可以更轻松地整合供应链中的各类数据,提高可见性水平。

（四）实现供应链可见性的方法

1. 实时监控和报警系统

建立实时监控系统,通过传感器、监控设备等实时获取供应链中各个节点的数据。同时,设置报警机制,一旦出现异常情况,系统能够及时发出警报,使企业能够迅速做出反应。

2. 数据分析和仪表板

利用数据分析工具和仪表板,对从各个环节收集到的数据进行深入分析,生成可视化的报表和仪表板。这样的工具能够为决策者提供直观、清晰的供应链状态,帮助他们迅速识别问题并做出相应决策。

3. 跨组织协作平台

建立供应链中不同参与方之间的协作平台,实现跨组织的信息共享。通过这样的平台,供应链中的各个环节可以更加紧密地协同工作,实现信息的实时交流,提高整体的可见性。

4. 实时数据集成

通过实时数据集成技术,将不同系统和数据源中的信息进行整合,确保数据的一致性和准确性。这有助于企业在供应链中获得全局视野,更好地监控和管理整个供应链。

5. 应用先进技术手段

采用先进的信息技术手段,如人工智能、机器学习等,对供应链中的大数据进行深度分析。这能够帮助企业预测未来趋势、优化决策流程,并更好地应对不确定性和风险。

6. 整体供应链规划

制订整体供应链规划，明确信息流、物流和资金流的路径，确保这三者之间的协同和同步。整体供应链规划有助于降低信息传递的延迟，提高供应链的响应速度和敏捷性。

## 二、物联网在供应链中的角色与应用

### （一）物联网的定义

物联网是指通过互联网连接和互通的方式，使得各种物理对象能够实现信息的采集、传输和交互。物联网将传感器、设备、物品等物理实体通过网络连接，形成一个巨大的网络，使得这些实体能够共同协作，构建更智能、高效的系统。在供应链中，物联网通过实时监控和收集物流、生产、库存等环节的数据，提供了更全面、准确的信息基础，助力企业实现更智能、敏捷的供应链管理。

### （二）物联网在供应链中的关键技术

1. 传感技术

物联网的基础是传感技术，它能够通过各种传感器采集环境信息，如温度、湿度、光照、位置等。在供应链中，传感技术可以应用于货物追踪、温湿度监控、设备状态监测等方面，提供实时的数据支持。

2. 无线通信技术

无线通信技术是实现物联网连接的关键，包括蜂窝网络、Wi-Fi、蓝牙、LPWAN（低功耗广域网）等。这些技术能够实现设备之间的高效通信，确保信息的及时传递和交换。

3. 数据处理与存储技术

物联网产生的数据量庞大，需要强大的数据处理和存储能力。云计算、边缘计算等技术可以用于对大规模数据的实时处理和分析，确保供应链中的各个节点能够及时获取有用的信息。

4. 安全与隐私技术

由于物联网涉及大量敏感信息，安全和隐私成为关键问题。加密技术、身份验证、安全协议等技术可以用于保障物联网中数据的安全性和隐私性。

### （三）物联网在供应链中的角色与作用

1. 实时监控与跟踪

物联网可以通过传感器实时监控供应链中的各个节点。在物流中，通过 GPS 追踪货物的位置，了解实时运输情况；在生产中，通过传感器监测设备的运行状态，预防故障发生。这种实时监控有助于提高可见性，及时发现和解决问题。

2. 库存管理

物联网可以应用于库存管理，通过 RFID（射频识别）等技术实现对货物的精准追踪。这样可以实现自动化的库存管理，减少因库存不足或过剩导致的问题，提高库存利用率。

3. 生产优化

在生产环节，物联网可以通过连接各种设备和生产线，实现生产过程的实时监控和优化。传感器可以收集设备运行数据,帮助企业实现设备的远程监控和预测性维护,提高生产效率。

4. 质量控制

物联网在质量控制方面的应用也十分广泛。通过在产品中嵌入传感器,可以实时监测产品的制造过程和质量参数,及时发现潜在的质量问题,并采取措施进行纠正,确保产品质量符合标准。

5. 供应链协同

物联网连接了供应链中的各个环节,使得不同参与方能够更紧密地协同工作。供应商、制造商、物流服务提供商之间通过物联网共享信息,实现供应链的协同优化,提高整体效率。

6. 可追溯性与合规性

物联网可以提供产品和原材料的追溯性。通过在产品中植入可追溯的传感器,企业可以追踪产品的生产、运输、存储等各个环节,确保产品的合规性,满足监管要求。

## 第二节 ERP 系统与供应链管理

### 一、ERP 系统的基本功能与结构

#### (一)ERP 系统的定义

ERP 系统是一种集成化的管理信息系统,旨在协调整个企业内部各个部门的活动,并通过共享数据和流程来提高组织的效率。它涵盖了企业的财务、人力资源、供应链、生产制造、销售和市场等多个方面,为企业提供全面的信息管理和决策支持。

#### (二)ERP 系统的主要功能模块

1. 财务管理模块

财务管理是 ERP 系统中的核心功能之一,涵盖了会计、成本管理、财务分析等方面。该模块用于跟踪企业的财务活动,包括资产、负债、收入、支出等,提供全面的财务信息,支持企业决策和财务报告。

2. 人力资源管理模块

人力资源管理模块包括员工信息管理、招聘、培训、绩效管理、薪酬管理等功能。它帮助企业更好地管理人力资源,提高员工工作效率,确保组织的人力资源能够更好地支持业务目标。

3. 供应链管理模块

供应链管理模块涵盖了采购、库存管理、生产计划、物流等方面。通过集成这些业务流程,企业可以更好地管理供应链活动,降低库存成本,提高供应链的灵活性和响应速度。

4. 生产制造模块

生产制造模块涉及生产计划、物料需求计划、制造执行等方面。它能够帮助企业优化生产流程,提高生产效率,确保生产过程的可控性和质量。

5. 销售与市场模块

销售与市场模块涵盖了销售管理、客户关系管理、市场营销等功能。通过这一模块，企业可以更好地了解市场需求，提高销售效率，加强与客户的关系。

6. 项目管理模块

项目管理模块用于规划、执行和监控企业的项目活动。它涵盖了项目计划、资源分配、进度跟踪等功能，能够帮助企业更好地管理项目，确保项目按时、按质完成。

7. 数据分析与报告模块

数据分析与报告模块通过对企业数据进行分析，生成各种报告和仪表板，帮助企业了解业务状况、发现潜在问题、做出决策。这一模块为企业提供了数据驱动的决策支持。

（三）ERP系统的结构

1. 数据库

ERP系统的基础是庞大而复杂的数据库。数据库存储着企业的各种数据，包括财务数据、人力资源数据、供应链数据等。这些数据被不同模块共享和使用，确保信息的一致性和可靠性。

2. 应用层

应用层是ERP系统的核心，包括各个功能模块，每个功能模块通过应用层与数据库进行交互，实现对数据的操作和管理。应用层还负责处理用户的请求，将用户输入的信息传递到相应的模块进行处理。

3. 业务逻辑层

业务逻辑层负责处理ERP系统中的各种业务规则和逻辑。它确保系统的各个功能模块能够协同工作，保持数据的一致性，并执行企业设定的业务流程。

4. 用户界面

用户界面是用户与ERP系统交互的窗口，通过图形界面、表单等形式向用户展示信息，接收用户的输入。良好的用户界面设计有助于用户更轻松地操作系统，提高用户体验。

5. 接口与集成

ERP系统通常需要与其他企业系统、第三方应用和外部数据源进行集成。接口与集成层负责确保ERP系统与其他系统能够无缝连接，实现数据的互通和共享。

6. 安全与权限管理

安全与权限管理是ERP系统的重要组成部分。它负责确保系统的安全性，防范未经授权的访问和数据泄露。同时，通过权限管理，确保用户只能访问其工作职责范围内的数据和功能。

## 二、ERP系统与供应链集成的挑战与解决方案

（一）ERP系统与供应链集成的挑战

1. 数据一致性与准确性

ERP系统和供应链管理系统通常使用不同的数据模型和标准，导致在数据传递和转换过程中可能出现不一致和错误。这可能引发信息不准确、决策失误等问题。

## 2. 业务流程差异

ERP系统和供应链管理系统服务于企业的不同方面,因此它们可能具有不同的业务流程。集成这两个系统时,需要解决业务流程的匹配和整合问题,确保数据能够在不同系统之间流畅传递。

## 3. 技术异构性

ERP系统和供应链管理系统通常由不同的供应商提供,它们可能基于不同的技术架构和平台,使用不同的编程语言和数据库系统。这样的技术异构性增加了集成的复杂性。

## 4. 安全和隐私问题

ERP系统和供应链系统中包含大量敏感的企业数据,包括财务信息、供应商资料、客户数据等。在集成过程中,必须确保数据的安全传输和妥善处理,以防止信息泄露和非法访问。

## 5. 组织文化差异

ERP系统和供应链系统的集成可能涉及不同部门和团队之间的协作。不同部门之间的组织文化差异包括工作流程、沟通方式等,可能成为集成的一大挑战。

### (二)ERP系统与供应链集成的影响因素

## 1. 企业规模和复杂度

企业的规模和复杂度是影响ERP与供应链集成难度的重要因素。规模庞大、业务流程复杂的企业通常需要更复杂的集成方案,而小型企业往往能够通过简化的集成实现目标。

## 2. 技术架构

ERP系统和供应链系统的技术架构对集成的难易程度有着直接影响。如果两者采用相似的技术标准和架构,集成过程可能会更加顺利。

## 3. 数据质量

数据质量是集成成功的关键因素之一。如果ERP系统或供应链系统中存在大量的不准确、不完整或重复的数据,集成过程中将面临更大的挑战。

## 4. 业务需求和目标

企业的业务需求和目标对集成方案的设计和实施产生深远影响。不同的业务需求可能需要不同的集成策略和模块选择。

## 5. 管理支持与资源投入

集成过程需要得到高层管理层的支持,并且需要足够的资源投入,包括财务、人力、技术等。管理支持和资源的充足程度将直接影响集成的顺利进行。

### (三)ERP系统与供应链集成的解决方案

## 1. 制定清晰的集成战略

在开始集成过程之前,企业应该制定清晰的集成战略。这包括明确的业务目标、集成方案的选择、实施计划和时间表等。清晰的战略有助于指导集成过程的顺利进行。

## 2. 采用标准化的数据格式和协议

为了解决数据一致性和准确性的问题,采用标准化的数据格式和协议是一个有效的解决方案。这可以通过制定行业标准、采用通用的数据格式,以及使用行业通用的数据交换协议来实现。

3. 引入中间件

中间件是一种在不同应用程序之间传递和转换数据的软件。通过引入中间件，可以有效地解决 ERP 系统与供应链系统的技术异构性问题，实现数据的平滑传递和集成。

4. 数据质量管理

在集成过程中，应该实施严格的数据质量管理措施。这包括数据清洗、去重、验证等步骤，确保数据在传递和整合的过程中始终保持高质量。

# 第三节　会计信息系统集成

## 一、会计信息系统的基本模块

1. 总账模块（General Ledger Module）

总账模块是会计信息系统的核心，它用于记录和维护组织的财务交易。这包括所有的收入、支出、资产和负债的发生。总账模块负责生成财务报表，如资产负债表、利润表等，以便组织能够监控其财务状况和业绩。

2. 应收账款模块（Accounts Receivable Module）

应收账款模块用于跟踪组织的应收账款，即尚未收到的客户付款。它记录销售、发票和收款信息，以确保组织能够追踪和催收未付款的账款。这有助于管理现金流，降低坏账风险。

3. 应付账款模块（Accounts Payable Module）

应付账款模块管理组织的付款事务。它记录了与供应商之间的交易，包括采购、发票和付款。通过及时记录和管理应付账款，组织可以优化现金流，避免滞纳金，并确保供应链的正常运转。

4. 固定资产模块（Fixed Assets Module）

固定资产模块用于跟踪和管理组织的固定资产，如土地、建筑物、机器设备等。它记录了资产的购置、折旧和处置情况，有助于组织进行资产管理和预测维护需求。

5. 成本管理模块（Cost Management Module）

成本管理模块帮助组织追踪和管理生产和运营过程中的成本。这包括直接成本（如原材料和直接劳动成本）和间接成本（如制造费用）。通过这个模块，组织可以更好地了解产品或服务的生产成本，制定合理的定价策略。

6. 财务报告模块（Financial Reporting Module）

财务报告模块负责生成各种财务报告，以满足内外部报告的需求。这包括月度、季度和年度报告，以及遵循会计准则和法规的要求。

7. 风险管理模块（Risk Management Module）

风险管理模块有助于组织识别、评估和应对潜在的财务风险。这包括市场风险、信用风险、操作风险等。通过这个模块，组织可以采取措施降低潜在的财务风险，保护企业利益。

8. 审计跟踪模块（Audit Trail Module）

审计跟踪模块记录了所有在会计信息系统中发生的变更，以确保数据的安全性和完整性。这有助于监控用户活动，追踪错误或欺诈行为，并符合审计和合规性要求。

## 二、会计信息系统与供应链数据的互通

### （一）会计信息系统和供应链管理概述

1. 会计信息系统

会计信息系统是一套用于捕捉、处理、存储和产生财务信息的系统。其核心功能包括总账、应收账款、应付账款、成本管理等模块。通过这些模块，组织能够记录和监控与财务相关的交易。会计信息系统的目标是提供准确、及时的财务信息，支持企业的决策制定、报告和合规性。

2. 供应链管理

供应链管理涵盖了产品或服务从原材料采购到最终交付客户的全过程。它包括供应商选择、物流、库存管理、生产计划等多个环节。优秀的供应链管理有助于降低成本、提高效率、提升客户满意度，并增强企业的竞争力。

### （二）会计信息系统与供应链数据的整合

1. 实时数据共享

通过将会计信息系统与供应链管理系统整合，企业可以实现实时的数据共享。这意味着财务团队可以更快地了解到与供应链相关的交易和活动，有助于及时做出财务决策。例如，及时了解到供应商的变更、价格波动或交货延误，有助于财务团队及早调整预算和财务计划。

2. 综合成本分析

供应链和财务数据的整合可以实现综合成本分析。企业不仅可以追踪生产成本、运输成本等财务方面的开支，还可以深入了解供应链中的各个环节对成本的影响。这种综合成本分析有助于企业优化供应链策略，找到降低总体成本的方法，提高盈利能力。

3. 库存管理与资金流优化

会计信息系统与供应链数据的整合有助于更好地管理库存，并优化资金流。通过实时监控库存水平、销售趋势以及供应链中的货物流动，企业能够更精确地计划采购和生产活动，避免过多或过少的库存。这不仅减少了库存持有成本，还提高了资金利用效率。

4. 风险管理和合规性

整合会计信息系统和供应链数据有助于更好地管理风险和确保合规性。通过共享信息，企业能够更好地识别供应链中的潜在风险，如供应商的财务不稳定、法规变化等。同时，确保供应链中的各个环节符合法规和标准，降低了企业面临的法律和合规风险。

### （三）会计信息系统与供应链数据整合的挑战

尽管会计信息系统与供应链数据的整合带来了许多益处，但也存在一些挑战需要克服。

1. 数据安全和隐私问题

整合涉及大量的敏感数据，包括财务数据、供应商信息等。因此，确保数据的安全性

和隐私性是一个重要的挑战。企业需要采取有效的安全措施，如加密、身份验证等，以保护整合后的数据免受未经授权的访问。

2. 不同系统的标准化

许多企业使用不同的供应链管理系统和会计信息系统，这些系统可能采用不同的标准和数据格式。在整合过程中，需要制定一致的标准，以确保数据能够顺利流通。这涉及技术规范的制定和系统的定制。

3. 文化和组织变革

整合涉及不同部门和团队之间的协作，需要组织文化和流程的调整。员工需要接受新的工作流程和责任分工，这可能引起一定的阻力。因此，文化和组织变革是一个需要认真对待的挑战。

# 第四节　数据分析与供应链决策

## 一、数据分析在供应链中的应用场景

### （一）需求预测与计划

1. 数据驱动的需求预测

数据分析可以通过分析历史销售数据、市场趋势和其他相关信息，为企业提供准确的需求预测。通过使用高级算法和机器学习模型，企业可以更好地理解产品需求的变化，从而避免过多或过少的库存，提高生产计划的准确性。

2. 库存优化与成本降低

基于需求预测的数据分析还可以帮助企业优化库存管理，降低库存持有成本。通过及时了解需求变化，企业可以更灵活地调整库存水平，避免过度库存和滞销商品。此外，数据分析还可以识别潜在的过期或陈旧库存，有助于及时调整采购计划，降低损失。

### （二）物流与运输优化

1. 实时监控与路线优化

数据分析在物流和运输领域的应用可以提供实时监控和路线优化。通过 GPS 追踪、传感器技术等，企业可以实时跟踪货物的位置和状态。结合交通、天气等数据，系统可以为货物选择最优路线，提高物流效率，降低运输成本。

2. 运输风险管理

数据分析还可以帮助企业进行运输风险管理。通过分析历史数据和实时信息，企业可以识别潜在的运输问题，如交通拥堵、货损、货物滞留等，并采取预防措施，确保货物按时安全到达目的地。

### （三）供应链可视化与监控

1. 仓储与生产监控

数据分析可以为仓储和生产环节提供实时监控和可视化。通过传感器和物联网设备，企业可以监测仓库和生产线的运行状态，识别潜在的问题并及时采取行动。这有助于提高生产效率、减少生产中断，并确保及时交付。

2. 供应链透明度

通过数据分析，企业可以实现供应链的透明度，使各个环节的信息能够被及时共享。透明度有助于降低信息不对称的风险，提高整个供应链的协同效率。例如，供应商可以更准确地了解客户的需求，从而更好地规划生产和供应。

### （四）供应商关系管理

1. 供应商绩效评估

数据分析可以用于评估和监控供应商的绩效。通过分析交货准时率、产品质量、成本等指标，企业可以识别出表现优秀的供应商，建立更紧密的合作关系。同时，对表现不佳的供应商，可以及时采取纠正措施，降低潜在的供应风险。

2. 供应链的可持续性

数据分析还可以帮助企业评估供应链的可持续性。通过分析供应商的环保政策、社会责任和经济稳定性等因素，企业可以选择更符合可持续发展目标的供应链合作伙伴。这有助于提高企业的社会形象，满足消费者对可持续性的日益增长的需求。

### （五）质量管理与预防性维护

1. 生产质量监控

通过数据分析，企业可以实现对生产质量的实时监控。传感器和质量控制系统可以收集大量的生产数据，从而及时发现产品缺陷和质量问题。这有助于减少次品率，提高产品质量，减少返工成本。

2. 预防性维护

数据分析还可以应用于设备和机器的预防性维护。通过分析设备运行数据，企业可以预测设备的故障和损耗，提前进行维护，减少生产中断时间，降低维护成本。

## 二、数据驱动的供应链决策支持

### （一）数据驱动的供应链决策支持概述

1. 数据驱动决策的定义

数据驱动的供应链决策支持是指通过收集、分析和利用大量实时和历史性数据，以指导和优化供应链相关的决策。这种决策方法强调依靠事实和数据来制定战略，以提高决策的准确性、效率和灵活性。

2. 数据来源

数据驱动的供应链决策依赖于多源数据的集成，其中包括销售数据、生产数据、物流数据、市场数据、社交媒体数据等。这些数据来源构成了一个庞大而多样化的信息网络，为企业提供了更全面、准确的信息基础。

### （二）数据驱动的供应链决策在需求预测中的应用

1. 需求预测算法

通过数据分析，企业可以运用先进的算法和模型进行需求预测。时间序列分析、机器学习、深度学习等技术可以更准确地预测未来的需求趋势。这有助于企业合理安排生产计划、库存管理和供应链策略，以满足市场需求。

2. 优化库存水平

准确的需求预测可以帮助企业优化库存水平。通过避免过多或过少的库存，企业可以降低持有成本、减少资金占用，并提高库存周转率。数据驱动的库存管理还能够帮助企业更好地应对季节性需求波动和市场变化。

### （三）数据驱动的供应链决策在物流管理中的应用

1. 实时物流监控

数据驱动的供应链决策支持可以实现对物流的实时监控。通过使用传感器、GPS 技术等，企业可以跟踪货物的位置、运输状态和交货时间。这有助于提高物流可见性，减少货物丢失、损坏的风险，并更好地满足客户的交货期望。

2. 最优化路径规划

基于数据分析的供应链决策支持可以通过考虑实时交通、天气等因素来规划最优路径。这有助于降低运输成本、减少运输时间，提高整体物流效率。同时，通过实时调整路径，企业可以更灵活地应对突发事件，如交通堵塞或天气变化。

### （四）数据驱动的供应链决策在供应商关系管理中的应用

1. 绩效评估与选择

通过对供应商绩效的数据分析，企业可以更全面地评估供应商的表现。考虑到交货准时率、质量水平、沟通效率等因素，企业能够更明智地选择和管理供应链伙伴。这有助于确保供应链的稳定性和可靠性。

2. 风险管理

数据驱动的供应链决策支持可以帮助企业更好地管理供应链风险。通过分析供应商的财务健康状况、地理位置等信息，企业可以预测潜在的风险，并采取相应的风险缓解措施。

### （五）数据驱动的供应链决策在质量管理中的应用

1. 生产质量监控

通过传感器和实时监控系统，企业可以实现对生产质量的数据驱动监控。这有助于及时发现生产中的缺陷或质量问题，减少次品率，提高产品质量水平。通过分析质量数据，企业可以找出根本原因，并采取措施改进生产流程。

2. 预防性维护

基于设备和机器的传感器数据，企业可以实现预防性维护。通过分析设备运行状态、温度、振动等数据，可以预测设备的故障，并在问题发生之前进行维护。这有助于降低生产中断的风险，提高设备的可靠性。

## 第五节　数字化供应链管理

### 一、数字化供应链的核心特征

#### （一）数字化基础设施

1. 物联网技术

数字化供应链的核心特征之一是物联网技术的广泛应用。通过在物理对象上嵌入传感器和设备，实现对物流、库存、生产设备等方面的实时监测和数据采集。这种实时的数据反馈带来了更高的透明度和准确性，有助于优化整个供应链的运作。

2. 云计算

云计算是数字化供应链的另一个关键基础。它提供了存储、处理和共享大量数据的能力，为供应链各环节的信息交流提供了强大的支持。云计算使得供应链中的各个参与方可以通过网络实时访问和共享数据，提高合作效率，减少信息不对称。

3. 大数据分析

数字化供应链依赖于大数据分析从海量数据中提取有价值的信息。大数据分析可以应用于需求预测、库存优化、物流规划等方面，帮助企业更好地了解市场趋势、顾客需求，从而优化供应链决策。

#### （二）实时可见性

1. 实时监控与追踪

数字化供应链具备实时监控与追踪的能力，能够随时随地掌握物流、生产和库存等关键环节的状态。通过传感器、RFID 等技术，企业可以实时追踪产品的运输过程，监测生产线的运行状态，及时发现和解决问题，提高运营的灵活性。

2. 即时通信和协同

数字化供应链实现了参与方之间的即时通信和协同工作。供应链中的各个环节可以实时共享信息、处理异常情况、协同解决问题。这种协同工作有助于提高供应链的整体效率，减少信息传递的时间滞后。

#### （三）智能决策支持

1. 预测分析

数字化供应链利用先进的数据分析技术，进行需求预测、库存规划等预测性分析。通过深入挖掘历史数据和实时信息，系统可以为企业提供更准确的决策支持，帮助其更好地应对市场变化。

2. 人工智能与机器学习

人工智能和机器学习技术在数字化供应链中发挥着关键作用。通过对大量数据的学习和分析，系统能够逐渐优化预测模型、优化路径规划、提升库存管理等方面的决策。这种自动化的智能决策支持有助于提高供应链的灵活性和反应速度。

### （四）可持续性

1. 环保与资源优化

数字化供应链注重可持续性发展，通过数据分析实现对资源的有效利用。系统可以优化生产计划，减少能源消耗，降低碳排放。此外，数字化供应链还能够通过追踪供应商的可持续性实践，选择更环保的供应链伙伴。

2. 透明的供应链

可持续数字化供应链强调透明度和负责任的供应链管理。数字化技术使得整个供应链的信息对参与方更加透明，包括原材料的来源、生产过程中的环保措施等。透明的供应链有助于企业更好地满足社会和环保责任，提高品牌形象。

### （五）协同合作

1. 全球化供应链网络

数字化供应链促进了全球范围内的协同合作。通过数字化平台，供应链的各个参与方可以跨越地域和时区，实现信息的实时共享和协同工作。这种全球化的协同合作有助于提高整个供应链的弹性，更好地适应全球市场的变化。

2. 供应链伙伴关系

数字化供应链鼓励企业与供应链伙伴建立更紧密的合作关系。通过数字平台，企业可以与供应商、物流合作伙伴、零售商等实现更紧密的信息共享和协同决策。这种紧密的伙伴关系有助于减少信息不对称，提高整个供应链的效率。

## 二、数字化供应链对企业的影响与优势

### （一）提升供应链效率

1. 实时监控与追踪

数字化供应链通过物联网技术，实现了对整个供应链的实时监控和追踪。企业可以随时获取物流、生产、库存等关键环节的数据，及时发现问题，迅速采取措施。这种实时的监控有助于提高运营效率，减少生产中断和物流延误。

2. 自动化流程与智能决策

数字化供应链利用人工智能和机器学习技术，实现了自动化的流程和智能决策支持。自动化流程减少了烦琐的手工操作，提高了工作效率。智能决策系统通过分析大量数据，为企业提供更准确、实时的决策支持，有助于优化生产计划、库存管理等方面的决策。

### （二）降低成本

1. 库存优化

数字化供应链通过大数据分析和智能算法，帮助企业优化库存管理。通过实时监测需求变化、分析销售数据，企业能够更精准地预测需求，避免库存积压或短缺。这种库存优化有助于降低库存持有成本，提高资金利用效率。

2. 运输成本削减

实时可见性和路径优化是数字化供应链降低运输成本的重要手段。企业可以通过实时

监控货物的运输状态、选择最优路径,避免货物滞留、减少运输时间,从而降低运输成本。此外,数字化供应链还能够通过合理规划运输路线,降低燃油消耗和环境污染。

### (三)改善客户满意度

1. 快速响应客户需求

数字化供应链提高了企业对市场和客户需求的敏感性。通过实时监控市场趋势、分析顾客反馈,企业可以更快速地调整生产计划、库存水平,以满足不断变化的客户需求。这种敏捷性有助于提高客户满意度,提升品牌形象。

2. 个性化服务

数字化供应链为企业提供了更精细的客户数据和个性化服务的可能性。通过分析客户的购买历史、偏好等信息,企业可以定制个性化的产品和服务,提高客户体验。这种个性化服务有助于吸引和保留客户,增强客户忠诚度。

### (四)增强竞争力

1. 更快的市场反应速度

数字化供应链使企业能够更快速地适应市场变化。通过实时监控市场趋势、竞争对手的动向,企业可以及时调整生产计划、供应链策略,更迅速地推出新产品。这种敏捷性有助于企业在竞争激烈的市场中保持领先地位。

2. 降低供应链风险

数字化供应链通过实时的风险监控和智能决策支持,降低了供应链的各类风险。通过预测性分析,企业可以提前发现潜在的问题,采取措施降低供应链风险,确保供应链的稳定性。这有助于企业更好地应对外部不确定性,增强竞争力。

### (五)协同合作与伙伴关系

1. 供应链伙伴合作

数字化供应链促进了各个供应链伙伴之间的紧密合作。通过共享实时数据和信息,企业与供应商、物流公司、零售商等形成更紧密的伙伴关系。这种协同合作有助于提高供应链的整体效率,减少信息不对称,共同应对市场挑战。

2. 全球供应链网络

数字化供应链为企业搭建了全球化的供应链网络。通过数字平台,企业可以涉足全球范围,与不同地区的供应商、合作伙伴合作。这种全球供应链网络有助于降低成本、拓展市场,提高企业的国际竞争力。

# 第七章　供应链与营销策划的融合发展

## 第一节　供应链与营销策划融合的概述

### 一、融合发展的背景与动因

#### （一）数字化浪潮的崛起

1. 信息技术的飞速发展

数字化技术的迅猛发展是推动融合发展的重要背景之一。随着云计算、大数据、人工智能等技术的不断创新，各行各业都迎来了数字化的浪潮。这使不同领域的信息可以更加便捷、实时地共享，为融合提供了技术支撑。

2. 数字经济的崛起

数字经济的崛起是数字化浪潮的重要体现。以互联网、移动互联网为代表的数字技术的广泛应用，催生了新兴产业，如电商、在线教育、共享经济等。数字经济的崛起促使各行业更加积极地寻求融合发展，以适应数字时代的潮流。

#### （二）产业结构的优化与升级

1. 产业互联网的兴起

产业互联网是推动产业结构优化升级的关键力量。通过将传统产业与互联网技术相结合，实现生产、管理、销售等方面的数字化和智能化，进而提升整个产业的效率和竞争力。这种融合发展的趋势使得传统产业能够更好地适应市场需求的快速变化。

2. 新兴产业的涌现

新兴产业的涌现也推动了产业结构的优化。例如，生物技术、新能源、新材料等领域的不断创新，催生了一系列新兴产业。在这个过程中，各种技术和产业因素相互交叉融合，推动了更多跨界合作，形成新的增长点。

#### （三）全球化与跨境合作的加强

1. 国际贸易的深入发展

全球化的推进使得国际贸易更加频繁，各国经济更为紧密地相互关联。这种国际贸易的深入发展助推了产业链、价值链的全球融合。企业逐渐认识到，通过跨境合作，可以充分发挥各方的优势，实现资源的共享和协同创新。

2. 科技与创新的全球化

科技与创新也在全球范围内发生，不再局限于特定地区。科研机构、高校、企业之间的全球性合作日益增多,科技成果得以快速传播。这种全球化的科技合作催生了更多领域的融合发展,推动了产业创新。

### (四)政策支持与产业政策的引导

1.融合发展的政策导向

许多国家和地区纷纷制定融合发展的政策,推动不同领域、行业之间的融合。政府通过提供政策支持、资金支持、科技创新引导等手段,鼓励企业在创新、生产、管理等方面进行更加广泛的融合,以促进全社会的创新和发展。

2.产业政策的引导

产业政策的引导也是融合发展的重要因素。政府通过制定有针对性的产业政策,鼓励相关产业进行融合发展,推动产业链上下游的协同协作。这种政策引导有助于优化产业结构,提高整体经济效益。

### (五)科技创新与创业生态的培育

1.创业生态的形成

创业生态的形成是推动融合发展的内在动力之一。在一个良好的创业生态系统中,创新企业更容易涌现,不同企业之间更容易形成合作关系。这种创业生态的形成为融合发展提供了有力支持。

2.技术创新的推动

技术创新是融合发展的重要动力。新技术的涌现促使各行业、领域之间的交叉融合,形成新的产业链、价值链。技术创新不仅推动了传统行业的变革,也推动了新兴产业的发展,使得各种技术因素更容易被融入不同领域,实现创新。

## 二、供应链与营销策划融合的重要性

### (一)理解供应链与营销策划的关系

1.供应链的定义

供应链是指涉及产品或服务从原材料生产到最终用户消费的全过程。这包括供应商、生产商、分销商和最终用户之间的所有环节。供应链的目标是以最低的成本、最高的效率提供产品或服务。

2.营销策划的定义

营销策划是通过市场研究、目标市场选择、市场定位和市场营销组合来制定实现企业目标的方法。它涉及品牌推广、定价、产品推广、分销和销售活动等一系列决策,旨在满足并吸引目标客户。

3.供应链与营销策划的关系

供应链和营销策划之间存在紧密的相互关系。供应链的运作直接影响着产品的供应、质量、可用性和交货时间,而这些方面又直接影响着消费者对产品的满意度。同时,营销策划通过创建需求,影响着供应链中的销售和生产计划。因此,将供应链与营销策划融为一体,有助于实现整个业务的协同运作。

### （二）实现更高的客户满意度

1. 一体化的产品供应

供应链与营销策划融合可以确保产品的一体化供应。通过对销售数据和市场需求的综合分析，企业可以更好地了解哪些产品受欢迎、哪些可能会缺货。供应链团队可以根据这些信息调整生产和库存，确保产品始终满足市场需求。

2. 提高交货速度和灵活性

当供应链与营销策划融合时，企业能够更快速地响应市场变化。通过实时监控销售趋势，供应链团队可以迅速调整库存水平、加速生产和优化物流，以满足客户的需求。这种灵活性有助于提高交货速度，增强客户满意度。

3. 个性化服务和定制需求

融合的供应链和营销策划使企业更容易实现个性化服务和定制需求。通过对客户行为和偏好的深入了解，企业可以调整产品组合、包装、定价等因素，提供更符合个体需求的产品和服务，从而提升客户满意度。

### （三）降低成本和提高效率

1. 库存优化

供应链与营销策划的紧密协作有助于库存的优化。通过共享销售和库存数据，企业能够更准确地预测需求，避免过度库存和库存不足的问题。这样可以降低库存持有成本，提高资金利用效率。

2. 供应链网络的优化

融合的供应链和营销策划有助于优化供应链网络。通过对市场需求的分析，企业可以调整供应商关系、物流渠道，确保产品在全球范围内的流通效率。这种优化有助于降低运输和仓储成本，提高整体供应链的效率。

3. 生产计划的精准性

供应链与营销策划的协同可以提高生产计划的精准性。通过实时了解市场需求，供应链团队可以更准确地制订生产计划，避免过剩生产或生产不足的问题。这可以降低生产和调整成本，提高生产效率。

## 第二节　市场导向的供应链设计

### 一、市场需求对供应链设计的引导

#### （一）市场需求的多样性和不确定性

1. 市场需求的多样性

市场需求是消费者的购买力、偏好、文化等多方面因素综合影响的结果。不同地区、不同人群的需求存在差异，这形成了市场需求的多样性。企业需要根据这一多样性来调整产品种类、规格、服务等,以更好地满足市场。

2. 市场需求的不确定性

市场需求在受多种因素影响的情况下具有不确定性。外部环境的变化、竞争对手的策略调整、新兴科技的出现等都可能对市场需求产生影响。企业需要在面对这种不确定性时灵活调整供应链设计,以更好地适应市场变化。

### (二)市场导向的供应链设计原则

1. 客户导向

市场需求是由客户需求驱动的,因此供应链设计必须以客户为中心。从客户的角度出发,了解客户的期望、需求、反馈,通过定制化服务、个性化产品等方式满足客户的差异化需求。

2. 敏捷性和灵活性

市场需求的变化速度较快,因此供应链需要具备敏捷性和灵活性。供应链设计应该允许快速调整和变革,以适应市场的动态变化。灵活的供应链能够更迅速地适应新的市场趋势和客户需求。

3. 创新和技术应用

市场需求的变化往往伴随着新技术的出现和应用。供应链设计需要整合创新技术,如物联网、大数据分析、人工智能等,以提高供应链的效率、可视性和响应速度,从而更好地满足市场需求。

### (三)市场需求对供应链设计的影响

1. 产品设计和规格

市场需求直接影响产品设计和规格。了解市场对产品的需求,企业可以调整产品的特性、功能、外观等,以满足客户的期望。供应链需要与产品设计紧密协作,确保生产和交付的灵活性。

2. 库存管理和预测

市场需求对库存管理和预测提出了更高的要求。供应链需要根据市场需求的变化,实时调整库存水平,避免过剩或缺货。先进的预测技术和数据分析工具成为确保供应链高效运作的关键。

3. 供应商关系管理

了解市场需求有助于建立更紧密、更稳定的供应商关系。供应链设计需要考虑与供应商的协同,确保及时获取原材料,降低供应链中断的风险。合理的供应商选择和协同设计可提高整个供应链的效率。

### (四)如何应对市场需求的变化

1. 实时数据监控

通过实时监控市场数据,包括销售数据、消费者反馈等,企业能够更快速地了解市场需求的变化。这要求供应链设计整合先进的信息技术,以保证实时数据的收集和分析。

2. 制订灵活的生产计划

灵活的生产计划是应对市场需求变化的关键。供应链设计需要采用先进的计划工具，能够根据市场需求实时调整生产计划，确保生产的灵活性和高效性。

3. 强化供应链合作

供应链各环节的协同作用适应市场需求变化至关重要。强化与供应商、分销商、物流服务商的合作，建立更紧密的供应链网络，有助于更迅速地调整供应链，以适应市场需求的波动。

## 二、供应链设计与市场战略的协同

### （一）供应链设计的重要性

1. 定义供应链设计

供应链设计是指企业为实现其业务目标而规划、组织和管理其供应链网络的过程。这包括从原材料采购到生产再到最终产品交付的所有活动。供应链设计的质量和效率直接影响到产品的交付能力、库存水平和整体成本。

2. 供应链设计的目标

降低生产和物流成本。

提高交付速度和灵活性。

优化库存管理，减少库存积压。

最大限度地满足市场需求。

3. 关键要素

供应链网络设计：确定生产基地、仓储中心和分销中心的位置，以最大化效率。

供应链流程设计：规划从原材料采购到产品交付的整个流程，确保高效运作。

信息系统：采用先进的信息技术，实现供应链的实时监控和数据分析。

### （二）市场战略的关键要素

1. 定义市场战略

市场战略是企业为了在市场中取得竞争优势而采取的计划和行动。市场战略的制定需要考虑目标市场、目标客户和如何与竞争对手区分开来。市场战略的成功与否直接影响到企业的市场份额和盈利能力。

2. 市场战略的目标

第一，扩大市场份额和客户基础。

第二，建立品牌和产品的独特价值。

第三，提高客户忠诚度和满意度。

第四，适应市场的快速变化。

3. 关键要素

目标市场：确定企业要服务的市场细分。

产品定位：通过独特的产品特征来满足目标市场的需求。

定价策略：根据市场需求和竞争状况来确定产品价格。

市场推广：通过广告、宣传等手段提高品牌曝光度和认知度。

### （三）协同作用：供应链与市场战略

1. 供应链与市场战略的一体化

需求驱动的供应链设计：需求是市场战略的核心。通过将供应链设计与市场需求紧密结合，企业能够更准确地预测和满足市场需求。例如，根据销售数据实时调整生产计划，确保产品的及时上市。

产品创新和快速上市：市场竞争激烈，产品创新是取得竞争优势的关键。供应链设计应具备快速响应的能力，确保新产品能够在市场需求高峰时迅速上市，满足消费者的新需求。

2. 供应链支持市场战略的灵活性

灵活的供应链网络：根据市场战略的需要，供应链网络应该能够灵活调整。对于新市场的开发，供应链可以通过调整分销中心和仓库位置来优化交付时间。对于市场萎缩，供应链可以通过减少生产基地和库存水平来降低成本。

定制化生产：一些市场战略可能要求企业提供个性化的产品或服务。灵活的供应链设计可以支持小批量、多品种的生产模式，满足不同客户的特殊需求。

3. 信息共享与实时数据

市场反馈：供应链设计需要与市场战略共享实时数据和市场反馈。这有助于更好地了解产品在市场上的表现，调整生产和库存策略。

共享预测数据：市场战略制定需要准确的市场预测。供应链设计可以通过共享销售和库存数据，帮助市场团队更好地预测未来需求。

# 第三节 需求预测与库存优化

## 一、需求预测方法与工具

### （一）需求预测的重要性

1. 供应链管理的核心

需求预测是供应链管理的核心环节之一。它直接影响到企业的生产计划、库存管理和物流运作。通过准确的需求预测，企业能够更好地满足市场需求，提高客户满意度，降低库存成本，并在竞争激烈的市场中占据优势地位。

2. 市场变化和不确定性

市场变化是常态，而需求预测正是帮助企业更好地应对这些变化的重要手段。不同的市场因素（如经济环境、竞争状况、消费者行为等）都会对需求产生影响，因此准确的预测成为企业应对市场不确定性的重要策略。

## （二）传统需求预测方法

1. 定性方法

专家判断法：由经验丰富的专家根据其行业知识和经验，通过主观判断进行需求估计。这种方法适用于新兴市场或产品，但受主观因素的影响较大。

市场调研：通过市场调查、问卷调查等手段，获取潜在顾客的意见和需求信息。然后利用这些信息来进行需求预测。市场调研方法可以提供一定的客观性，但其结果受到样本选择和回答者主观性的限制。

2. 定量方法

时间序列分析：基于历史数据，通过统计学方法对未来的需求进行预测，包括简单移动平均法、指数平滑法和复合平滑法等。这些方法适用于趋势稳定的市场。

因子分析法：考虑到影响需求的各种因素，如广告投入、季节性、经济指标等。通过对这些因素的分析，得出对需求的预测。

## （三）现代需求预测方法与工具

1. 数据驱动的方法

机器学习算法：借助机器学习算法，通过对大量历史数据的学习和分析，建立模型来预测未来需求。常用的算法包括线性回归、决策树、神经网络等。机器学习方法能够更好地适应复杂多变的市场环境，但对数据质量和算法解释性要求较高。

深度学习：深度学习是机器学习的一种，通过模拟人脑神经网络的方式进行学习和预测。对处理大规模非结构化数据和复杂模式识别具有优势，适用于对需求的非线性关系建模。

2. 先进技术应用

物联网（IoT）：通过连接各种设备和传感器，物联网可以实时监测产品的使用情况、库存水平和销售数据，从而提供更准确的需求信息。

大数据分析：大数据技术能够处理大规模的数据集，通过对这些数据的分析，揭示出潜在的市场趋势和消费者行为，为需求预测提供更多信息。

3. 软件工具

ERP系统：企业资源计划（ERP）系统集成了企业各个部门的信息，包括销售、采购、生产等。通过对这些数据的整合和分析，ERP系统能够提供全面的需求预测支持。

SCM软件：供应链管理（SCM）软件通常包括需求规划、库存管理、订单处理等模块，通过对供应链各个环节的协同管理，提高需求预测的准确性。

## （四）最佳实践和策略

1. 整合多元数据

通过整合不同来源的数据，包括销售数据、市场调研、物流数据等，可以更全面地了解市场和客户需求。多元数据的综合分析有助于建立更准确的预测模型。

2. 实时监测和调整

市场状况和消费者行为随时可能发生变化，因此需要实时监测市场动态。一旦发现异常，需求预测模型应该能够迅速调整以适应新的市场情况。

3. 持续学习和优化

采用机器学习和深度学习方法的企业应当建立持续学习的机制。定期审查模型的性能，通过反馈循环不断优化算法和模型，以适应市场动态的变化。这有助于提高预测的准确性，并使模型能够更好地适应复杂多变的市场环境。

4. 利用先进技术

充分利用物联网、大数据分析等先进技术，以提高数据的质量和多样性。物联网可以实现对产品生命周期全程的监测，大数据分析则能够深入挖掘海量数据中的隐藏信息，为预测模型提供更有力的支持。

5. 强化团队协作

需求预测不仅仅是一个技术问题，更是一个涉及多个团队协同合作的复杂任务。销售、市场、供应链等各个部门的紧密协作是确保预测准确性的关键。建立跨部门的协作机制，确保信息流畅的传递和共享。

## 二、库存优化与客户服务的平衡

### （一）库存优化的重要性

1. 降低成本

库存是企业资金的重要组成部分，过高的库存水平将导致资金被固定，增加资金成本。通过库存优化，企业能够减少库存持有成本，提高资金利用效率。

2. 提高效率

合理的库存水平有助于提高供应链的运作效率。减少库存量可以降低订单处理和仓储成本，提高整个供应链的响应速度，从而更快地满足客户需求。

3. 降低风险

过高的库存水平可能导致过时产品、库龄过长等问题，增加了库存负担和产品陈旧风险。库存优化有助于降低这些潜在风险，保持产品的新鲜度和市场竞争力。

### （二）客户服务的关键性

1. 顾客满意度

客户服务是建立和维护客户满意度的关键因素。及时、准确地满足客户需求可以增强客户对企业的信任，提升品牌形象，促使客户更愿意选择企业的产品和服务。

2. 竞争优势

在竞争激烈的市场中，优质的客户服务成为企业脱颖而出的关键。通过提供快速、灵活、个性化的服务，企业可以在市场中建立差异化竞争优势。

3. 客户关系维护

良好的客户服务不仅能够帮助企业吸引新客户，还有助于维护现有客户关系。长期的客户关系对企业的稳定经营和口碑建设具有重要意义。

## （三）库存优化与客户服务的平衡

1. 定制化库存策略

不同产品和市场需求可能需要不同的库存策略。对于畅销产品或季节性产品，可以采用更积极的库存管理策略，确保能够迅速满足客户需求；对于较慢销或高库存成本的产品，可以采用更谨慎的策略，以降低库存持有成本。

2. 建立智能预测模型

通过利用先进的需求预测模型，企业可以更准确地预测未来的需求。这有助于避免因过高或过低的库存水平而导致的问题。智能预测模型可以基于历史数据、市场趋势和季节性变化等因素，提供更准确的需求预测，为库存优化提供有力支持。

3. 采用先进技术和信息系统

现代的信息技术和供应链管理系统可以提供更高效的库存管理手段。自动化的库存监控系统、RFID 技术、物联网等先进技术的应用，可以实现对库存状态的实时监测和精细管理，提高库存运营的精确性和敏捷性。

4. 制定灵活的订单处理策略

建立灵活的订单处理机制，根据实际需求的变化灵活调整订单的数量和频率。通过与供应商和分销商建立紧密的合作关系，实现订单和库存的实时调整，以更好地适应市场需求的波动。

5. 强化供应链协同合作

建立强大的供应链协同合作机制，确保信息在供应链各个环节的畅通流动。通过与供应商、分销商和物流服务商紧密合作，共享实时信息，可以更好地协同应对市场变化，实现库存优化和客户服务的平衡。

6. 提高库存周转率

通过加强库存周转率的管理，企业可以实现更有效的库存利用。减少库存滞留时间，确保产品及时流通，有助于提高库存周转率、降低库存持有成本。

# 第四节　产品定价策略与成本管理

## 一、产品定价与市场需求的匹配

### （一）产品定价的基本原则

1. 成本导向定价

成本导向定价是根据产品的生产成本和运营成本来确定价格的策略。这种定价方法通常包括固定成本、变动成本和期望的利润率。然而，这一方法可能忽略了市场需求和竞争状况，导致定价不敏感于市场变化。

2. 市场导向定价

市场导向定价是以市场需求和竞争为导向，确定产品价格。这种方法关注消费者的付费能力和愿意支付的价格,以及竞争对手的价格水平。市场导向定价更注重顾客价值,有助于根据市场需求调整价格策略。

3. 价值导向定价

价值导向定价是基于产品为客户创造的价值来确定价格的策略。它考虑到产品的特性、品牌形象以及对客户的实际价值。通过强调产品的独特卖点和对客户的附加价值,企业可以实现高附加值的产品定价。

### (二)市场需求的影响因素

1. 消费者需求

消费者需求是市场中最为直接的影响因素之一。不同市场和不同消费者群体对产品的需求水平和价格敏感度各异,因此在制定定价策略时必须深入了解目标市场的消费者需求。

2. 竞争状况

市场中的竞争状况直接影响了产品的价格水平。如果市场上存在激烈竞争,企业可能需要通过定价策略来获取市场份额,而在垄断市场中,企业可能会有更大的定价自主权。

3. 品牌形象

品牌形象对消费者对产品的认知和态度有着深远影响。知名品牌通常可以支持较高的价格,而新进入市场的品牌可能需要通过更具吸引力的价格来争夺市场份额。

4. 产品特性

产品的特性、质量水平和功能等方面也会对定价产生影响。高附加值的产品通常能够支持更高的价格,而在竞争激烈的市场中,价格敏感性较高的产品可能更受欢迎。

### (三)不同的产品定价策略

1. 高价定位策略

高价定位策略主要是基于产品的高品质、独特性或者先进技术等特点,通过较高的价格来建立品牌形象和塑造产品的高端形象。这种策略适用于高端市场、奢侈品市场以及注重品质和服务的目标客户。

2. 低价定位策略

低价定位策略主要是通过降低产品价格,追求成本领先优势,以争夺大众市场份额。这种策略通常需要大规模生产和高效供应链来支持,适用于价格敏感性较高的市场。

3. 中等价位定位策略

中等价位定位策略是在高价和低价之间取得平衡,既能够提供相对高品质的产品,又能够满足更广泛的市场需求。这种策略通常要求企业在产品品质、服务等方面找到差异化优势。

4. 市场份额导向策略

市场份额导向策略旨在通过降低产品价格来扩大市场份额。企业可能在初期通过低价定位来迅速占领市场,然后通过规模效应和经济实力来维持市场份额。

### （四）实现产品定价与市场需求的匹配

1. 深入市场研究

在制定产品定价策略之前，进行深入的市场研究是至关重要的。了解目标市场的消费者需求、竞争格局、价格敏感度等因素，为定价提供基础数据。

2. 差异化定价

根据产品的独特卖点、品质水平或服务优势，采用差异化定价策略。这可以使产品在竞争中脱颖而出，吸引有特定需求的消费者。

## 二、成本管理对产品定价的影响

### （一）成本管理的定义

成本管理是指企业通过对各个业务环节的成本进行系统的核算、控制、分析和决策，以实现资源的有效配置、成本的降低和企业盈利能力的提升的管理过程。在产品定价中，成本管理起着决定性的作用，因为定价必须覆盖生产、销售和分销等方面的各个成本。

### （二）成本管理对产品定价的影响

1. 定价的基础

成本是产品定价的基础。企业需要确保产品的售价能够覆盖生产、运营和销售等方面的成本，以实现盈利。成本管理通过详细核算和分析各个成本元素，提供了企业确定合理售价的依据。

2. 盈利目标的制定

成本管理有助于企业制定明确的盈利目标。通过对各个成本的分析，企业可以确定所需的销售额和销售数量，为实现盈利目标提供指导。

3. 竞争力的维护

在市场竞争激烈的环境中，成本管理对维护竞争力至关重要。通过降低生产成本、提高运营效率，企业可以在价格上具备竞争优势，从而吸引更多的消费者。

4. 客户价值的平衡

成本管理有助于在产品定价中平衡客户价值。企业需要考虑客户对产品的感知价值，同时确保产品的售价足以覆盖生产和分销等成本。这种平衡是维持客户忠诚度的关键。

### （三）成本管理的关键角色

1. 生产成本管理

生产成本管理包括原材料、劳动力、设备、能源等生产过程中的直接和间接成本。通过精确核算生产成本，企业可以确定每个产品单位的生产成本，为定价提供参考。

2. 分销成本管理

分销成本管理涉及产品从生产地点到最终用户手中的所有成本，包括运输、仓储、分销网络的建设与运营等。对这些成本的精细管理有助于确定最合适的销售渠道和分销策略。

3. 营销成本管理

营销成本管理包括广告、促销、销售人员薪酬等与产品推广和销售相关的费用。通过有效管理这些成本，企业可以优化营销策略，提高市场份额。

4. 固定成本管理

固定成本是与生产和销售数量无关的费用，如租金、管理人员薪酬等。固定成本的管理对确定最低售价和盈利目标至关重要。

5. 变动成本管理

变动成本是与产品产量和销售数量成正比的费用，如原材料成本、直接劳动力成本等。管理变动成本有助于企业更灵活地调整生产规模和销售策略。

### （四）成本管理方法

1. 常量成本法

常量成本法是将固定成本均摊到每个产品单位上的方法。通过将总的固定成本除以预期销售数量，可以计算出每个产品单位应承担的常量成本。

2. 边际成本法

边际成本法是基于每个额外生产的产品单位增加的成本来确定产品定价的方法。这种方法考虑了每个额外销售的产品对总体盈利的贡献。

3. 目标盈利法

目标盈利法是通过设定特定的盈利目标，然后根据该目标计算出需要的销售额和销售数量，从而确定产品的定价。这种方法强调在实现盈利目标的前提下确定合理的售价。

4. 市场导向法

市场导向法是通过研究市场需求和竞争情况，确定产品在市场中的定价水平。这种方法注重市场反馈和消费者愿意支付的价格，以确保产品在市场中具有竞争力。

## 第五节　供应链与市场推广协调

### 一、供应链对市场推广的支持

#### （一）供应链与市场推广的关联

1. 供应链的定义

供应链是指从原材料采购、生产制造、库存管理，到产品配送和售后服务等一系列环节的综合体系。供应链的目标是以最有效率的方式将产品或服务从生产商传递给最终用户。

2. 市场推广的定义

市场推广是一系列推动产品或服务在市场中推广和销售的活动，包括广告、促销、公关、品牌建设等。市场推广的目标是提高品牌知名度、吸引潜在客户、促使购买决策。

3. 关联性

供应链和市场推广在实际运营中是相互关联的。供应链决定了产品的生产周期、库存水平和配送能力，而市场推广需要依赖有效的供应链支持，确保产品能够在市场需求旺盛时及时供应。

## （二）供应链对市场推广的支持作用

1. 提供可靠的产品供应

供应链的核心作用之一是确保产品的可靠供应。市场推广活动通常伴随着促销和广告，这可能导致对产品的需求剧增。有效的供应链能够应对高峰时段，确保产品及时交付，满足市场需求，提升客户满意度。

2. 降低库存成本

通过供应链的精细管理，企业可以实现对库存的精确控制。合理的库存水平不仅能够确保及时供货，还有助于降低库存成本。通过优化供应链流程、减少库存积压，企业可以释放资金用于市场推广活动。

3. 提高产品质量和可追溯性

供应链的质量管理环节直接影响产品的质量和可追溯性。高质量的产品可以提升品牌声誉，增加客户信任，从而为市场推广创造有利条件。同时，可追溯的供应链也有助于应对质量问题，减少市场推广中的潜在风险。

4. 灵活应对市场变化

市场推广的成功往往依赖于对市场变化的敏感度和迅速应变能力。一个灵活的供应链系统可以更好地适应市场需求的变化。通过实时的库存管理和生产计划调整，企业能够更迅速地调整产品供应以应对市场推广活动的效果。

5. 提高供应链透明度

供应链透明度是指在整个供应链中实现信息的流畅和共享。透明的供应链有助于提高企业对市场需求的预测准确性。通过共享销售数据、库存信息等，供应链的各个环节能够更好地协同合作，更准确地把握市场动态。

## （三）关键供应链管理活动与市场推广的整合

1. 需求计划与市场推广协同

需求计划是供应链管理中的核心环节，它直接关系到产品的库存水平和生产计划。与市场推广协同，需求计划能够更准确地预测市场需求，确保在市场推广活动中能够满足激增的需求。

2. 供应商关系管理与市场推广合作

供应商关系管理包括与供应商的紧密协作，建立长期的战略伙伴关系。通过与供应商的紧密合作，企业可以更好地利用供应商资源，获得更有竞争力的采购价格，为市场推广提供成本支持。

3. 生产调度与市场推广响应

生产调度是确保生产计划得以实施的重要步骤。通过灵活的生产调度，企业可以更迅速地响应市场推广活动的效果。例如，在促销活动后，通过及时调整生产计划，确保生产能够适应激增的市场需求。

4. 库存管理与市场推广支持

库存管理直接关系到产品的供应能力和成本水平。通过优化库存管理，企业可以确保足够的库存以支持市场推广，同时也可以避免因库存积压导致的额外成本。

## 二、市场推广对供应链的信息需求

### （一）市场推广活动的信息需求

1. 消费者行为数据

市场推广需要深入了解目标消费者的行为和偏好。通过分析消费者的购买历史、点击率、在线行为等数据，企业可以获取关于产品受欢迎程度、购买频率以及潜在市场机会的信息。这些数据对供应链决策具有指导性作用。

2. 市场趋势和需求预测

了解市场趋势是市场推广的重要组成部分。市场推广需要关注行业动态、竞争对手的活动，以及潜在的市场机会。通过对市场的深入研究，企业可以更准确地预测产品需求，为供应链提供及时的信息支持。

3. 品牌声誉和客户反馈

市场推广活动的成功与否直接影响着品牌声誉和客户满意度。了解消费者的反馈和评价，以及品牌在市场中的认知度，可以帮助企业调整市场推广策略。这些信息也对供应链决策有着重要影响，如品牌知名度可能影响产品的销售速度和库存需求。

### （二）市场推广对供应链的影响

1. 波动性的订单量

市场推广活动可能导致订单量的波动性。促销、特价活动等推广手段可能引起短期内订单激增，需要供应链具备灵活性，能够迅速应对订单量的变化，确保及时交付。

2. 新产品上市和库存管理

市场推广通常伴随着新产品上市，新产品的成功推广可能导致需求激增。供应链需要在新产品上市前后调整库存策略，确保能够满足市场需求，同时避免库存积压。

3. 供应链透明度的要求

市场推广活动的成功依赖于对市场的深刻理解。为了更好地支持市场推广，供应链需要提供更多的透明度，包括生产进度、库存水平、订单状态等信息。透明的供应链有助于市场推广活动更好地计划和执行。

4. 物流和配送的灵活性

市场推广活动可能会引起销售地域的变化，需要供应链在物流和配送方面具备足够的灵活性。可能需要调整配送网络、运输方式，以更好地支持市场推广的覆盖范围和速度。

### （三）信息共享实现市场推广与供应链的协同

1. 实时数据共享

市场推广和供应链之间的实时数据共享是协同的关键。通过建立信息平台，将市场推广活动产生的数据与供应链的数据实时共享，可以使两者之间更好地协同工作。供应链可以更准确地了解市场需求，市场推广可以更好地了解产品供应状态。

2. 预测分析和数据挖掘

利用预测分析和数据挖掘技术，企业可以更好地理解市场趋势和消费者行为。供应链可以利用这些预测信息进行库存规划和生产计划，以更好地适应市场的变化。同时，市场推广可以根据分析结果调整推广策略，更精准地定位目标市场。

3. 制定共同的 KPIs

市场推广和供应链团队可以制定共同的关键绩效指标（KPIs），以确保双方的目标一致。共同的 KPIs 有助于形成协同合作的文化，促使双方更积极地分享信息和资源，以实现共同的业务目标。

4. 跨部门协同工作

建立跨部门的协同工作流程，确保市场推广和供应链之间的信息流畅。定期的联席会议、信息共享平台和协同工作流程的建立，有助于减少信息沟通的阻碍，使得市场推广和供应链更加紧密地协同工作。

## 第六节  渠道管理与分销策略

### 一、渠道管理在供应链中的作用

#### （一）渠道管理的基本概念

1. 渠道定义

渠道，又称分销渠道，是产品从生产者到最终用户的传递路径。渠道包括生产商、中间商、批发商、零售商以及其他经销商。良好的渠道管理有助于优化产品的流通、减少库存积压、提高售后服务水平。

2. 渠道管理的定义

渠道管理是指对产品在整个分销渠道中的流动和销售进行计划、组织、协调和控制的过程。它包括渠道成员的选择、激励、培训，以及渠道关系的建立和维护。渠道管理旨在确保产品在分销过程中以最有效、最经济的方式流通，同时保持渠道中各方的合作和协调。

#### （二）渠道管理在供应链中的角色

1. 产品流通和可获得性

渠道管理在供应链中的一个主要角色是确保产品能够流通到最终用户手中，提高产品的可获得性。通过建立高效的分销渠道，企业可以确保产品能够在合适的时间、地点和数量被消费者获取，满足市场需求。

2. 品牌塑造和推广

渠道管理对品牌的塑造和推广具有重要意义。通过选择适当的渠道合作伙伴，企业可以将产品引入更广泛的市场，并通过合作伙伴的品牌形象来提高产品的知名度。渠道管理也涉及与渠道成员的协商，以确保品牌形象在整个分销过程中得以保持。

3. 库存管理和库存流转

渠道管理在供应链中有助于实现库存的精确管理。通过与渠道成员的紧密合作，企业可以更好地掌握库存水平，避免库存积压或短缺。渠道管理还包括库存流转的规划，以确保产品能够在不同环节迅速流通。

4. 市场反馈和消费者互动

渠道管理使企业更接近市场，能够更迅速地获取市场反馈和消费者互动信息。通过与渠道成员建立紧密的关系，企业可以了解产品在不同市场中的表现，获得消费者的反馈，从而更灵活地调整供应链和市场推广策略。

5. 成本和效率优化

渠道管理有助于在供应链中实现成本和效率的优化。通过合理选择和管理渠道成员，企业可以降低分销成本、减少库存持有成本，并提高整体供应链的效率。这涉及对渠道成员的选择、培训、激励等方面的管理。

### （三）渠道管理的关键要素

1. 渠道成员选择

选择适当的渠道成员是渠道管理的一个关键要素。企业需要根据产品特性、市场需求和战略定位来选择合适的经销商、批发商或零售商。合适的渠道成员选择有助于提高产品在市场中的覆盖范围。

2. 渠道关系管理

渠道关系管理包括与渠道成员的沟通、合作、协调等方面。建立良好的渠道关系有助于提高合作伙伴的忠诚度，促进信息的共享和良好的工作关系。渠道关系的管理需要维持平衡，以确保各方的利益都得到充分考虑。

3. 渠道成员激励与培训

激励和培训是确保渠道成员积极参与和达成共同目标的重要手段。通过提供激励措施，如奖励计划、折扣政策等，可以激发渠道成员的积极性。同时，通过培训渠道成员，使其更好地理解产品、市场和企业战略，有助于提升整体渠道效能。

## 二、分销策略对渠道管理的要求

### （一）分销策略的基本概念

1. 分销策略的定义

分销策略是企业在将产品从生产者传递到最终用户的过程中所采取的决策和安排。它包括选择合适的分销渠道、设定价格、管理库存、进行市场推广等一系列活动。分销策略直接影响产品的市场覆盖、销售渠道的效率及企业整体的市场地位。

2. 渠道管理的定义

渠道管理是指对产品在整个分销渠道中的流动和销售进行计划、组织、协调和控制的过程。它包括与渠道成员的协商、合作、激励，以及与最终用户的沟通和关系维护。渠道管理旨在确保产品在分销过程中以最有效、最经济的方式流通，同时保持渠道中各方的合作和协调。

### （二）分销策略对渠道管理的要求

1. 渠道选择与匹配

要求：分销策略要求企业选择与产品特性、市场需求及企业战略相匹配的分销渠道。

解析：不同产品和市场可能需要不同类型的分销渠道，包括直销、批发、零售、经销商等。企业需要仔细研究市场需求，确定最适合产品的分销渠道，确保产品能够高效地流通到最终用户手中。

2. 价格策略的协调

要求：分销策略要求企业在制定价格策略时与渠道成员协调一致，确保价格对所有渠道成员具有公平性和合理性。

解析：不同的渠道成员可能有不同的成本结构和期望利润。企业需要在价格策略上进行灵活协商，以满足渠道成员的合理利润预期，同时保持产品在市场中的竞争力。

3. 库存管理与流通效率

要求：分销策略要求企业在渠道管理中实现库存的精确管理，确保产品能够在渠道中迅速流通，避免过多的库存积压。

解析：高效的库存管理对确保产品流通效率至关重要。企业需要与渠道成员合作，确保库存水平能够满足市场需求，同时避免过多的库存造成的成本增加。

4. 渠道关系的协调与维护

要求：分销策略要求企业建立和维护与渠道成员之间的良好关系，确保协作愉快、信息畅通。

解析：良好的渠道关系有助于提高合作伙伴的忠诚度，促进信息的共享和良好的工作关系。企业需要建立开放、透明的沟通渠道，及时解决可能出现的问题，以确保渠道关系的协调和稳定。

5. 渠道成员激励与培训

要求：分销策略要求企业设计并实施激励计划，激发渠道成员的积极性，并通过培训提升其专业水平。

解析：渠道成员的积极性和专业水平对分销的效果至关重要。企业需要制订合理的激励计划，激发渠道成员的兴趣和动力。同时，通过培训，提升渠道成员的专业水平，有助于更好地推动产品在市场中的表现。

### （三）渠道管理的优化策略

1. 制定明确的渠道目标和策略

企业在分销策略中应明确渠道目标和策略，包括市场覆盖范围、渠道成员的选择和角色分工等。这有助于整体渠道管理的有序实施。

2. 实施技术支持和信息系统

借助先进的技术和信息系统，企业能够更好地管理渠道。采用电子商务、供应链管理系统等工具，提高渠道的效率和透明度，更好地响应市场需求。

3. 建立强有力的渠道团队

建立专业、高效的渠道管理团队是渠道管理的关键。企业需要拥有专业的团队来负责渠道选择、协调、激励、培训及关系管理等方面的工作。强有力的渠道团队可以更好地应对市场变化，提升渠道管理的质量。

4.实行有效的沟通和协商机制

建立有效的沟通和协商机制是渠道管理成功的基础。定期的会议、信息分享平台，以及明确的沟通渠道都有助于确保企业与渠道成员之间的信息畅通，及时解决问题，维护合作关系的稳定。

5.灵活调整渠道策略

市场环境不断变化，因此企业需要保持对渠道策略的灵活性。通过定期的市场分析、渠道绩效评估，以及对竞争环境的敏感性，企业可以及时调整渠道策略，以适应新的市场要求和机遇。

## 第七节　数据分析与决策支持

### 一、数据分析在供应链与营销决策中的应用

#### （一）数据分析在供应链决策中的应用

1.需求预测与库存优化

数据分析可通过历史销售数据、市场趋势和季节性变化等信息，进行需求预测。准确的需求预测有助于避免库存过剩或短缺的问题，从而优化库存管理。通过实时监控销售数据，企业能够灵活地调整生产计划和供应链运作，提高库存周转率。

2.供应链可视化与透明度

数据分析工具可以将供应链中的各个环节进行可视化呈现，使企业能够实时监控物流、库存、生产进度等信息。这种透明度有助于及时发现潜在问题并迅速做出决策。通过供应链可视化，企业可以更好地管理风险、降低延误风险，并提高整体运营的可控性。

3.供应商评估和合作优化

通过对供应链数据的分析，企业可以评估不同供应商的表现，了解其交货准时率、产品质量、价格变动趋势等关键指标。基于这些数据，企业可以做出更明智的供应商选择和合作决策，以确保供应链的高效运转。

4.风险管理与应急响应

数据分析有助于识别潜在的风险和问题，如自然灾害等因素可能对供应链产生的影响。通过建立风险模型和实时监控系统，企业能够更好地制订应急计划，迅速做出决策以减轻损失。

#### （二）数据分析在营销决策中的应用

1.消费者行为分析

通过对消费者行为数据进行分析，企业可以更深入地了解客户的购买习惯、偏好和需

求。这种分析有助于个性化营销策略的制定，提供更符合客户期望的产品和服务，从而提升客户满意度和忠诚度。

2. 市场细分和定位

数据分析可以帮助企业对市场进行精细化细分，了解不同市场细分的特征和需求。根据这些数据，企业可以更有针对性地制定市场定位策略，推出更符合特定目标客群需求的产品，并进行精准的市场定位。

3. 营销效果评估

通过分析营销活动的数据，企业能够客观地评估各种市场推广活动的效果。通过监测关键指标如点击率、转化率、客户获取成本等，企业可以优化营销策略，提高广告投资的回报率。

4. 个性化营销和推荐系统

基于数据分析的结果，企业可以实现个性化营销和推荐系统。利用用户的历史购买数据和行为数据，企业可以向客户推荐更符合其兴趣和需求的产品，提高交易转化率和客户满意度。

### （三）数据分析技术和工具

1. 大数据分析

大数据分析技术允许企业处理和分析庞大、复杂的数据集，从而揭示潜在的模式和趋势。在供应链中，大数据分析可以应对大规模的物流数据和生产数据，帮助企业更好地优化供应链运作。在营销中，大数据分析可以深入挖掘用户行为数据，为个性化推荐和定制化营销提供支持。

2. 人工智能和机器学习

人工智能和机器学习技术在供应链和营销领域的应用日益增多。在供应链中，这些技术可以用于预测需求、优化库存管理和提高生产效率。在营销中，人工智能和机器学习可用于分析大量的市场数据，自动调整广告投放策略，提高广告效果。

3. 实时分析工具

实时分析工具允许企业在几乎即时的时间内获得关键业务指标的分析结果。这对快速做出决策、应对市场变化至关重要。实时分析工具在监控供应链运作、追踪营销活动效果等方面发挥着重要作用。通过实时数据分析，企业可以更敏捷地做出反应，及时调整战略以适应市场的动态变化。

## 二、数据共享与决策效率的提升

### （一）数据共享的概念

1. 数据共享的定义

数据共享是指在组织内或跨组织之间，将信息和数据资源开放给相关成员，以便更好地实现信息流通和知识共享。这包括内部部门之间的数据分享，以及企业与外部合作伙伴、供应商、客户等之间的数据共享。

2. 数据共享的重要性

协同合作：数据共享促进了组织内外部门之间的协同合作，有助于共同实现企业目标。

决策支持：共享数据可以为决策者提供更全面、准确的信息，有助于其做出更明智的决策。

提高效率：数据共享有助于避免信息孤岛，减少重复工作，提高工作效率。

### （二）层面一：企业内部数据共享

1. 部门协同

企业内部各部门之间的数据共享是提高内部协同效率的重要手段。例如，销售部门的市场数据可以为生产部门提供预测，帮助其调整生产计划；财务部门的数据可以为管理层提供全面的财务状况，支持战略决策。

2. 决策支持系统

构建有效的决策支持系统（DSS）是企业内部数据共享的关键。DSS 整合各个部门的数据，并通过可视化、分析工具等方式向决策者提供直观、全面的信息。这有助于管理层做出更迅速、明智的战略和运营决策。

3. 员工培训和文化建设

在实现企业内部数据共享时，员工的培训和文化建设同样至关重要。员工需要具备数据共享的意识和技能，了解数据的价值，并愿意分享和利用数据。企业可以通过培训课程、激励机制以及倡导数据共享的企业文化来推动这一过程。

### （三）层面二：企业与合作伙伴的数据共享

1. 供应链协同

在供应链中，企业与供应商、物流合作伙伴之间的数据共享对提高供应链的协同效率至关重要。实时的库存信息、物流数据以及市场需求预测等数据的分享，有助于降低库存成本、减少延误，提高整体供应链的灵活性。

2. 联盟合作

在一些行业中，企业之间可能形成联盟，共同应对市场竞争和挑战。数据共享是联盟合作中的一项关键活动，如共同研究市场趋势、客户需求，以及共享研发成果。这样的数据共享有助于提高联盟成员的整体创新能力和市场竞争力。

3. 客户关系管理

与客户的数据共享可以加深对客户的了解，提高服务的个性化水平。企业可以通过共享销售、客户支持等方面的数据，更好地满足客户需求，提高客户满意度和忠诚度。

# 参考文献

[1] 吴赢. 营销策划 [M]. 北京：经济科学出版社, 2022.

[2] 崔新健. 市场营销策划：第 3 版 [M]. 国家开放大学出版社, 2022.

[3] 胡春. 营销策划理论与实训 [M]. 北京：北京邮电大学出版社, 2022.

[4] 侯旭芳, 常秀莲, 兰亦青. 营销策划实务 [M]. 北京：研究出版社, 2022.

[5] 王薇. 新媒体营销策划 [M]. 北京：清华大学出版社, 2022.

[6] 袁以美. 奈斯平台营销策划及商业运营 [M]. 武汉：华中科技大学出版社, 2022.

[7] 张永. 营销策划案例分析：第 4 版 [M]. 国家开放大学出版社, 2022.

[8] 李世杰. 市场营销与策划：微课版 [M]. 北京：清华大学出版社, 2022.

[9] 马春和, 刘晓钢, 马秀文. 高等职业教育市场营销类专业系列教材 市场营销策划 第 3 版 [M]. 北京：高等教育出版社, 2022.

[10] 孟韬. 21 世纪高等院校市场营销专业精品教材 市场营销策划：第 5 版 [M]. 沈阳：东北财经大学出版社, 2022.

[11] 陈道志. 新媒体营销策划与实施：慕课版电子商务类专业创新型人才培养系列教材 [M]. 北京：人民邮电出版社, 2022.

[12] 孙雷红, 薛辛光. 市场营销实战系列教材 普通高等十一五国家级规划教材营销策划理论与实务：第 3 版 [M]. 北京：电子工业出版社, 2022.

[13] 陈德人. 网络营销与策划：理论案例与实训微课版：第 2 版电子商务名师名校新形态精品教材 [M]. 北京：人民邮电出版社, 2022.

[14] 刘继芳. 营销调研策划与实施 [M]. 北京：高等教育出版社, 2022.

[15] 郭亿方, 宁丽鹏, 杨志欣. 财务会计与管理研究 [M]. 延吉：延边大学出版社, 2022.

[16] 孙桂春. 会计改革与管理的创新研究 [M]. 延吉：延边大学出版社, 2022.

[17] 高志玥, 王永莉, 周春艳. 企业管理会计的智能化与创新研究 [M]. 延吉：延边大学出版社, 2022.

[18] 袁健, 陈俊松, 李群. 财务会计精细化管理工作与实践 [M]. 长春：吉林人民出版社, 2022.